Jean Pierre Niceron, Friedrich Eberhardt Rambach

Nachrichten von den Begebenheiten und Schriften berühmter Gelehrten

22. Teil

Jean Pierre Niceron, Friedrich Eberhardt Rambach

Nachrichten von den Begebenheiten und Schriften berühmter Gelehrten
22. Teil

ISBN/EAN: 9783743608313

Hergestellt in Europa, USA, Kanada, Australien, Japan

Cover: Foto ©Thomas Meinert / pixelio.de

Manufactured and distributed by brebook publishing software (www.brebook.com)

Jean Pierre Niceron, Friedrich Eberhardt Rambach

Nachrichten von den Begebenheiten und Schriften berühmter Gelehrten

Vorrede.

Da in der Vorrede zum ein und zwanzigsten Theil dieser Nach=richten ein Anfang gemachet worden, die Geschichte des Cardinal **Polus** zu erzählen, der sich durch seine wider den König in England Heinrich 8 gerichtete Schrift so merkwürdig gemachet; so soll jetzo das übrige noch hinzugefüget wer=den. Es wird dasselbe vornemlich die Aus=gaben dieses Buches betreffen, die nach und nach ans Licht getreten sind. Zwar versichert dieser **Polus** in seinem an den König

a 2 Eduard

Eduard 6 gerichteten langen Schreiben, daß
es ihm nie in den Sinn gekommen wäre, eine Schrift von der Art öffentlich ans Licht
zu stellen, indem ihm nicht nur wohl bekannt
gewesen, was man grossen Fürsten schuldig
sey, sondern es hätte ihm auch die Zärtlichkeit, die er gegen diesen König insonderheit
geheget, einen solchen Vorsatz durchaus nicht
gestattet. Nun lässet man diese Versicherung
so viel gelten, als sie werth ist; indes muß
man zugleich dabey bekennen, daß er nicht
alles beobachtet, wodurch der Abdruck derselben verhütet werden können. Denn da er
diese Schrift, seinem eigenen Geständniß nach,
andern mittheilete, die ihm auch beständig
anlagen, dieselbe durch den Druck gemein zu
machen; so war er schon nicht mehr im völligen Besitz der Freyheit, die er sonst zur gänzlichen Unterdrückung desselben würde gehabt
haben. Die zu Rom wider diesen König
entbrannte Rache, und der von ihm abgehan-
delte Lehrsatz gestatteten nicht, diese Schrift
der völligen Vergessenheit zu übergeben. Es
waren also seit ihrer Ausarbeitung kaum vier
Jahr verflossen, als dieselbe zu Rom in Fo-
lio ans Licht trat. Das Jahr dieser Ausgabe, die eine Seltenheit der grösten Bibliotheken ist, war weder auf dem Titel, noch am

Ende

Ende angemerket worden; es hat aber Polus selbst angezeiget, daß dieser Abdruck ohne sein Vorwissen veranstaltet worden, als er an Kaiser Carl 5 eine Gesandtschaft übernehmen müssen. Da nun diese ins Jahr 1539 fällt, so wird dieses auch für das Jahr des ersten Abdrucks gehalten. Zwar hat Becatellus in der Lebensbeschreibung dieses Cardinals das Jahr nicht ausdrücklich bestimmet, in welchem er diese Gesandtschaft an den Kayser übernehmen müssen, sondern hat nur überhaupt gemeldet, daß er im Januarius abgereiset; daß er, wegen der Kälte und schlimmen Wege, viele Beschwerlichkeiten ausgestanden; daß er bey der ihm aufgetragenen Commißion nicht alzu glücklich gewesen; daß er, nachdem ihn der Kayser beurlaubet, zum Cardinal Sadoletus gereiset, nach sechs Monaten vom Papst wieder zurück berufen worden, und, nach einem kurzen Aufenthalt zu Verona, wieder zu Rom angelanget. Indes ersiehet man aus des Pallavicini Historie des Tridentinischen Concilii L. 4 c. 9, daß er im vorerwehten 1539sten Jahr diese Gesandtschaft ausgerichtet. Bey seiner Rückkunft fand er nun den Abdruck seines Werkes, und er hat selbst nicht undeutlich zu verstehen gegeben, daß derselbe auf Befehl

des

des damaligen Papstes veranstaltet worden,
dessen Rache gegen den König von England
ganz unaussöhnlich war. Er meldet von dieser Ausgabe, daß man in derselben seine
Schrift in verschiedene Bücher abgetheilet,
welches er in seiner Handschrift nicht gethan;
daß er sich bemühet, dieselbe zu unterdrücken;
daß man ihn, da dieses nicht möglich gewesen, um eine Vorrede ersuchet, mit deren Ausarbeitung er länger verzögert, als er zu dem
ganzen Werke Zeit gebrauchet; alles in der
Absicht, die Welt zu überzeugen, wie unangenehm ihm dieser Abdruck gewesen, und wie
nahe es ihm gegangen, einen König zu pro-
stituiren, zu dessen Dienst und Ehre er sich
von Jugend auf gewidmet hätte. So schön
dieses alles lautet, so haben doch andere vielleicht nicht unrecht gemuthmasset, daß ihm
bey dieser Ausgabe mehr wegen seiner eigenen
Ehre, als wegen der beleidigten Majestät eines grossen Königs, bange gewesen. Denn
ob er wol diesen König aufs heftigste geschmä-
het, eine Empörung in England anzurichten
sich beflissen, und überhaupt alles gethan, was
ihn und sein Buch bey dem entrüsteten Papst
angenehm machen konte; so muste er doch,
als ein vernünftiger Mann, sich vorstellen,
daß es selbst unter den Catholicken nicht an

Män-

Männern fehlen werde, die seine rasende
Schreibart misbilligen würden, und daß sonderlich catholische Fürsten daran Gelegenheit
nehmen würden, ihn als einen undankbaren,
abscheulichen und gefährlichen Menschen anzusehen; welche Vermuthung auch der wirkliche Erfolg bestätiget hat, indem Polus,
aller vorzüglichen Fähigkeiten ungeachtet, wegen dieser Schrift an seinem guten Namen vieles eingebüsset. Und die von ihm gesuchte
Unterdrückung dieser Ausgabe hat weiter
nichts nach sich gezogen, als daß sie, wie gesagt,
zu einer der größten Seltenheiten geworden.

Wenn man auf das Schreiben trauet,
das Polus an den König Eduard 6 gerichtet, welches aber erst in den neuern Zeiten
ans Licht hervorgezogen worden; so ist Polus einige Jahre nach dem Tode dieses Königs mit einer neuen Ausgabe umgegangen.
Denn er meldet in demselben, daß, da er die
erste Ausgabe nicht schlechterdings unterdrücken können, er willens gewesen, selbst eine andere zu veranstalten; daß ihn seine Freunde dazu sehr angelegentlich ermuntert; daß sie ihn
bey längerer Verzögerung bedrohet, solches
selbst zu thun, und daß er sich dadurch bewegen lassen, das Schreiben an den Sohn dieses Königs aufzusetzen, um zu versuchen, ob
das-

dasjenige dem Sohn zum Heil gereichen kön=
te, was dem Vater desselben zur Schmach
vor der Welt gediehen. Indes scheinet es,
daß dieses Vorhaben wegen einer neuen Aus=
gabe dieses Werkes nicht vollzogen worden,
obgleich Polus mehr erwehntes Schreiben
verfertiget, das derselben statt einer Vorrede
dienen sollen. Woher es aber gekommen,
daß nichts daraus geworden, das kan so ge=
nau nicht bestimmet werden. Vielleicht ist
der Tod des Königs Eduard 6 daran Ursa=
che gewesen. Denn dieser Herr regierete
nicht lange, und mit seinem Tode fielen die
Absichten weg, um welcher willen das Schrei=
ben Poli an diesen König war aufgesetzet
worden. Mit der Regierung der Königin
Maria bekamen die Religionsangelegenhei=
ten in England eine andere Gestalt; und wie
sie selbst eifrig catholisch war, so bedurfte sie
eines solchen Ermunterungsmittels nicht.
Vielmehr erforderte es die Klugheit, mit der
wider ihren Vater gerichteten Schrift an sich
zu halten, um nicht dessen Blöße vor ihren
Augen aufzudecken. Denn dadurch würde
dieser Cardinal auch bey der engländischen
Nation schlechten Dank verdienet haben, an
deren Gewogenheit ihm doch viel gelegen war.
Es ist daher mit dieser vom Cardinal Polus
vor=

vorgehabten Ausgabe seiner Schrift wider den
König Heinrich) 8 eben so ungewiß, als mit
dem von ihm hinzu gefügten und an Eduard 6
gerichteten fünften Buche, dessen Nicolaus
Sander in seinem Tractat de origine ac
progreſſu Schismatis Anglicani L. 2 p. 229
gedacht hat, davon aber den gelehrteſten Männern des ſechzehenten und ſiebenzehenten Jahrhunderts nichts bekannt geweſen, auch ſelbſt
Gilbert Burnet in ſeiner Reformationshi-
ſtorie von England nichts erwähnet hat, dem
dieſes gewiß nicht unbekannt bleiben können.
Der gelehrte Schelhorn, der hievon gerne
gewiß benachrichtiget ſeyn wollen, hat daher
ſchon vor vielen Jahren gelehrte Männer er-
ſuchet, ob ihnen jemals das fünfte Buch, das
Polus hinzugethan haben ſoll, bekannt geworden. Ich bin aber nicht im Stande, zu melden, ob jemand ſein Verlangen erfüllet. Vermuthlich hat man das Schreiben an den König Eduard für ein hinzugefügtes neues
Buch angeſehen, als welches wegen ſeiner
Weitläufigkeit die Stelle eines Buchs vertre-
ten kan. In dieſer Vermuthung wird man
beſtärket, wenn man den Bericht des Becatellus anſiehet, der um alle Umſtände des
Polus genau gewuſt. Dieſer erkläret ſich
alſo: Multa reliquit (Polus) praeclare ſcri-

b 5 pta,

pta, in quibus sunt libri illi quatuor typis
impressi ad Henricum VIII Anglicae regem;
libellus item iis praepositus loco prooemii ad
Eduardum Henrici filium.   Von diesem letzten sagt er nicht ausdrücklich, daß es schon
gedruckt gewesen, sondern daß Polus nur
dasselbe ausgearbeitet; wie er denn in seinem
Verzeichniß den Unterschied zwischen den gedruckten und ungedruckten Ausarbeitungen
des Polus so genau nicht beobachtet.   Man
findet diese Vorrede nicht bey den Ausgaben,
die nachher von diesem Werk des Polus veranstaltet worden, und davon bald was meh-
reres gedacht werden soll; daher man dem gelehrten Schellhorn die erste Bekantmachung
derselben zu verdanken hat, zu welcher er,
laut seines eigenen Berichtes, auf eine uner-
wartete Art gekommen.   Es hat die Handschrift hievon ehedem dem Cardinal Hosius,
Bischof von Wermland, gehöret, der in seinem Leben ein vertrauter Freund des Polus
bey seinem Aufenthalt in Padua gewesen.
Als nun dem Könige von Schweden Carl 12,
bey seiner Gegenwart zu Heilsberg in Preus-
sen der Briefwechsel dieses Cardinals nebst
verschiedenen Manuscripten in die Hände fiel;
so beschenkte dieser den berühmten D. Johann Friedrich Mayer damit, der damals

bey

bey ihm in groſſer Gnade ſtand. Als nachher
deſſen Bibliothek durch eine Auction ſich zer-
theilete, ſo kam das Manuſcript in die Hände des vortreflichen Bücherkenners Uffen-
bach); und von dieſem erhielt Herr Schellhorn eine getreue und zuverläßige Abſchrift:
die er dem erſten Theil ſeiner Amoenitat. Hiſtoriae ecclel. et literariae unter folgendem
Titel einverleibet hat: Reginaldi Poli Cardinalis Britanni Epiſtola ad Eduardum Angliae regem de opere adverſus Henricum
patrem ſcripta, eum in finem literis con-
ſignata, vt operi illi diu ſuppreſſo prologi
galeati loco praefigeretur; e Codice manu
exparato συγχρονω depromta.

Wir kommen nun auf die Ausgaben
dieſes vom Cardinal Polus geſchriebenen
Buches, die etwas ſpäter erfolget, und mit
der erſten Ausgabe nicht von gleicher Seltenheit ſind. Es gehöret dahin die Straßbur-
giſche, die Ingolſtädtiſche Ausgabe, wozu
noch Rocaberti Bibliotheca Pontificia ma-
xima komt, in deren achtzehentem Tomo eben
dieſes Buch gefunden wird. Die Straßburger
Auflage wurde durch den in der Reformations-
hiſtorie berühmt gewordenen Petrus Paulus Vergerius 1555 unter folgender Aufſchrift beſorget: Reginaldi Poli, Cardinalis
Bri-

Britanni, pro ecclefiafticae vnitatis defen-
fione Libri quatuor, in quibus conatus eft
maximo ftudio ecclefiae Romanae primatum
conftabilire; nunc primum in Germania editi, qui tamen antea in Italia fuerunt excuſi,
fed latitarunt diu, et ad paucorum noti-
tiam perueniebant. Adiectum eft etiam
quorundam aliorum grauiffimorum virorum
de Pontificis Romani Primatu iudicium,
1 Theff. 5. Omnia probate, quod bonum
eft tenete, MDLV. Man erſiehet aus dieſem Titel, daß **Vergerius** andere Schriften
beygefüget, darin der vom **Polus** behauptete Primat des Papſtes beſtritten worden.
Es ſollen nur einige davon angeführet werden.
Es gehöret dahin die Schrift **Lutheri:** daß
das Papſtthum vom Teufel geſtiftet worden;
Flacii Buch wider den erdichteten Primat
des Papſtes; **Franciscus Vilier** vom Zuſtande der erſten Kirche und ihrem Prieſter-
thum; **Melanchthons** Rede über die Worte Chriſti: du biſt Petrus; **Brentii** Erklärung von den Schlüſſeln des Himmelreichs,
und aus **Calvini** inſtitut. religionis Chriſtianae das achte Capitel. Daß dieſe Ausgabe dem **Polus** ſelbſt zu Geſicht gekommen,
das hat der gelehrte **Schelhorn** aus einem
Briefe erwieſen, den **Roger Aſcham** aus
Green-

Vorrede.

Greenwich den 15ten Sept. 1555 an **Johann Sturm** geschrieben, und ihm gemeldet, daß man ihn im Verdacht hätte, als ob er die Vorrede dazu geschrieben, gegen welchen Verdacht er ihn aber vertheidiget, welches er auch ganz sicher thun können, da es bekannt genug war, daß **Vergerius** dem Buche die Vorrede vorgesetzet. In derselben hat er sich über das Buch des **Polus** so erkläret, daß den Lesern sein Urtheil vielleicht nicht unangenehm seyn wird: Scripsit hic libros quatuor de vnitate ecclesiastica, in hos quicquid vnquam ab vllo scriptum pro Pontifice acute et callide et subtiliter fuit, vndique congessit, magnis eloquentiae luminibus, non ad veritatis lucem, sed ad tegumentum mendaciorum, per summam fraudem ac malitiam. Nam cum anni, vt opinor, quindecim sint, ex quo id opus confectum fuit, tamen ante hunc diem non fuit divulgatum, tametsi per id temporis exaratum a librario. Diuulgari enim passus non est, Ipse clam secum illam Pandoram circumtulit, et suis solum communicauit hominibus, vel vendidit potius non pecunia, vult enim videri liberalis, sed gratia imo mercatus est gratiam hic exemplaribus a Pontificibus, Cardinalibus, Episcopis, Regibus etiam atque
que

que principibus, quibus placere ſtuduit. Et
gratias quidem illi hominum non inuidere-
mus, ſi illae non ad perniciem veritatis atque religionis colligerentur, et ferre poſſe-
mus eius venenata tela, ſi mitterentur pa-
lam, vt et excipi et retorqueri poſſint, hac
vero ratione mitti illa, vt cum letifera ſunt,
non ſentiantur tamen; nonne eiusmodi fa-
cinus eſt, vt omnia latrocinia ſuperet, vt
veluti tegumentum ſit atque involucrum
omnis malitiae, calliditatis, fraudis &c. Um
dieſer Vorrede, wie auch um der beygefügten
Schriften willen, die ſich wie der Dagon zur
Bundeslade ſchickten, iſt dieſe Straßburger
Ausgabe vom Anton Sotomajor in den
indicem librorum prohibitorum et expur-
gandorum geſetzet worden, jedoch der Ehre
der Poliſchen Bücher unbeſchadet, als welche für catholiſch und leſenswürdig erkläret
worden.

Um aber dieſer Schrift des Cardinals
Polus aus dieſer fatalen Verbindung zu helfen, darein ſie vom Vergerius war geſetzet
worden, ſo wurde zu Ingolſtadt im Jahr
1587 eine neue Ausgabe veranſtaltet, dabey
aber ſo wenig des Polus Schreiben an den
König Eduard 6, als das vorgebliche fünfte Buch befindlich iſt. Man vermuthet, daß
dieſe

diese Auflage von der Geſellſchaft der Jeſui
ten veranſtaltet worden, welche der damals
in England regierenden Königin Eliſabeth
dadurch auf eine doppelte Art wehe thun
wollen; da ſie nicht nur ihren Vater durch
die unleidlichen Grobheiten des Polus ſchän
deten, ſondern auch ſie ſelbſt beſchimpfeten,
da Polus ihre Mutter mehrmals ſcortum,
und adulteram, und ſie ſcorti filiam genen
net hatte. Beyde Auflagen aber werden heut
zu Tage ſelten angetroffen; es ſey nun, daß
ſie nicht ſtark geweſen, oder daß man erheb
liche Urſachen gehabt, ein Buch zu unterdrü
cken, das allen ſouverainen Fürſten zur
Schmach gereichet, und zu wünſchen wäre,
daß Polus nie ein ſo ſchändliches Exempel
gegeben haben möchte.

Ohne Zweifel würde er ſeinem Namen
ein beſſeres Gedächtniß geſtiftet haben, wenn
er der Verfaſſer der Schrift: de beneficio
Chriſti wäre, das ſeines lehrreichen und evan
geliſchen Inhalts halber in die lateiniſche,
franzöſiſche und ſpäniſche Sprache überſetzet,
aber auch durch den Indicem expurgatorium
zum Abgrunde verdämmet worden. Allein
es beruhet dieſes nur auf einer Vermuthung
des Vergerius, und es iſt warſcheinlicher,
daß dieſes Büchlein vom Palearius verfer

tiget worden, als welcher in seiner Rede, die
er ad patres conscriptos reipublicae Senen-
sis gehalten, sich nicht undeutlich für dessen
Verfasser erkläret, und beklaget hat, daß man
um solcher Wahrheiten willen, die den Kern
des Evangelii von Jesu ausmachen, sich zum
Scheiterhaufen müsse verdammen lassen. Uebrigens ist **Polus** mit zwo Sinnschriften
beehret worden, die ihm viel Ehre machen
würden, wenn er sie nicht selbst beschmutzet
hätte. Die erste heisset so:

> Si velut egregia pictura, maxime Pole,
>   Est expressa tui corporis effigies,
> Sic diuina tuae potuisset mentis imago.
>   Pingi, nil oculi pulchrius adspicerent.

Die andere ist folgendergestalt gerathen:

> Hic non purpureo nitet galero,
> Sed multa pietate, moribusque
> Probis, eloquio politiori,
> Atque omni genere scientiarum.
> Non hunc nobilitas, potensque origo
> Parentum decorat, Britanniaeve
> Luxus, diuitiae, sed ipsa virtus
> Viuendi ratio et bene, ac beate.
> Quodsi Roma suum Polum requirat,
> Oportet medio Polo requirat.

Diese Arbeit wollen wir dem römischen
Höfe überlassen, mitlerweile aber den Lesern
zum Beschluß noch ein Wort melden, welches
die

die bisher gelieferten niceronischen Nachrich=
ten von gelehrten Männern betrift. Der
Herr Verleger hat dieselben bis zum zwey und
zwanzigsten Theil in der deutschen Uebersetzung
fortgesetzet. Da der sel. D. **Baumgarten**
sich gleich vom Anfang nicht an die Ordnung
des Originals gebunden, sondern bald aus die=
sem, bald aus jenem Theil die besten und wich=
tigsten Lebensbeschreibungen herausgesuchet,
so ist dadurch der Niceron fast erschöpft wor=
den. Es wird daher der Herr Verleger zwar
das Werk selbst hier nicht abbrechen, aber doch
nicht, wie bisher geschehen, alle Messen einen
Theil liefern. Man wird sich bey der Fortse=
tzung nicht an den Niceron binden, doch aber
die besten Lebensbeschreibungen, die noch übrig
sind, daraus nehmen, und bemühet seyn, die
Geschichte gelehrter Männer aus andern Län=
dern bekänter zu machen. Künftig aber, wenn
das Werk ganz solte beschlossen werden, ein
Register beyfügen, das sich auf das ganze
Reich der Wissenschaften und auf die Schrif=
ten der Männer beziehet, die in dieser ziemlich
weitläufigen Samlung vorkommen, und gros=
sen Theils nach ihrem Inhalt vorgestellet wer=
den. Halle den 6ten October 1761.

Friedr. Eberh. Rambach.

Ver=

Verzeichniß

der in diesem zwey und zwanzigsten Theil
enthaltenen Lebensbeschreibungen.

Inhalt.

Alpha=

Alphabetisches Verzeichnis

aller zwey und zwanzig Theile.

b 4   Bruyere,

Alphabetisches Verzeichnis.

Hei-

Jacob

Jacob Gretſer.

Jacob Gretſer wurde um das Jahr 1561 zu Marckdorf einer ſchwäbiſchen Stadt nahe bey der Coſtnitzer See gebohren. Er trat 1577 in die Geſellſchaft JEſu, da er kaum das 17te Jahr erreichet hatte. Nach Endigung ſeiner Studien wurde er beſtimmt andere zu lehren, welches er auch 24 Jahr hindurch zu Jngolſtadt that, wo er drey Jahr die Weltweisheit, ſieben Jahr die theologiſche Moral, und vierzehen Jahre die ſcholaſtiſche Theologie gelehret hat. Dieſe Beſchäftigungen verhinderten ihn nicht, eine faſt erſtaunende Menge Schriften der Welt mitzutheilen. Er ſtarb zu Jngolſtadt den 24ſten Jänner 1625 in ſeinem 63 Jahre.

„Er war ohnſtreitig ein ſehr geſchickter Mann, „der in den Alterthümern wohl bewandert war. „Es iſt zu bedauren, daß er nicht mehr Kritik be-

ſeſſen,

„ſeſſen, und falſche und zweifelhafte Stücke und Hi-
„ſtorien adoptiret hat. Es iſt zu bedauren, daß
„ihn die Streitigkeiten in perſönliche und beſondere
„Zänkereyen gezogen haben, ihn, der am fähigſten
„war, die Sachen aufs gründlichſte abzuhandeln.
„Man muß indeſſen ſagen, daß er einer der geſchick-
„teſten Controvertiſten ſeiner Zeit war. Er ſchrieb
„mit einer groſſen Fertigkeit, und widerlegte ſeine
„Gegner mit vieler Heftigkeit. Was man in ſei-
„nen Werken am meiſten hochſchätzen muß, iſt die
„bewundernswürdige Mannigfaltigkeit der Mate-
„rien, die man darinnen findet, und die Sorgfalt,
„mit welcher er bey jeder Materie alles ſammlet,
„was ſich zu derſelben ſchicket. Man muß endlich
„geſtehen, daß ſeine Bücher gute Denkſchriften für
„diejenigen ſind, welche Materien, die er abgehan-
„delt hat, ausarbeiten wollen. „ So urtheilet
du Pin vom Gretſer. Ich füge noch hinzu, daß
zu wünſchen wäre, daß er ſich in ſeinen Streitſchrif-
ten mäßiger aufgeführet, daß er darin ſeine natürliche Heftigkeit zurück zu halten gewuſt hätte, und
daß in denſelben ſeine Schreibart nicht ſo heftig und
ſo beiſſend wäre.

　Seine groſſe Kentniß war mit einer ſeltenen Be-
ſcheidenheit verbunden; er war ein Feind von den
Lobeserhebungen, die man ihm beylegte ; und die
Bibliothecarii der Jeſuiten, die uns von dieſen Um-
ſtänden Nachricht geben, ſagen, daß die Einwohner von Markdorf, die ſein Bildniß zu haben
wünſchten, um es in ihrem Rathhauſe aufzuſtellen,
bey den Superioren der Jeſuiten um daſſelbe anhiel-
ten; ſobald er aber hiervon Nachricht bekam, ließ
er

er ihnen ſagen, daß, wenn ſie ſein Bildniß haben
wolten, ſie nur einen Eſel dürften mahlen laſſen.
In Ermangelung ſeines Bildniſſes kauften ſie ſeine
Werke, die ſie zum Gebrauch der Nachwelt wid-
meten.

Verzeichniß ſeiner Schriften.

1) Diſputatio Philoſophica de Demonſtratio-
ne. Ingolſtadii 1589 in 4.

Aus dieſer und den vier folgenden Abhandlungen ſiehet man, daß er die drey Jahre 1589 1590
und 1591 die Weltweisheit lehrete.

2) Diſputatio Philoſophica de Topica et Locis. Ingolſtadii 1590 in 4.

3) Diſputatio Ariſtotelica de Intelligentiis et
Dæmonibus. Ibid. 1591 in 4.

4) Diſputatio Ariſtotelica de primo motore.
Ibid. 1591 in 4.

5) Diſputatio Philoſophica de Plantis. Ibid.
1591 in 4.

6) Vita D. Virginis, Deique genitricis, in
gratiam Congregationis D. Virginis Annuntia-
tæ edita. Ingolſtadii 1592 in 12.

7) Inſtitutionum Linguæ Græcæ libri tres. Ingolſtadii 1593 in 8.

8) Diſputatio Theologica de materia et forma Euchariſtiæ. Ibid. 1596 in 4.

9) De Hiſtoria Ordinis Jeſuitici ab Haſenmillero edita, Epiſtola ad D. Stevartium. Dilingæ 1594 in 4.

Elias Haſenmiller, der aus einem Jeſuiten
ein Lutheraner geworden war, wolte nach der Ge-

wohnheit der Proſelyten ſeinen Eifer für die Religion, welche er angenommen, dadurch bezeigen,
daß er diejenigen, welche er verlaſſen hatte, ver-
läumbete und wider ſie eine hitzige Schrift unter
dem Titel ſchrieb: Hiſtoria Jeſuitici Ordinis. Er
ſtarb aber, ehe er ſie der Preſſe übergeben konte.
Allein **Polycarp Lyſerus** ließ ſie zu Frankfurt
1593 in 4 drucken. Eine Ausgabe, auf welcher
1605 eine neue in 8 folgte. Gretſer, den man zur
Widerlegung dieſes Buches gewählet hatte, fieng
mit Bekandtmachung dieſes Briefes an, nach welchem eine weitläuftigere Widerlegung ans Licht trat.

10) Integra refutatio Hiſtoriæ Ordinis Jeſuitici, ab Elia Haſenmillero conſcriptæ, et a Polycarpo Lyſero editæ; cum appendice ex S.
Thoma et S. Bonaventura contra Religioſorum
Calumniatores. Ingolſtadii 1594 in 4.

11) Diſputatio Theologica de ſpeciebus Euchariſtiæ. Ibid. 1594 in 4.

12) Diſputatio Matrimonialis de Cognatione,
Affinitate, et Polygamia. Ibid. 1694 in 4.

13) Diſputatio Matrimonialis de Iudice Cau-
ſarum Matrimonialium, deque Convenientia
Iuris Canonici, Civilis, et Theologiæ in legibus et ſtatutis de Matrimonio. Ingolſtadii 1594
in 4.

14) Rudimenta linguæ græcæ, cum Cathe-
cheſi Chriſtiana, Hymnis nonnullis, et Dialogis
ex Progymnaſmatis Iacobi Pontani Græce reddi-
tis. Ingolſtadii 1595 in 4.

15) Diſputatio Theologica de ſtatu Beatorum.
Ibid. 1596 in 4.

16) Apolo-

16) Apologia Franciſci Montani pro Societate Jeſu in Gallia, contra Antonii Arnaldi Phi-
lippicam, ex Gallico in Latinum translata. Acceſſit Interpretis Appendix contra Anonymi cujusdam Calviniſtæ Criminationes. Ingolſtadii
1596 in 8.

Es iſt eine Ueberſetzung eines Werkes von Ludwig Richeome, einem Jeſuiten, das unter dem
falſchen Namen Franz des Montagnes und unter dieſem Titel ans Licht getreten iſt: La verité de-
fendue pour la Religion Catholique, en la cauſe
des Jeſuites, par Franc. des Montagnes. Liege
1595 in 8.

17) Nomenclator Latino-Græcus, cum Com-
mentariolo de verbis Anomalis et defectivis. Ingolſtadii 1596 in 8.

18) Oratio S. Gregorii Nyſſeni contra Uſura-
rios, e Græco verſa. Ibid 1596 in 8. It. In dem
Appendice ad S. Gregorii Nyſſeni Opera Græco-
Latina. Pariſ. 1618 in fol.

19) Diſputatio Theologica de ſubterraneis
Animarum receptaculis. Ingolſtadii 1597 in 4.

20) De Sancta Cruce libri quatuor. Ibid.
1598 in 4.

Dies iſt die erſte Ausgabe des erſten Theils ſeines gröſſern Werkes über eben dieſe Materie.

21) Diſputatio Theologica de ſacroſanctæ Tri-
nitatis Myſterio; præſertim de Proceſſione S.
Spiritus ex Patre et Filio, contra Hieremiam Pa-
triarcham Conſtantinopolitanum. Ingolſtadii
1598 in 4.

22) Li-

22) Libri quinque Apologetici pro vita S. Ignatii de Loyola, fundatoris focietatis Jefu, edita a Petro Ribadeneira, contra Calumnias Chriftiani Lithi, Mifeni, Calviniftæ. Ingolftadii
1599 in 8.

Simon Stenius von Lomach, in Meiſſen,
hatte unter dem falſchen Namen Chriſtianus Si-
mon Lithus, Mifenus, folgendes Buch| herausge-
geben: Vita Ignatii Loyolæ S. I. fundatoris a Petro Ribadeneira ante aliquot annis ſcripta, Scholiis
illuſtrata a Chriſtiano Simone Litho, Miſeno 1598
in 8. Gretſer hielt ſich für verpflichtet, die Vertheidigung des Stifters ſeines Ordens, und ſeines
Geſchichtſchreibers über ſich zu nehmen, und machte deshalb dieſes Werk bekant, welchem Stenius
ein neues entgegen ſetzet, deſſen ich unten Erwehnung thun werde.

23) Apologia Societatis Jefu in Gallia ad chri-
ftianiſſimum Galliae et Navaræ Regem Henricum
IV. ex Gallico in Latinum translata. Acceſſit Interpretis Appendix Apologetica adverſus Lutherani cujusdam Rabulæ convitia et mendacia. Ingolftadii 1599 in 8.

24) Apologeticus adverſum Librum, qui Introductio in Artem Jefuiticam inſcribitur, contra Gabrielem Lermæum Calviniſtam. Ingolſtadii 1600 in 8.

Die Introductio in Artem Jefuiticam war ſchon im
vorhergehenden Jahre 1599 in 8. herausgekommen.

25) De modo agendi Jefuitarum cum ſummo
Pontifice, aliisque Principibus Ecclefiaſticis et
Politicis, atque adeo inter ſe mutuo, libri duo
con-

contra Anonymi cujusdam Heretici criminationes. Ingolstadii 1600 in 4.

26) Locorum quorumdam Tertullianicorum
a perversis Francisci Junii Calvinistæ depravatio-
nibus vindicatio. Ibid. 1600 in 4.

27) Tomus primus de Sancta Cruce recogni-
tus et auctus. Ingolstadii 1600 in 4.

28) Tomus secundus de Sancta Cruce, Græco Latinus. Ibid. 1600 in 4.

Dieses Werk ist eine Sammlung vieler Abhandlungen griechischer Schriftsteller vom Creuze,
welche meistentheils noch nicht ans Licht getreten,
oder nur in lateinischer oder in griechischer Sprache
gedruckt worden waren. Obgleich die Bemühung des
Gretser, diese Stücke gesammlet zu haben, zu loben
ist; so muß man dem ohnerachtet gestehen, daß sich
darin viele befinden, welche das Publicum hätte entbehren können. Er hat bey den meisten Anmerkungen hinzugefüget, die nichts merkwürdiges in
sich enthalten, ausser einigen Erklärungen der Ceremonien und Feste der Griechen.

29) Commentarius Geminus D. Gregorii Nys-
feni in Psalmorum Inscriptiones Latinitate dona-
tus. Ingolstadii 1600 in 4. It. Parif. 1615 in fol.
unter den Werken des Gregorius Nyssenus
ohne Namen des Uebersetzers.

26) Orationes novem Leonis Imperatoris de
Festis, Graece et Latine. Ingolstadii 1600 in 4.

31) Libri quinque Apologetici pro vita S. Ignatii de Loyola S. I. fundatoris, adversus ite-
ratas calumnias Christiani Simonis Lithi, Mise-
nis. Ingolstadii 1605 in 4.

Die-

Dieſes zweyte Werk iſt eine Wiberlegung des Buches vom **Stenius**, das unter eben dem Namen **Lithus Miſenus** und unter folgendem Titel herauskam: Reſponſio ad Gretſeri Apologiam, de Vita Loyolae fundatoris Jeſuitici Ordinis. Adjecta eſt Appendicula de Apologia Societatis Jeſu in Gallia ad Henricum IV. ſcripta. Heidelbergae 1600 in 8.

32) Defenſio Apologiae Gallicanae ad Chriſtianiſſimum Regem, adverſus Lithi Miſeni, Calviniani, Calumnias. Ingolſtadii 1601 in 8.

Es iſt eine Beantwortung des kleinen Anhanges zu dem vorhergehenden Werke des **Stenius**.

33) Reſponſum ad Theſes Hunnianas de Colloquio cum Pontificiis ineundo, in quo praecipue de Norma et Iudice Controverſiarum agitur. Ingolſtadii 1602 in 4.

Das Werk des **Hunnius** war im vorhergehenden Jahre 1601 in 4 zu Wittenberg ans Licht getreten.

34) Digreſſiones ſex contra ejusdem Hunnii Calumnias. Ingolſtadii 1602 in 4. Bey dem vorhergedachten Werke.

35) Labyrinthus Cretico-Hunnianus, hoc eſt, diſputatio de Hunnio Praedicante Wittenbergenſi, genioque Lutherano, ſemet ipſum contradictionibus, fraudibus, mendaciis, et criminationibus implicante, confundente, et jugulante in articulis de ſcriptura ſacra, de Perſona Chriſti, de Officio Chriſti, de Juſtificatione, de Fide et Operibus. Ingolſtadii 1602 in 4.

Gret-

Gretſer hat hier den Vorſatz gefaßt, ein Buch zu widerlegen, welches Aegidius Hunnius unter dem Titel: Labyrinthus Papiſtieus, zu Wittenberg 1601 in 4 herausgegeben hatte, und welches alle die Puncte betraf, von denen hier die Rede iſt.

36. Variae Lectiones et Explicationes in libellum Georgii Codini Curopalatae. Ingolſtadii 1602 in 8. Bey dem Commentario des Muret über die Sittenbücher des Ariſtoteles.

37) De Jure et more prohibendi, expurgandi et abolendi libros Hereticos et Noxios libri duo, adverſus Franciſcum Iunium, Calviniſtam, et Joannem Pappum, aliosque praedicantes Lutheranos, Ingolſtadii 1603 in 4.

Gretſer verfertigte dieſes Buch bey Gelegenheit des Verzeichniſſes verbotener Bücher, das auf Befehl des Königes von Spanien Philipp 2 zu Antwerpen 1571 ans Licht geſtellt, und von Franz Junius mit einer Vorrede wieder aufgeleget wurde, in welcher er dieſes Vorhaben und die Art, mit welcher es ausgeführet war, verwarf. Ein Proteſtant zu Amſterdam, Namens Jacob Laurent hat Gretſer in folgender Schrift widerleget: Diſſertatio Theologica de libris Gentilium, Judaeorum, Turcarum, veterum Patrum, et Pontificiorum permittendis ac tolerandis; Proteſtantium vero prohibendis, abolendis ac comburendis. Amſtelodami 1619 in 8.

38) Hippolyti Thebani Chronicon ex Graeco verſum. Ingolſtadii 1603 in 4. It. In dem dritten Theil der Antiquarum Lectionum Caniſii.

39) Duo-

39) Duodecim Anathematismi D. Gregorii Thaumaturgi, ex Graeco verſi. Ibid. 1603 in 4. It. In dem dritten Theil des Caniſius.

40) Anaſtaſii Sinaitae Oratio de Sacra Synaxi, et de non judicando, deque oblivione injuriarum ex Graeco verſa. Ingolſtadii 1603 in 4. It. In dem dritten Theil des Caniſius.

41) Notae copioſiſſimae in Hiſtoriam Joannis Contacuzeni, a Jocobo Pontano Latine verſam. Ingolſtadii 1603 in fol.

42) Notae in ſermones Simeonis Junioris, Theologi, ab eodem Pontano latine editos. Ibid. 1603 in 4.

43) Lithus Miſenus, Calviniſta, tertio libris quinque dedolatus, pro defenſione S. Jgnatii de Loyola Soc. J. fundatoris. Ibid. 1604 in 8. Es iſt eine Antwort auf eine neue Schrift des Stenius, die er wieder unter dem Namen Lithus Miſenus, und unter dieſem Titel bekandt machte: Reſponſio altera ad alteram Jacobi Gretſeri Apologiam pro Vita Jgnatii Loyolae. Heidelbergae 1603 in 8. Dieſe dritte Antwort beruhigte den Stenius nicht, ſondern er machte von neuen eine Schrift bekandt, vor welche er ſeinen Namen ſetzte, und die die Aufſchrift führte: Jacobus Gretſerus triumphatus ob infelicem defenſionem narrationum de Vita et miraculis Jgnatii Loyolae. Heidelbergae 1604 in 4.

44) Conſolatio brevis, ſed efficax pro Litho Miſeno, ob Jeſuitas Galliae publico Chriſt. Regis Henrici IV. edicto vel firmatos vel redditos. Ingolſtadii 1604 in 4.

45) Exer-

45) Exercitationum Theologicarum libri ſex
1. Commentariolus duplex; alter in Numisma
argenteum nuper ab Haereticis de Colloquio Ratisbonenſi cuſum; alter in ejusdem metalli Numisma in laudem Huſſi, Lutheri, et Rabi, ſub
figura Anſeris, Cygni et Corvi ſignificatum.
2. Commentarius et Gloſſae in Orationem Hun-
nianam de Pſeudo - Jubilaeo Wittebergenſi. 3.
Diſceptatio, utrum verum ſit, Zwinglium prae-
cipuum doctrinae ſuae de Euchariſtia caput a Dia-
bolo didiciſſe, cum defenſione argumentorum,
quae pro defenſione Zwinglii aſſert Marcus Breum-
lerus Sacramentarius. 4. Supplementum duplex pro duobus libris de jure et more prohibendi, expurgandi, et abolendi libros Haereticos
et noxios. 5. Antimonium pro deliro quodam
Medico et Alchymiſta, qui nominis ſui oblitus
ſe Baſilium de Varna nominat, deliranti eo fine
per triginta doſes porrectum, ut expurgato cerebro, cum alia, tum etiam hoc diſcat, quaenam
ſit Controverſiarum Norma et Judex. 6. Brevis admonitio, qualis ſit liber *Anti-Gretſerus* in-
ſcriptus a Paedotriba quodam Wittenbergenſi in
gratiam Hunnii emiſſus. Ingolſtadii 1604 in 4.

Die Aufſchriften der vier erſten Abhandlungen
dieſer Sammlung ſagen hinlänglich, was in ihnen
enthalten iſt; die beiden letzten aber erfordern einige Erklärung. Gretſer war von Seiten der Catholiken mit **Albert Hunger** und **Adam Tanner** bey der Unterredung zugegen geweſen, die zu
Regenſpurg 1601 wegen der Religion zwiſchen den
Catholiken und Proteſtanten, welche letztere zur
Be-

Behauptung ihrer Partey Jacob Heilbrunner und Aegidius Hunnius gewählet hatten, gehalten wurde. Jede Partey gab, wie gewöhnlich, eine Nachricht von dieser Unterredung heraus. Adam Tanner, ein Jeſuite, machte eine davon für die Catholiken, und Hunnius eine andere für die Proteſtanten bekandt. Andreas Libavius ließ auch ſeine Gedanken von dieſer Unterredung, von der Nachricht des Tanners, und von einem Werke des Gretſers wider den Hunnius in folgendem Buche ans Licht treten: Baſilii de Varna Analyſis Dialectica Colloquii Ratisbonenſis anni 1601 de Norma et Judice omnium Controverſiarum fidei Chriſtianae habiti. Cum Collatione Relationis Adami Tanneri, et Reſponſi Iacobi Gretſeri ad Theſes Aegidii Hunnii de Colloquio ineundo. Francofurti 1602 in 4. Baſilius de Varna iſt das Anagramma von Andreas Libavius, der ſich unter dieſem Namen verborgen hat, der aber nicht gänzlich hat unbekandt bleiben wollen, weil er zu Ende des Regiſters ſeinen wahren Namen geſetzet hat. Weil er ein Arzt war, ſo gab dieſes Gretſer Anlaß, ſeiner fünften Abhandlung, worin er ihn zu widerlegen ſich bemühet, einen Titel zu geben, der darauf eine Anſpielung macht. Die ſechſte Abhandlung iſt wider den Anti-Gretſer gerichtet, den Hunnius herausgab.

46) Facula Georgio Codino Curopalatae accenſa. Ingolſtadii 1604 in 8. Bey dem Commentarius des Muret über den Tacitus.

47) Notae in Dioptram Philippi Solitarii, aliosque Autores adjunctos. In der Ausgabe die-

dieſer Schriftſteller, die von Jacob Ponta-
nus zu Ingolſtadt 1604 in 4 beſorget worden.

48) Tomus tertius de S. Cruce, quinque libris conſtans. Ingolſtadii 1605 in 4.

49) Bavius et Maevius: Ille ut delirus Alchymiſta Antimonio, hic tanquam jnſipiens Praedicans Helleboro nigro curatus, ut tandem expurgato cerebro intelligant, quis ſit Controverſiarum fidei Judex et quae norma? Acceſſit
portiuncula quaedam Hellebori pro maleſano
capite cujusdam Paedotribae Wittenbergenſis, et
Lithi Miſeni Calviniſtae. Ingolſtadii 1605 in 4.

Durch Bavius verſtehet er hier den Arzt Andreas Libavius, der auf die No. 45 gedachten
Abhandlung in folgender Schrift geantwortet hatte: Gretſerus triumphatus, ſeu Demonſtratio in
Colloquio Ratisbonenſi de Norma et Iudice Controverſiarum Fidei Jeſuitas proſtratos eſſe. Francofurti 1604 in 4.

50) Epiſtolae Graecæ Miſenicae ad Iacobum
Gretſerum Analyſis in ſua elementa; cum Phar-
macis; ob Jeſuitarum in Galliam revocationem
irato, er meticuloſo Miſeno curando idoneis.
Acceſſit admonitio brevis de Miraculoſis in venerabili Euchariſtiae Sacramento apparitionibus,
quas male tornatis verſibus inſulſus Poëtaſter Lithus infeċtatus eſt, una cum Monſtrantiis Lutheranis. Ingolſtadii 1605 in 8.

Simon Stenius wolte dem Gretſer nichts
ſchuldig bleiben, und dies hat unter ihnen zu vielen
Schriften Anlaß gegeben, in denen ſich weiter nichts
als nichtswürdige Perſönlichkeiten befinden. Gretſer

ſer hatte kaum ſeine No. 44 gedachte Conſolatio
brevis ans Licht treten laſſen, als ihm **Stenius**
ſogleich entgegen ſetzte: Epiſtola Graeca Simonis
Stenii ad Iacobum Gretſerum, qua reſpondetur Con-
ſolationi Gretſerianae ad eundem Stenium ſcriptæ
ob reditum Jeſuitarum in Galliam - Heidelbergae
1604 in 4.   **Gretſer** antwortete darauf in der Ana-
lyſi, . von der hier die Rede iſt, und **Stenius**
machte in folgendem Werke eine Gegenantwort:
Brevis Reſponſio ad Gretſerianam Analyſin Epiſtolae, a Simone Stenio Graece exaratae ad conſola-
tionem Jeſuiticam, ob reditum Loyolanae Societatis in Galliam. Heidelbergae 1605 in 8.

51) Anaſtaſii Sinaitae Odegus, ſeu viae dux
contra Acephalos, Graece et Latine. Ingolſtadii 1606 in 4.

52) Theodori Abucarae, Epiſcopi Cariae,
42 Opuſcula, Graece et Latine. Ibid. 1656. in 4.

53) De Spontanea Diſciplinarum, ſeu Flagellorum Cruce libri tres. Ibid. 1606 in 4. It. Coloniae 1606 in 12.   **Dieſe zweite Ausgabe iſt**
weitläuftiger als die erſte. It. Ins deutſche überſetzt von **Conrad Vetter**, einem Jeſuiten, im
Jahr 1612.

Gretſer will hier den Gebrauch der Geißelung
rechtfertigen.

54) De Sacris et Religioſis Peregrinationibus
libri quatuor. Ingolſtadii 1606 in 4.

55) De Eccleſiae Catholicae Sacris Proceſſio-
nibus libri duo. Ibid. 1606 in 4.   It. **Von Conrad Vetter** 1612 ins deutſche überſetzt.

56) Phra-

56) Phrafeologia Graeco - Latina, comple-
ctens latinas loquendi formulas, ordine Alphabetico difpofitas ; cum Nomenclatore Latino-
Graeco - Germanico. Ibid. 1606. in 8.

57) Orationes et Quaeftiones recitatae et difpu-
tatae in Theologica Doctorali inauguratione.
1. Utrum Lutherus fuit Scholafticus Theologus.
2. Cur Lutherus Ingolftadienfem Academiam
adeo oderit. 3. Utrum Lutheranus, falvis primis fectae fuae principiis, poffit petere et capef-
fere gradus et honores Academicos in Theolo-
gia, Jurisprudentia, Medicina et Philofophia.
4. Num Lutherus in Doctorali fua inauguratione obfervaverit Clementinam de Magiftris. Ingolftadii 1606 in 4.

58) Panegyricus Mifenicus, feu Panegyricus
Mifeno Triumphatori dictus ob triumphatum
Gretferum. Ingolftadii 1606 in 8.

Es ift eine Widerlegung des Gretferi Trium-
phati von dem ich No. 43. geredet habe.

59) Stigma frontis Mifenicae, feu effronti
Lithi Mifeni, Calviniftae, fronti inuftum, propter horribilia mendacia, quibus Jefuitas, quafi
nuperae in Anglia confpirationis, aut focii aut
confcii fuiffent, impudentiffime infectatus eft.
Ingolftadii 1606 in 8. Bey dem vorhergehen-
dem Buche.

Gretfer will hier eine neue Schrift des Simon Stenius widerlegen, welche betitelt ift:
Academiae Heidelbergenfis publica gratiarum actio,
pro admirabili nefariae proditionis patefactione,

et

et Regis Regnique Angliae conſervatione, recitata
a Simone Stenio 1606 in 4. *).

60) Honorarium Polycarpo Lauſero Praedi
canti Lutherano, ob Hiſtoriam Jeſuiticam denuo
editam gratae mentis ergo datum et oblatum;
una cum Hiſtoria parallela vita Doctoris Martini Lutheri et D. Martini Epiſcopi Turonenſis,
conſcripta ab Elia Haſenmillero, Hiſtoriae Ordinis Jeſuitici Scriptore. Ibid. 1606 in 8. Bey
den beiden vorhergehenden Schriften. Alles
dieſes iſt ironiſch und ſatyriſch abgefaßt.

61) Demonſtratio quorumdam fidei dogmatum, ex communibus motionibus et loquendi
formulis. Ingolſtadii 1606 in 8. Bey den drey
vorhergehenden Büchern.

62) Palaemon, ſive Judicium ſuper contro-
verſia de Norma et Normato, inter Rudolphum
Goclenium, Philoſophiae Profeſſorem Marpur-
gicum, et Bavium Tubaro-Rutenburgenſem
Arſenicarium, propter Iocobum Gretſerum ex-
orta. Ibid. 1606 in 8. Bey den vier vorhergegangenen Schriften.

63) Paracletus Lutheranus ad Lithum Calviniſtam, ob Jeſuitas in Galliam revocatos inſo-
labiliter moerentem, amicitiae, levaminis, et
medi-

*) Die vor kurzem herausgekommene leſenswürdige
Schrift, von der Gefahr der Majeſtäten auf Er-
den bey den abſcheulichen Lehrſätzen und That-
handlungen der Jeſuiten, wird uns S. 213 und f.
überführen können, daß die Jeſuiten an dieſer Con-
ſpiration den größten Antheil gehabt.

medicaminis cauſſa allegatus una cum duabus Monſtrantiis et Ludo Miſenico. Ingolſtadii 1606 in 8. Bey den fünf vorhergedachten Schriften.

64) Defenſionis Bellarminianae Tomus primus, qui continet Apologiam primae Controverſiae de Verbo Dei ſcripto et non ſcripto, adverſus Witanerum, Junium, Danaeum, Sibrandum, Hunnium, aliosque ſectarios, quatuor libris explicatae. Ingolſtadii 1607 in fol.

Es iſt eine Beantwortung auf alle Schriften der Proteſtanten wider die Streitigkeiten des Bellarmin. Gretſer führet darin ihre Einwürfe mit ihren eigenen Worten an, und beantwortet dieſelben genau und pünktlich. So urtheilet du Pin von dieſem Buche; Simon redet aber in ſeiner critiſchen Geſchichte des alten Teſtamentes nicht ſo vortheilhaft davon. Er geſtehet zwar, daß in dem Werke dieſes Verfaſſers viel Gelehrſamkeit angetroffen werde; er füget aber zu gleicher Zeit hinzu, daß öfters ſeine Grundſätze nicht zuſammenhangen, welches doch beſonders bey Streitigkeiten, und vorzüglich, wenn von der Religion die Rede iſt, beobachtet werden müſſe; daß er nicht genug Beurtheilungskraft von ſich habe blicken laſſen; daß er ſich nach dem Beiſpiel anderer Controvertiſten mehr befleiſſiget, ſeine Gegner zu beantworten, als die Wahrheit an ſich ſelbſt zu betrachten; und daß er der Methode des Bellarmin nicht gefolget ſen, der den Proteſtanten viele Sachen zugeſtanden habe, um ſie deſto gründlicher widerlegen zu können. Was ſeiner Meinung nach in dieſem Werke

des Gretser vorzüglich gelesen zu werden verdienet,
ist die Beurtheilung von Luthers und anderer
Ueberfetzungen der heiligen Schrift in die deutsche
Sprache.

65) Confiderationum ad Theologos Venetos
de Immunitate et Libertate Ecclefiastica libri
tres, in quibus prope ad verbum refellitur liber
ejusdem argumenti, quem F. Marcus Antonius
Capellus, Conventualis, evulgavit; fimulque
Roberti Bellarmini Doctrina defenditur, qua
Capellus perperam abufus eft.   Ingolftadii
1607 in 4.

66) Spicilegium de ufu voluntariae per fla-
gra caftigationis pro tribus libellis de Difciplinis,
Coloniae 1607 in 8.

67) Praedicans vapulans et difciplinatus; feu
pro tribus libris de difciplinis totidem libri Apologetici, contra Jacobum Heilbrunnerum, Praedicantem Palatinum; cum duplice Appendice, altera de difciplinantium fodalitate, altera de Colloquio Ratisbonenfi. Ingolftadii 1607 in 4.

Das erste Buch dieses Werkes ist von Conrad
Vetter, einem Jesuiten, ins Deutsche überfetzet
worden. Die Schrift des Heilbrunners, die
Gretser hier zu widerlegen suchet, führet den
Titel: Flagellatio Jefuitica. Lavingae 1607 in 4.

68) Tomus primus de Sancta Cruce, tertia
editione multis partibus auctus, ut ferme novum
opus videri poffit. Ingolftadii 1608 in 4.

69) Liber tertius Hiftoriae Orientalis Jacobi
de Vitriaco, antea ineditus. Ibid. 1608 in 4

70) Ora-

70) Oratio Callixti , Patriarchiae Conftan-
tinopolitani , in exaltationem S, Crucis, Latinitate donata. Ibid. 1608 in 4.

71) Homilia Gregorii Mytilinaei in Paffionem
Dominicam , Latinitate donata. Ibid. 1608. in 4.

72) Mantiffa ad primum Tomum de S. Cruce , in qua Difputatio de Vino Myrrhato et Va-
fis Myrrhinis, et Apologia pro S. Cruce. Ibid.
1608 in 4.

73) Murices Catholicae et Germanicae Anti-
quitatis ; hoc eft , demonftrationes variorum
Catholicae Fidei dogmatum, ex vulgaribus tri-
tisque Germanorum fentiendi, loquendique mo-
dis et formulis. Ingolftadii 1608 in 4. It. Ins
deutfche überfetzt von Conrad Vetter.

74) Mifcellanea Theologica, in quibus fe-
quentia fex Opufcula. 1. Virgidemia Volcia-
na, hoc eft, Apologia pro difciplinis contra
Melchiorem Vlricum, ad S. Annae Auguftae
Vindelicorum Lutherum Praeconem. 2. Anti-
Strena Polycarpica. 3. Notae fupra Notas Petri Molinaei in Epiftolam Nyffeno adfcriptam
de euntibus· Hierofolymam. 4. Examen Tractatus de Peregrinationibus ab eodem Molinaeo
editi. 5. Correctiones Notarum, quas evulgavit Cafaubonus in Epiftolam Nyffeni ad Eufta-
thiam. 6. Lithi Mifeni, Calviniftae, Satyra
Palinodica , commentario illuftrata. Ingolftadii 1608 in 4.

Wir müffen bey einigen von diefen Schriften
einige Anmerkungen machen. Die erfte ift eine
Widerlegung der beiden deutfchen Reden des Vol-

cius von den Proceßionen der Geißelnden, die jährlich am Charfreytage in der römiſchen Kirche gehalten werden, welche zu Augſpurg 1607 in 4 ans Licht traten. Die zwote iſt bey dieſer Gelegenheit ausgearbeitet worden. Polycarp Lyſerus hatte die Geſchichte der Jeſuiten von Haſenmiller wieder auflegen laſſen; Gretſer ſtattete ihm für ſeine Bemühungen eine Dankſagung ab, die er ihm unter dem Titel Honorarium etc. zuſchickte, wie man es bey No. 60 ſehen kann. Lyſerus, der ſich ſeiner Seits gegen ihn nicht undankbar bezeigen wolte, machte ihm mit folgendem Buche ein Gegengeſchenk: Strena ad Jac. Gretſerum pro Honorario ejus. Lipſiae 1607. Gretſer, der ihm nichts ſchuldig bleiben wolte, überſchickte ihm dieſe Anti - Strena. Des Stenius ſein Werk, auf welches Gretſer in einem Commentarius in der ſechſten Schrift antwortet, iſt mir unbekant.

75) Defenſionis Bellarminianae Tomus ſecundus, continens Apologiam ſecundae Controverſiae de Chriſto, et tertiae de Chriſti Vicario, PontificeRomano, una cumApologia pro libris de translatione. Imperii, adverſus Junium Calviniſtam, et Dreſſerum Lutheranum. Ingolſt. 1609 in fol.

76) Apologia pro S. Gregorio VII. Pont. Max. in qua ſunt hactenus inedita quaedam pro eodem S. Gregorio Opuſcula Bernaldi, Conſtantienſis Presbyteri. Ingolſtadii 1609 in fol. Nebſt dem vorhergehenden Werke.

77) S. Gregorii VII. Pontif. M. vita, Electio, Res geſtae, ex libro quarto Onuphrii de varia

Kir-

Romani Pontificis creatione. Bey dem vorhergegangenen Buche.

78) Agoniſticum Spirituale de Diſciplinis,
hoc eſt, Apologia pro Praedicante vapulante
contra duas Praedicantes, Heilbrunnerum, Neo-
burgicum, et Zeaemannum, Lavinganum, So-
cerum ac generum; cum appendice ejusdem argumenti ex Metanaeologia P. Edmundi Auge-
rii. Ingolſtadii 1609 in 4.

Gretſer hatte Jacob Heilbrunner in ſeinem No. 67 angeführten Praedicante vapulante geantwortet; Georg Zeämann, der Schwieger-
ſohn Heilbrunners nahm ſeine Vertheidigung in
einem Buche über ſich, welches er unter dieſem Titel bekandt machte: Jeſuita revapulans, ſeu Apologetici tripartiti, quem Flagellationi Jeſuiticae, a D.
Jacobo Heilbrunnero ſuperiori anno editae, Jacobus Gretſerus oppoſuit, refutatio Theologico-
Scholaſtica, diſputationibus aliquot publicis propo-
ſita. Lavingae 1608 in 4. Dieſe Schriſt ſuchet Gretſer hier zu widerlegen. Er iſt aber von Zeämann
in folgendem Werke wieder angegriffen worden:
Gretſerus triumphatus, id eſt, Jeſuitae revapulan-
tis defenſio; et Agoniſtici quod illi Jacobus Gretſerus in ultimo carnificinae ſuae agone conſtitutus,
proximis nundinis oppoſuit, contuſio. Auguſtae
Vindel. 1610 in 4.

79) Petrus Gnaphaeus, ſeu Fullo in Thoma
Wegelino Lutherano Theopaſchita redivivus;
hoc eſt Tractatus de Triſagio contra Cnapticam
illam additionem: Qui Crucifixus es pro nobis.
Ingolſtadii 1609 in 4.

B 3   80) Re-

80) Relatio de Jeſuitarum ſtudiis abſtruſioribus, in gratiam Praedicantium Auguſtanorum,
ad Lydium veritatis lapidem admota et probata,
contra Ioannem Cambilhon. Acceſſit breve examen libri, qui ſpeculum doctrinae Jeſuiticae
inſcribitur. Ingolſtadii 1609 in 8. It. Jns Deut
ſche überſeßt von Conrad Detter 1609.

81) Commentarius Pauli Bernriedenſis de rebus geſtis S. Gregorii VII. et Herlucae Virginis
cum Prolegomenis et Notis. Ibid. 1610 in 4.

82) Caeſar Baronius S. R. E. Cardinalis a
Goldaſti Calviniſtae criminationibus vindicatus
et in eo cum alii Pontifices Romani, tum S. Gregorius VII. Ingolſtadii 1610 in 4.

83) Catalogus Librorum omnium, quos Jacobus Gretſer usque ad Octob. an. 1610 edidit.
Ibid. 1610 in 4.

84) Baſilicon Doron, ſive Commentarius
exegeticus in Ser. Magnae Britanniae Regis
Praefationem Monitoriam, et in Apologiam
pro Juramento fidelitatis. Ingolſtadii 1610 in 4.

85) Commentariolus de Imperatorum Regum, ac Principum Chriſtianorum in ſedem
Apoſtolicam munificentia Acceſſerunt Appendices duae, quarum prima de Edicto donationis Conſtantinianae, et novo ad id Commentario; ſecunda de diplomate donationis Othonis. III. Imperatoris factae S Sylveſtro II. Pontifice. Ingolſtadii 1610 in 4.

86) Hortus S. Crucis, in quo 1. Acroſtichides Graeco Latinae veterum Jconomachorum et
Orthodoxorum in S. Crucem, cum Commen

ta-

tario et refutatione Edictorum de cultu imagi-
num, quae nuper fub Imperatorum ac Regum
nomine quidam Calvinifta evulgavit. 2. Crux
Scirenfis cum annotationibus. 3. Crux Dona-
werdenfis cum annotationibus. 4. Flori-
legium de S. Cruce, cum Poeticis lufibus in flo-
rem Indicum, quem Granadillam vocant. Ingolftadii 1610 in 4.

87) Podoniptron, feu Pedilavium; hoo eft,
liber de more lavandi pedes peregrinorum et
hofpitum. Ibid. 1610 in 4.

88) Lutherus Academicus, hoc eft, fummus
Academiarum cultor, amplificator, et encomia-
ftes, Theologus Pofitivus, Scholafticus, Caufi-
fta, Controverfifta, Canonifta, Legifta, Medi-
cus, Philofophus, Logicus, Phyficus, Meta-
phyficus, Ethicus, Rhetor, Mathematicus,
Muficus, Hiftoricus, Poëta, Grammaticus, Pe-
ripateticus feu Ariftotelicus, Stoicus, Cynicus,
Epicureus atque Ariftippicus. Ingolftadii 1610
in 4.

89) Inauguratio Doctoralis, in qua potiffimum de Lutheri Doctoratu, et Lutheranis Do-
ctoribus differitur. Cracoviae 1610 in 4.

90) Epiftola Cnaptica novi Fullonis Thomae Wegelini de Trifagio, Commentario illuftrata. Ingolftadii 1610 in 4.

Es ift eine Beantwortung des Werkes von
Wegelin, welches die Auffchrift führet: Upom-
nema Theologicum de Hymno Trifagio. Acceffit
Petrus Cnapheus Neftorianus redivivus in Jacobo
Gretfero. Francofurti 1609 in 4.

B 4   91) Pha.

91) Pharetra Tertullianea adverſus Hereticos. Ingolſtadii 1610 in 4.

92) Veſpertilio Heretico - Politicus, ſub Bononienſis Epiſtolae Italo-Latinae velo, *de per-
fectione et excellentia Jeſuitici ordinis*, antea
delitescens, jam in lucem extractus. Ingolſtadii
1610 in 4. *)

93) Lixivium pro abluendo maleſano capite
Anonymi cujusdam Fabulatoris, et, ut vocant,
Novellantis, qui caedem Chriſtianiſſimi Galliae
et Navarrae Regis Henrici IV. in Jeſuitas partim
tacite confert. Ibid. 1610 in 4. It. **Jns Deutſche überſetzt von Conrad Vetter**. 1610.

94) Furiae Praedicantium Auguſtanorum ob
refutatam Relationem Cambilhonicam Ibid. 1610.
in 8. It. **Jns Deutſche überſetzt von Conrad
Vetter** 1610.

**Die in der Auſſchrift gedachte Relatio iſt dieje-
nige de Jeſuitarum ſtudiis abſtruſioribus, von der ich
Nu. 80 geredet habe.**

95) Vindiciae Bellarminianae et Muricum
Praedicanticorum a criminationibus et inſcitia
Lutherani Magiſtelli Erneſti Zephyrii. Ingolſta-
dii 1611 in 4.

**Gretſer greift in dieſer Schrift folgendes Buch
an: Erneſti Zephyrii ſpeculum Jeſuiticum, hoc
eſt,**

*) **Gretſer behauptet in dieſem Buche ganz kühn, daß
der Papſt, wenn es die Noth erfordere, die catholiſchen Unterthanen vom Eide der Treue losſprechen
könne, wenn ein ſolcher Fürſt tyranniſch über ſie re-
giere. Er ſetzt ſogar hinzu, daß, wenn der Papſt
dieſes mit gehöriger Klugheit thue, ſolches ein ver-
dienſtliches Werk ſey. S. Gefahr der Maj. S. 76.**

eſt, demonſtratio Eſauiticae profanitatis, Pelagia-
nae levitatis, blasphemiae, impietatis Bellarminianae et Gretſerianae, honorarii loco transmiſſa
Wittenbergae 1609 in 8. Aus dieſer und einigen
andern Auſſchriften erſiehet man, daß dieſe Gegner ſeine Schreibart ziemlich nachahmten, und ihn
eben ſo wenig ſchoneten, als wie er ſie.

95) Judicium Erasmi Roterodami de novo
Evangelio, novisque Evangeliſtis. Ingolſtadii
1611 in 4.

97) Summula Caſuum Conſcientiae de Sa-
cramentis pro Sectariis Praedicantibus, tam Ur-
banis et Oppidanis, quam agreſtibus et rurali-
bus, ex Luthero, Calvino, et Beza fideliter
collecta. Ibid. 1611 in 4.

Man kann leicht urtheilen, daß dieſe Schrift
ironiſch und ſatyriſch abgefaſſet ſeyn müſſe.

98) De funere Chriſtiano libri tres adverſus
ſectarios. Ibid. 1611 in 4.

99) Divi Bambergenſes. S. Henricus Imperator, Sancta Kunegundis Imperatrix, et S. Otho
Epiſcopus Bambergenſis. Ingolſtadii 1611 in 4.

100) Gerhodi Reicherſpergenſis in Bavaria
Praepoſiti, de Henrico IV. et V. Imperatoribus,
et S. Gregorio VII. nonullisque conſequentibus
Pontificibus Syntagma. Ingolſtadii 1611 in 4.

101) Brevis Refutatio Alogiarum Annae Com-
nenae in Alexiade, contra S. Gregorium VI.
Ibid. 1611 in 4. Bey dem vorhergehenden
Werke.

102) Retectio inſipientiae et falſimoniae Gol-
daſtinae in tertio Tomo Conſtitutionum Impe-

ria-

rialium. Ibid. 1611 in 4. Nebſt den beyden vorhergegangenen Schriſten.

103) Repetitae furiae Praedicantium Auguſtanorum ob Relationem Cambilhonicam, denuo caſtigatae. Ingolſtadii 1611 in 4. It. Ins
Deutſche überſetzt von Conrad Vetter.

Es iſt eine Widerlegung einer Schriſt von Melchior Volcius, welche die Aufſchriſt führet:
Furiae a Jacobo Gretſero, et Conrado Vettero,
Jeſuitis, contra Praedicantes Auguſtanos emiſſae,
ſed ab iisdem illis remiſſae, in quibus illorum argumenta infamia notantur, convincuntur, da-
mnuntur, atque breviter explicantur. Tubingae
1611 in 4.

104) Athleticae ſpiritualis legitimae et illegi-
timae libri duo adverſus Zeaemannum, Lutheranum Praedicantem. Ingolſtadii 1612 in 4.

105) De Feſtis Chriſtianorum libri duo, adverſus Danaeum, Dreſſerum, Hospinianum,
aliosque ſectarios. Ingolſtadii 1612 in 4.

106) Suppetiae Luthero Academico miſſae,
adverſus Ioannem Forſterum, Praedicantem
Wittebergenſem. Ibid. 1612 in 4.

Johann Forſter hatte die Vertheidigung
Luthers, wider dasjenige, was Gretſer von
ihm in ſeinem Luthero Academico, und in ſeiner
Inauguratione Doctorali geſaget hatte, übernom-
men und deßhalb wider Gretſer folgendes Buch
herausgegeben: Gretſerus Calumniator et Nugiven-
dulus, ſive Oratio Apologetica pro Luthero adverſus Iacobum Gretſerum. Wittenbergae 1611 in 8.
worauf Gretſer in dieſer Schriſt antwortete, di
aber

aber nicht lange unbeantwortet blieb, wie man es aus der Folge ſehen wird.

107) Epimetrum, ſeu Auctarium ad opus et ſupplementum de Jure et More prohibendi, ex‑ purgandi et abolendi libros haereticos et noxios. Ingolſtadii 1612 in 4. Bey dem vorhergehen‑ den Buche.

108) Catalogus librorum omnium, quos Ja‑ cobus Gretſer usque ad annum 1612 edidit. Ibid. 1612 in 4.

Dies iſt das zweite und letzte Verzeichniß, das Gretſer von ſeinen Werken herausgegeben hat. Nach ſeinem Tode trat zu München 1674 in 4 ein drittes ans Licht, das aber nicht genau iſt.

109) Gemina adverſus Melchiorem Golda‑ ſtum Calviniſtam defenſio; prior pro S. R. Or‑ thodoxi et Catholici Imperii avita Majeſtate; poſterior varia Veterum Monumenta pro S. Gregorio VII. aliisque Pontificibus Romanis ex‑ hibet. Ingolſtadii 1612 in 4.

110) Gratiae Danieli Cramero, Stetinenſi in Pomerania, Lutherano Praedicanti perſolutae, pro Paralipomenis ad Libros de funere Chriſtia‑ no transmiſſis. Ibid. 1612 in 4.

Das Werk des Cramers, welches zu des Gretſers ſeinem Gelegenheit gegeben hat, führet dieſen beſondern Titel: Inferenda Apologetica ad inferenda Jacobi Gretſeri de funere Chriſtiano. Wittenbergae 1612 in 4. Auf allen beiden folgte eine Antwort vom Cramer an Gretſer unter die‑ ſem Titel: Remuneratio pro Gratiis Jacobi Gret‑ ſeri. Francof. 1613 in 4.

111) Aucta‑

111) Auctarium ad duos libros de **Feſtis**, ſeu Diſſertatio pro ſanctiſſima Corporis Chriſti ſolemnitate, et ſacroſanctae Euchariſtiae cultu adverſus Rudolphi Hospiniani Calviniſtae impietatem atque inſcitiam. Ingolſtadii 1612 in 4.

112) Arnaldi Brixienſis in Melchiore Goldaſto Calviniſta redivivi vera deſcriptio et imago. Ingolſtadii 1613 in 4.

113) Paraeneſis ad omnes incorruptae Confeſſionis Auguſtanae Academicos ut deſpiciant, an non Ioannes Forſterus, Wittenbergenſis Profeſſor, ſpiritum ſacramentarium ſub pectore conditum gerat. Ibid. 1613 in 4.

Es iſt eine Antwort auf zwo Schriften von **Johann Forſter,** wovon die eine den Titel führet: Oratio Panegyrica de Doctoratu et Conjugio B. Lutheri oppoſita calumniis ac Sophiſticationibus frivolis Jacobi Gretſeri, factionis Anti-Jeſuiticae Socio. Wittenbergae 1612 in 4. Die andere: Profligatio ſuppetiarum Jacobi Gretſeri Luthero Academico Miſſarum. Wittenbergae 1612 in 4. Des **Gretſers** ſeine jetztgedachte Schrift blieb von Seiten **Forſters** nicht unbeantwortet, ſondern er ſetzte derſelben im folgenden Jahre dieſe Beantwortung entgegen: Paraeneſis ad omnes incorrupti judicii Chriſtianos, ut deſpiciant, an non Jacobus Gretſerus, Societatis Jeſu Monachus, Ioannem Forſterum calumnioſe et Sycophantice Sacramentarismi inſimulet. Wittenbergae 1614 in 4.

114) Volumen Epiſtolarum, quas Romani Pontifices miſerunt ad Principes et Reges Francorum. Ingolſtadii 1613 in 4.

115) Prae-

115) Praedicans Heautontimorumenos , feu feptima pro fpontanea flagellorum cruce lucubratio, adverfus Sectarios logodulos, cum appendice quomodo Haeretici fcripturas tractent. Ibid. 1613 in 4.

Es ift eine Widerlegung eines von diefer Materie handelnden Buches, welches betitelt ift : Jacobi Heilbrunneri, et Georgii Zeaemanni Carnificina Efauitica, five quatuor libri fpontaneae flagellationi oppofiti. Wittenbergae 1613 in 8.

116) Relegatio Lutheranorum et Calvinianorum Praedicantium ex S. R. Imperio, ex Relegatione Jefuitica Andreae Loaneri Lutherano Calviniftae verbatim confecta. Ingolftadii 1613 in 4.

Das Buch, aus dem Gretfer das feinige genommen zu haben vorgiebet, ift unter diefem Titel ans Licht getreten : Andreae Lonneri Relegatio Jefuitarum ex omni bene ordinata Republica, vi novem argumentorum potiffimum demonftrata. Tubingae 1612 in 4.

117) Lucae Tudenfis Epifcopi fcriptores aliquot fuccedanei contra fectam Waldenfium, ex tenebris in lucem afferti, cum copiofis Prolegomenis et notis, in quibus de Waldenfium factionibus , perverfisque dogmatis differitur. Ingolftadii 1613 in 4.

118) Brevis Relatio de Colloquio circa nonnullos fidei controverfos articulos Turlaci inftituto ex Gallico in Latinum verfa. Ibid. 1613 in 4.

119) Myfta Salmurienfis, feu Myfterium iniquitatis Philippi Pleffaei Calviniftae revelatum,

et

et dilucide explanatum, in quo Pontifices Romani a S. Victore Maetyre et l'ontifice, usque ad
Leonem X. defenduntur. Ingoiſtadi 1614 in 4.

120) Inauguratio Doctoralis, in qua potiſſi-
mum diſquiritur, quid Lutherus de peccatis ſen-
ſerit ac decuerit. Ibid. 1614 in 4.

121) Trias ſcriptorum adverſus Waldenſium
ſectam, Ebrardus Bethunenſis, Bernardus Ab-
bas Fontis - Calidi, et Ermengardus, cum copioſis Prolegomenis et Notationibus. Ibid. 1614
in 4.

122) Libri duo de Benedictionibus et tertius
de Maledictionibus. Ingolſtadii 16.5 in 4.

123) Libelli famoſi, quo vix poſt hominum
memoriam impudentior et flagitioſior prodiit
adverſus Robertum Bellarminum Caſtigatio. Ibid.
16i5 in 4. It. Ins Deutſche überſetzt, und in
dieſer Sprache in eben demſelben Jahre zu Ingolſtadt gedruckt.

124) Admonitio ad Exteros de Bibliis Tigurinis. fol. Ingolſtadii 1615 in 4.

125) Speculum Praeſulis, a Claudio Jaio, Soc.
I. olim conſcriptum, nunc ex Bibliotheca Ey-
ſtettenſi in lucem editum et notis illuſtratum.
Acceſſit Commentariolus de officio Epiſcopi ex
conditionibus a S. Paulo praeſcriptis. Ibid.
1615 in 4.

126) Rationes a priore, prorſus Apodicticae,
et Euclideae, cur Quint. Evangelici Praedicantes a diſciplinis, Ciliciis, adeoque ab omnis
Carnis maceratione abſtineant. Ingolſtadii 1615
in 4.

Gret-

Gretſer hat dieſe Schrift unter dem Namen Georgius Schottlerus, Friſingenſis, S. Theologiae Baccalaureus herausgegeben.

127) Religioſae Conſtantiae et haereticae fraudulentiae duo ad omnem poſteritatem commemorabilia exemta , ſeu Hiſtoria de Monialibus Rigenſibus et Norimbergenſibus. Ibid. 1615 in 4.

128) Opera omnia de Sancta Cruce, accurate recognita, multis partibus locupletata, et uno in volumine edita. Ingolſtadii 1616 in fol.

Dies iſt die beſte Ausgabe von dieſem Werke.

129) Deſtructio Dormitorii Apoſtatarum. Ibid. 1616 in 4.

130) Variorum Pontificum ad Petrum Cnapheum Eutychianum Epiſtolae decem, Graeco-Latinae. Ibid. 1616 in 4.

131) Gregorii Acindyni libri duo de Eſſentia et Operatione Dei, Graece publicati. Ibid. 1616 in 4. Bey den vorhergehenden Briefen.

132) Adrianus Hucher, Ambianenſis Miniſter etc. ſeu Ambianenſe Colloquium inter Franciſcum Veronum Soc. I. et Adrianum Hucherum inſtitutum ex lingua gallica in latinam translatum. Ingolſtadii 1616 in 4.

133) Admonitionis de Bibliis Tigurinis ad Exteros defenſio. Ibid. 1617 in 4.

134) Anaſtaſii Sinaitae Quaeſtiones et Reſponſiones 144. de variis argumentis, Graece et Latine. Ibid. 1617 in 4.

135) D. Gregorii Nyſſeni Orationes tres. 1. De Pauperibus amandis. 2. In ingreſſum jejunii

Qua-

Quadrageſimalis. 3. Contra Fornicarios. Ex
quibus ſecunda nec Graece nec Latine exſtabat,
prima et tertia Graece prodierunt ex Caeſarea
Viennenſi Bibliotheca. Ingolſtadii 1617 in 4. und
im Appendice ad S. Gregorii Nyſſeni Opera.

136) De Eyſtettenſis Eccleſiae Sanctis tutela-
ribus, S. Richardo, S. Willibaldo, S. Wuni-
baldo, S. Walpurga, Philippi Eyſtettenſis Epiſcopi Commentarius, una cum duabus obſervationum libris, et Catalogo hiſtorico Epiſcoporum
Ingolſtadii 1617 in 4.

137) S. Bernardi opuſcula quatuor, ante hac
non edita, nunc in lucem prolata, ex Bibliotheca P. P. Carthuſianorum Erfordenſium. Ibid.
1617 in 4.

138) Vita B. Bertholdi, Abbatis Garſtenſis,
ex Ms. Cod. Bibliothecae Caeſareae Viennenſis.
Ibid. 1617 in 4.

139) Syntagma de S. R. I. ſacroſanctis Reliquiis, et Regalibus Monumentis, una cum Graeco textu S. Sophronii in adorationem S. Crucis media quadrageſima. Ingolſtadii 1618 in 4.

140) Contra famoſum libellum, cujus in-
ſcriptio eſt: *Monita privata Societatis Jeſu*, libri tres Apologetici. Ibid. 1618 in 4.

141) Appendix ad S. Gregorii Nyſſeii Opera
Graeco-Latina. Pariſ. 1618 in fol.

In dieſem Anhange befinden ſich folgende Stücke: 1. Prolegomena, in quibus de S. Gregorio
Nyſſeno, ipſiusque adverſus Eunomium opere.
2. Epiſtola Nyſſeni ad Petrum fratrem, Epiſcopum Sebaſtenum, de ſuſcipienda refutatione Euno-
mii.

mii. 3. Reſponſio Petri ad Nyſſenum. 4. Sum-
maria, feu periochae 12. librorum adverſus Eunomium. 6. Oratio de poenitentia. 7. Vita S. Ma-
crinae Virginis, ſororis S. Nyſſeni. 8. Oratio tertia in quadraginta Martyres. 9. Oratio adverſus
eos, qui differunt Baptismum. 10. Oratio contra
Uſurarios. 11. Oratio de Pauperibus et beneficen-
tia. 12. Oratio in Principium Jejuniorum. 13. Oratio contra Fornicarios. 14. Lacunae quaedam in
libris contra Eunomium ex Codice Bavarico, et
Livinejano ſuppletae. 15. Addenda notis Fronto-
nis Ducaei, Soc. I. Theologi.

142) Adamanni, Scoto - Hiberni, Abbatis ce-
leberrimi, de Situ Terrae ſanctae, et aliorum
quorumdam locorum libri tres; cum copioſis
Prolegomenis et notis. Acceſſit eorumdem librorum Breviarium; breviatore venerabili Beda,
Presbytero. Ingolſtadii 1619 in 4.

143) Fons olei Walpurgini apud Eyſtettenſes
explicatus, atque defenſus. Ibid. 1620 in 4.

144) Orationes duae, Graece et Latine editae. 1. D. Gregorii Nyſſeni in Apoſtolorum
Principes, Petrum et Paulum. 2. Alexandri,
Monachi, de inventione S. Crucis. Ibid. 1620
in 8.

145) Compelle intrare; ſive ſententia S. Auguſtini ſuper illa quaeſtione: Num Haeretici me-
tu poenarum ad fidem Catholicam cogi poſſint.
Cosmopoli 1620 in 4.

Gretſer hat dieſe Schrift unter dem Namen
Matthäus Merula bekandt gemachet.

146) Camarina Lutherana et Calviniana, de Peccatis et Legibus, non nihil mota, ut omnes fentiant, quam gravem mephitim exhalet. Ingolftadii 1621 in 4.

147) Difputatio de variis Caelis, Lutheranis, Zwinglianis, Ubiquetariis, Calvinianis etc. Sanctorum veris vel fictitiis receptaculis et habitaculis. Ingolftadii 1621 in 4.

148) Georgius Codinus, Curopalata, de Officiis et Officialibus Magnae Ecclefiae, et Aulae Conftantinopolitanae Latine verfus, adjunctis tribus Commentariorum, obfervationum, et emendationum libris. Parif. 1625 in fol.

149) Syntagma de Imaginibus manu non factis, deque aliis a S. Luca pictis. Nebft dem vorhergehenden Buche.

150) Libri tres pofthumi rerum variarum, quos ex adverfariis Iacobi Gretferi felegit P. Georgius Stengelius, Soc. I. Ingolftadii 1628 in 8.

151) Libri quinque de Fefto Nativitatis et Epiphaniae Domini, ex Jacobi Gretferi Adverfariis concinnati. Ibid. 1629 in 8.

152) Judex et Dux Haereticorum hujus temporis, ex ejusdem Gretferi Adverfariis. Ibid. 1629 in 8.

153) Paralipomena Jacobi Gretferi, ex ejusdem notis ac adverfariis eruta, atque in duas partes divifa. Monachii 1633 in 8.

Einige haben ihm auch folgendes Buch zugefchrieben: In Jacobi Augufti Thuani Hiftoriarum libros Notationes, Autore Ioanne Baptifta Gallo. I. C. Ingolftadii 1614 in 4. Die ausfchweifende und

und rasende Schreibart, die des Gretsers seiner
gleich ist, hat Anlaß gegeben zu glauben, daß das
von ihm sey, und die Bibliothecarii der JesuitenWerk
scheinen ebenfals der Meinung zu seyn, indem sie
es unter seine Schriften setzen: Notae in libros Historiarum Jacobi Aug. Thuani. Allein es ist zu
vermuthen, daß sich dieser Titel aus Irrthum unter denselben befindet, weil Sotwel in dem Artikel von Johann von Machault einem parisischen
Jesuiten, gestehet, daß derselbe der Verfasser dieser unter dem Namen Johann B. Gallus bekandt-
gemachten Anmerkungen sey.

Im Jahr 1733 gab man einen Entwurf von
einer Ausgabe aller Werke des Gretsers heraus,
welche zu Regenspurg in 17 Theilen in fol. besorget
werden solte. Dieser Entwurf enthält ein ge-
naues Verzeichniß seiner Werke, dem ich gefolget bin.

S. Alegambe et Sotwel, Bibliotheca Scriptorum Soc. Jesu. Dieser letzte verbessert einige Fehler des erstern.

Baptista Mantuan.

Baptista Mantuan wurde zu Mantua, von
welchem Orte er seinen Namen hat, im
Jahr 1448 gebohren. Diejenigen, die seine Geburt ins Jahr 1444 gesetzet haben, und unter andern Cardan, der ihn in seinem Buche de
exemplis centum Geniturarum den 17ten April dieses Jahres gebohren werden lässet, haben sich sehr

geirret, weil uns **Mantuan** in ſeiner Lebensbeſchreibung ſelbſt berichtet, daß er unter dem Papſt
Nicolaus V. gebohren, und daß dieſer Papſt erſt
den 6 März 1447 erwählet worden ſey. **Stephanus Pasquier** begehet gleichfals einen Fehler,
wenn er **Mantuan** in ſeinen Iconibus, Baptiſta Fauſtus Mantuanus nennet; ein Fehler, zu welchem
er dadurch verleitet worden, daß ſich **Mantuan**
in ſeinen Eclogen unter dem Namen **Fauſtus** verborgen hat.

Er war aus der Familie derer **Spagnoli,**
und ein natürlicher Sohn des **Spagnolo,** wie es
uns **Paul Jovius** berichtet. Der P. **Laurentius Cuper,** ein Carmelitermönch, hat ſich in der
Zueignungsſchrift, die er vor die zu Antwerpen 1576
beſorgte Ausgabe der Werke des **Mantuan** geſe-
ßet hat, einfallen laſſen, die Beſchuldigung des
Paul Jovius über den Haufen zu ſtoſſen. Der
P. **Lucius,** ein anderer Carmelitermönch, iſt dem
Cuper in der Bibliothek der gelehrten Carmelitermönche, die er 1593 herausgegeben, gefolget. Bei-
de haben vermuthlich geglaubet, daß es für ihren
Orden eine Ehre wäre, die Geburt eines ihrer Generale von dem Flecken, womit ſie hiedurch beſudelt
würde, zu befreien. Sie hätten indeſſen in Erwe-
gung ziehen können, daß, ſo anſehnlich auch die
Würde des Generals eines Ordens immer iſt, die
päpſtliche Würde, die über alle andere erhoben iſt,
dennoch die Geſchichtſchreiber, und ſelbſt die Florentiniſchen nicht hat verhindern können, zu geſtehen,
daß **Clemens VII.** ein natürlicher Sohn des **Ju-
lianus von Medicis** geweſen. Man ſiehet nicht
ein,

ein, daß Jovius einen Vortheil davon gehabt haben ſolte, wenn er die Geburt des Baptiſta Mantuan in üblen Ruf gebracht hätte. Ein Mann, der,
wie er, bey Mantua gebohren worden war, und
ſchon das 33 Jahr erreichet hatte, als Mantuan
ſtarb, konte von der Wahrheit dieſer Sache ſehr wohl
unterrichtet ſeyn. Es hätten nicht dreyſſig Jahre vor-
beyzuſtreichen gebraucht, ihm zu widerſprechen, und
dieſes blos aus Muthmaſſungen, die er durch andere weit ſtärkere über den Haufen geworfen hat.
Baptiſta Mantuan redet überdem in ſeinen
Schriften frey und ſehr oft von Peter Spagnolo
ſeinem Vater, er rühmet ſich des Adels, er geſtehet,
daß er von demſelben zu den Studien angehalten,
und hält den Ptolomäus, Aegidius, Friedrich und Alexander, vier rechtmäßige Söhne
des Peters, für ſeine Brüder. Die Familie hegte eine ſo groſſe Liebe gegen ihn, daß Ptolomäus,
der geſchikteſte unter den vier Brüdern, und der
damals bey Franz von Gonzague, Marquis von
Mantua, am meiſten galt, in ſeinem eigenen Namen eine Schutzſchrift wider die Beſchuldigungen
des Baptiſta herausgab. Dieſes ſcheinet was beſonderes zu ſeyn. Wenn man aber bedenket, daß
ſich Baptiſta zu dieſer Zeit durch ſeine Dichtkunſt
und durch ſeine andre Eigenſchaften einen ſehr glän-
zenden und ausgebreiteten Ruhm zugezogen hatte,
ſo wird man ſich nicht wundern, daß ihn die Spagnoli freiwillig für ihren Bruder erkannten; es ge-
reichte ihnen hierbey nichts zu einer Beſchimpfung.
Er war ein Mann, der ihnen Ehre machte, und der
ihnen nicht zur Laſt ſeyn konte; ſeine Feder war je-

derzeit bereit, ihren Ruhm auszubreiten. Seiner
Seits bezeigte er ſich gegen die Merkmale ihrer Hochachtung und Liebe gegen ihn nicht undankbar. Jede Gelegenheit, da er von den **Spagnoli** reden
konte, ergrif er mit vielem Vergnügen. Er trium-
phiret über die väterliche Linie, alles iſt ihm mit
ſeinen Brüdern in derſelben gemein; von der müt-
terlichen redet er aber nicht ſo vortheilhaft.

Seine Schriften verſichern uns nicht völlig, daß
ſich ſein Vater mehr als einmal verheyrathet habe.
Conſtantia de Maggi, aus einer der beſten Familien von **Brescia,** iſt die einzige Gemahlin, die
er ihm beyleget. In ſeiner ſiebenten Ecloge, welche eine Arbeit ſeiner zarten Jugend iſt, beklaget er
ſich indeſſen, unter dem Namen **Pollux,** über die
Härte und Grauſamkeit ſeiner Stiefmutter, die keine andere als dieſe **Conſtantia** ſeyn konte. Aus
ſeinem gezwungenen Stillſchweigen von ſeiner eigenen Mutter, von der er an keinem Orte redet, erhellet überdem, daß er hievon nichts zu ſagen hatte,
was ihm Ehre machen konte.

Mantuan überließ ſich in ſeiner Jugend mit
vielem Eifer den Studien und fieng zeitig an, ſich
der lateiniſchen Dichtkunſt zu widmen, die er ſein
ganzes Leben hindurch nicht vernachläßigte. Man
weiß nicht, wenn ehe er in den Carmeliterorden
trat; ſo viel iſt aber gewiß, daß er ſich in demſelben durch ſeine perſönliche Verdienſte und durch ſeine Gedichte einen groſſen Ruhm erwarb. Viele
Jahre hindurch beſaß er die vornehmſten Aemter
deſſelben, und wurde ſiebenmal Generalvicarius der
Congregation von **Mantua.** In dieſem Poſten
ließ

ließ er vielen Eifer für die Behauptung der ſtren-
gen Lebensart und der alten Gewohnheiten von ſich
blicken. Nachdem er 1513 in einem General-Ca-
pitul, das zu Rom gehalten wurde, zum General
des ganzen Ordens erwählet worden war, ſo bemühete er ſich in allen Klöſtern eine ſtrenge Lebensart
einzuführen; da er aber in ſeinem Vorhaben nicht
glücklich war, ſo misfiel ihm ſeine Würde, und er
entſagte 1515 derſelben, um ſich deſto freyer und un-
gehinderter den ſchönen Wiſſenſchaften, die ſein
ganzes Vergnügen ausmachten, widmen zu können.

Er ſtarb den 20ſten März des folgenden Jahres 1516 in ſeinem 68ſten Jahre, und nicht in dem
80ſten, wie Jovius unrichtig ſaget.

Der Herzog von Mantua ließ ihm einige Jahre nachher eine marmorne und mit Lorbern bekrönte
Statue bey des Virgilius ſeiner aufrichten, gleich-
ſam als wenn Mantuan dieſem berühmten Dichter in der Dichtkunſt gleich gekommen wäre. Wenn
man aber ſo zu ſeiner Zeit geurtheilet hat, da die
Barbarey noch in den meiſten Gemüthern herrſchte,
und da man von guten Sachen keinen Geſchmack
hatte; ſo hat man doch nachher ganz anders davon geurtheilet, und ſich über dieſe Vergleichung aufgehalten.

Giraldi behauptet in ſeinen Geſprächen von
den Dichtern ſeiner Zeit, daß die Verſe, die er in
ſeiner Jugend gemachet habe, ziemlich gut wären;
daß ſie aber, nachdem ſeine erhitzte Einbildungs-
kraft ermüdet worden, weder Stärke, noch Lebhaftigkeit, noch Genie hätten. Dieſes Urtheil iſt
der Wahrheit gemäß; man muß aber noch hinzufügen, daß die Beurtheilungskraft und der Ge-

C 4   ſchmack

ſchmack jederzeit in den Werken des Mantuan ge-
fehlet haben, der mehr viele, als gute Verſe zu machen ſuchte.

Baillets Anmerkung iſt falſch, wenn er in ſeinen Beurtheilungen der Gelehrten ſaget,
„daß, obwol eine groſſe Anzahl ſeiner Gedichte ans
„Licht getreten, wir uns dennoch nicht rühmen kön-
„nen, alle diejenigen noch zu beſitzen, die er verfer-
„tiget hat, wenn es wahr iſt, wie man ſaget, daß
„er mehr als fünf und funfzig tauſend Verſe ge-
„macht habe.„ Wenn er nicht mehr verfertiget
hat, ſo können wir uns rühmen, ſie alle zu beſitzen ;
weil uns Lucius benachrichtiget, daß ein junger
Carmelitermönch, der ſich die Mühe gegeben, diejenigen zu zählen, die in den drey erſten Theilen ſeiner Werke enthalten ſind, weit mehrere derſelben
gefunden habe.

Die Werke des Mantuan, die vorher gröſtentheils beſonders gedruckt worden, ſind nachher
vereiniget und zuſammen zu Paris in dreyen Theilen in fol. 1513 mit den Commentarien des Sebaſtian Murrhon, Sebaſtian Bernt und Jodocus Badius gedruckt worden. Man hat nachher eine weitläuftigere Ausgabe zu Antwerpen unter
folgendem Titel beſorget : I. Baptiſtae Mantuani,
Carmelitae, Theologi, Philoſophi, Poetae, et
Oratoris clariſſimi Opera omnia pluribus libris aucta et reſtituta. Antverpiae 1576 in 8. vier Theile.
Man hat hier dem Mantuan unrichtig den Namen Johann Baptiſta, den er niemals geführet, ſondern ſich nur Baptiſta genennet hat, beygeleget. Ich will dasjenige, was in dieſer letzten

Aus-

Ausgabe enthalten iſt, welcher man die Commentarien der pariſiſchen Ausgabe nicht beigefüget hat,
umſtändlich anführen, und die Stücke, die in dieſer letzten fehlen, anzeigen.

Erſter Theil.

Eine Zuſchrift von **Laurentius Cuper**, einem fländeriſchen Carmelitermönche, an ſeinen
General, machet den Anfang, worinnen ſich **Cuper** bemühet, den **Mantuan** wider die nachtheil-
ligen Dinge, die **Jovius** von ihm geſaget haben
ſoll, zu vertheidigen.

1) Bapt. Montani Pſalmi ſeptem, quos Bo-
noniae edidit, dum Civitas illa lue peſtifera pre-
meretur anno 1482.

Dieſe Pſalmen enthalten nichts, das der Auf-
merkſamkeit würdig wäre. Sie treten hier zum erſtenmal ans Licht.

2) Apologeticon in Maſtigophoros et Caſti-
gatores ſuorum Operum.

Dieſes Stück iſt proſaiſch.

3) De horum temporum calamitatibus libri
tres. In Verſen, ſo wie auch alle folgende
Stücke, die in den drey erſten Theilen enthalten
ſind. Man hat eine beſondere Ausgabe dieſer
dreyen Bücher von **Bologna** 1489 in 4 eine
andre von **Deventer** 1492 in 4. und zwo cum
Commentariis Jodoci Badii Aſcenſii. Pariſ. 1499
et 1505 in 4.

4) Bucolica ſeu Adoleſcentia in decem Eclo-
gas diviſa.

C 5 In

In seiner Vorrede bemerket er, daß er achte von diesen Eclogen als Student zu Padua und die zwey andern als Carmelitermönch verfertiget habe. Man darf sich also nicht wundern, daß man in den erstern einige etwas zu freye Züge findet. Sie sind besonders cum Commentariis Jodocii Badii Ascensii zu Paris 1502 in 4 gedruckt worden. It. Daventriae 1505 in 4. It. Cum iisdem Commentariis et Notis Ioannis Murmellii. Coloniae 1565 in 8. **Michael d'Amboise** hat diese Eclogen unter folgendem Titel ins Französische übersetzt: Les Bucoliques de Baptista Mantuan, contenant dix Eglogues. Parif. Denis Ianos 1530 in 4. **Laurentius de la Graviere** hat nachher eine neue Uebersetzung von einigen Eclogen herausgegeben: Les premiere seconde, troisieme, quatrieme et sixieme Eclogue de Frere Baptiste Mantuan, de l'ordre des Carmes. La premiere traitant de l'honete, amour, et hereufe yssue d'icelui. La seconde de l'amour folle et enragée. La troisieme de la malheureuse yssue d'amour folle. La quatrieme de la nature des femmes. Et la sixieme de la difference d'entre les rustiques et les citoyens. Lyon. Jean Temporal 1558 in 8.

5) Contra Poetas impudice loquentes Carmen. Romae 1487 in 4. It. a Iodoco Badio explicatum. Parif. 1499 et 1505 in 4.

6) Epigrammatum ad Falconem liber.

Alle diese unter diesem Titel begriffene Gedichte sind eigentlich nur Lobgedichte auf diejenigen, an welche sie gerichtet sind. Sie sind mit einigen andern

dern

dern vom Mantuan zu Paris 1506 in 4 gedruckt worden.

7) De Contemnenda morte Carmen Elegia-cum. Parif. in 4. Ohne Jahreszahl.

8) Confolatio in morte Collae Afculani.

9) In Obitu Petri Nebularii , Declamatoris eximii Threnos.

Peter Nevolario war ein Carmelitermönch der Congregation von Mantua.

10) De morte Frederici Spagnoli , fratris fui, Carmen ad Ptolomaeum fratrem.

11) De morte Ioannis Soreti Galli, Carmeli-tarum Prioris Generalis.

12) Quaerimonia de Morte Alexandri Cor-tefii ad Hermolaum Barbarum.

13) Ad Ioannem Sabadinum Argenteum pro filii morte Paramythia.

14) Objurgatio cum exhortatione ad capien-da arma contra Infideles. Ad Reges et Princi-pes Christianos.

Dieses poetische Stück befindet sich S. 272 in dem zweyten Bande des Nicolaus Reusner; welcher betitelt ist: De Bello Turcico Orationes et Confultationes. Lipfiae 1596 in 4.

15) De praefidentia Oratoris et Poetae Carmen.

16) Ad Jacobum Carphorum Ferrarienfem, de fufcepto Theologico Magifterio.

Aus diesem Stücke erfiehet man, daß er sich zum Doctor der Gottesgelahrtheit hatte machen lassen.

17) Ad Sigismundum Gonzagam Elegia con-tra Amorem, et de Natura Amoris Carmen Juvenile.

Die·

Dieſe beyden Stücke ſind vom **Franz von Myozingen** ins Franzöſiſche überſetzt worden: Elegie de Fr. Baptiſle Mantuan contre les folles et impudiques amours veneriennes. Enſemble un chant juvenile du dit Mantuan, de la nature d'Amour. Anecy 1536 in 4.

18) Baſilius Cappadox, ad Rev. Puccium Laurentium Cardinalem Sanctorum quatuor; libri duo.

Dieſes Gedicht ſowol, als die fünf folgenden ſind in der pariſiſchen Ausgabe nicht enthalten.

19) Nicolaus Tolentinus, ad Ioannem Tolentinatem, Equitem Auratum; libri tres. Medislani 1509 in 4.

Dasjenige, was er hier zu Ende des erſten Buches von dem berühmten **Merlin** ſaget, verräth ſeine Leichtgläubigkeit und ſeine wenige Beurtheilungskraft; denn auſſerdem, daß er die gemeine Fabel, die ihn zum Sohne des Teufels macht, annimmt; ſo erkennet er ihn auch für einen Propheten, und ſetzet ihn unter die Zahl der Heiligen: Folgende Stelle iſt leſenswerth:

Vitae venerabilis olim

Vir fuit, et Vates venturi praeſcius aevi

Mirlinius, Laris infando de ſemine cretus;

Hic ſatus infami coitu, pietate refulſit

Eximia, ſuperum factus poſt funera conſors.

20) Commentariolus de bello Veneto anni 1500.

21) Exhortatio ad Inſubres et Ligures.

22) Agelariorum libri ſex ad Conſalvum Ferdinandum Agelarium.

Die-

Dieſes Gedicht handelt von dem Urſprunge und der Geſchichte der Agelariſchen Familie.

23) De Cupidine Marmareo dormiente Sil-vula. Ad Elizabetham Mantuae Marchioniſſam.

Zweyter Theil.

24) Parthenices primae, quae Mariana nun-cupatur, libri tres.

Mantuan hat mit Verfertigung dieſer Schrift zwey Jahre zugebracht, welche er zu einer Zeit an-gefangen, da ihn die Peſt nöthigte, von der Ge-ſellſchaft der Menſchen entfernt zu leben. Sie iſt öfters gedruckt worden, unter andern zu Bologna 1488 in 4. zu Venedig 1494 in 4. zu Paris mit den Commentarien des Jodocus Badius 1502 in 4. und 1526 in 8. Dieſe letztere Ausgabe iſt betitelt: Parthenice Mariana F. Baptiſtae Mantua-ni, cum Andreae Vaurentini ſingulorum librorum deſcriptionibus, et nuperrime adjunctis Marginali-bus additionibus. Cum Dictionario Alphabetico Domini Ioannis Thierry Lingonenſis , utriusque Juris Doctoris, apprime trutinato et emuncto, in quo ſingulorum verborum in hoc volumine con-tentorum enigmata exanclantur. Ejusdem F. B. M. Apologeticon et Carmen Votivum. 1526 in 8. Die Randnoten von Andreas Vaurentius Serra-nis Tholoſanus ſind an Nicolaus Berbrand, Advocaten des Parlaments zu Toulouſe, in ei-nem von Montauban den 6ten December 1512 datirten Schreiben gerichtet. Das Wörterbuch des Thierry nimmt nur zwo Seiten ein, es enthält aber viel nützliches. Der Commentarius des Bau-

dius

dius, ob er wohl auf dem Titel vergeſſen, iſt das wichtigſte bey dieſer Ausgabe. Man hat eine alte franzöſiſche Ueberſetzung von dieſem Werke des Mantuan, die Jacob von **Mortieres**, von Chalons an der Saone unter der Aufſchrift herausgegeben hat : La Parthenice Mariane de Baptiſte Mantuan, Carme. Lyon 1523 in 4.

25) Ad B. Virginem Mariam votum poſt febrem acerrimam.

Dieſes und das folgende Stück iſt mit dem vorhergehenden Werke öfters wieder aufgeleget worden.

26) Ad eandem Virginem pro extinguenda peſtilentia Oratio.

27) Parthenices ſecundae, quae Catherina dicitur, libri tres.

28) Parthenice tertia. B Margarethae Agon.

29) Parthenice quarta. B. Agathae Agon.

30) Parthenice quinta. B. Lucia Agon.

31) Parthenice ſexta. B. Apolloniae Agon.

32) Parthenice ſeptima. B. Ceciliae Agon.

33) De Vita B. Dionyſii Areopagitae libri tres.

34) De Vita B. Georgii Martyris liber.

35) De Vita B. Ludovici Morbioli Bononienſis Carmen.

36) In Laudem Ioannis Baptiſtae Carmen.

37) In B. Albertum, Carmelitam Siculum, Carmen.

38) Faſtorum libri XII.

Dieſes und das folgende Stück ſind in der pariſiſchen Ausgabe nicht enthalten.

39) Vitae ſuae Epitome ad Poſteritatem.

Die.

Diese Lebensbeschreibung ist sehr kurz und enthält nichts besonderes. Sie ist auch mit dem vorhergehenden Stücke unter diesem Titel gedrucket worden: F. Baptiftae Mantuani Faftorum libri XII. quibus praemittitur Carmen ad Jul. II. Pontif. Max. Carmen ad Leonem X. P. M. Vitâ Autoris a fe ipfo defcripta Carmine elegiaco; item et alia quaepiam. Argentorati 1518 in 4. Die Fafti sind nach den Monaten eingetheilet, und man findet darin poetische Lobsprüche der vornehmsten Heiligen und der vorzüglichsten Festtage.

Dritter Theil.

40) Alphonfus, pro Rege Hispaniae de Victoria ad Granatam libri VII.

Der Verfasser glaubet zuverläßig die Fabel von der Päpstin Johanna, denn er saget in seinem dritten Buche, da er von der Hölle redet:

Hic pendebat adhuc fexum mentita virilem
Foemina, cui triplici Phrygiam diademate
          Mitram
Extollebat apex, et Pontificialis adulter.

41) Tropaeum Gonzagae pro Gallorum ex Italia expulfione libri v.

Afcenfius hat in dem Commentarius, den er der Ausgabe in fol. beygefüget, diese Trophcen niedergerissen. Die Lorbern des Helden des Baptifta Mantuan verwelckten auch in der That nachher durch seine Niederlage; dies gab ihm Gelegenheit, folgendes Stück zu verfertigen.

42) Carmen de Fortuna Francifci Gonzagae.

43) Car-

43) Carmen Panegyricum in Robertum. San-
severinatem. Daventriae 1500 in 4. It. Parif.
1506 in 4. Nebſt dem folgenden Stücke.

44) Somnium Romanum.

Dieſes Gedicht handelt noch von **Robert von
Sanſeverino.**

45) Carmen Panegyricum in Brixiam.

Laurentius Cuper will in ſeiner Vorrede
zu den Werken des **Mantuan** beweiſen, daß **Conſtantia de Maggi,** Gemahlin des **Peter Spagnolo,** die Mutter des **Baptiſta** ſey, und daß er
ſie dafür erkannt hätte, weil er auf die Stadt
Brescia blos deßhalb eine Lobrede gehalten, weil
ſie aus derſelben gebürtig geweſen. Dieſes Urtheil
würde ſich hören laſſen, wenn ſich nur in dieſe Lobrede das geringſte fände, welches einem überführen
könte, daß **Conſtantia** die Mutter des Dichters
wäre; allein da in dieſem Stücke, welches beynahe
700 Verſe lang iſt, mit keinem Worte weder der
Conſtantia, noch ihrer Familie gedacht wird,
ſo kann man daraus einen dem Urtheil des **Cu-
pers** völlig entgegenſtehenden Schluß ziehen, und
ſagen, daß, wenn unſer Dichter ein Sohn der
Conſtantia geweſen, er eine ſo ſchöne Gelegenheit, **Brescia** Glück zu wünſchen, daß ſie in ihrem Schooſſe die Vorfahren dieſer Frau auferzo-
gen habe, nicht würde haben vorbeyſtreichen laſſen.

46) De villa Ioannis Refrigerii.

48) De Quercu Julia Carmero.

Dieſes Lobgedicht auf die Eiche iſt an die Päp-
ſte **Sixtus IV.** und **Julius** gerichtet, die ſie in
ihren Wappen hatten.

48) Sil-

48) Silvarum libri IV.

Vierter Theil.

Er enthält profaische Stücke.

49) Ad Ptolemaeum Gonzagam, contra detractores Dialogus.

Man findet hier keine Schutzschrift für ihn, sondern nur überhaupt eine Cenfur des Lafters.

50) Ad Ptolemaeum fratrem contra Calumniatores Epiftola.

Er vertheidiget sich hierin wegen gewiffer Wörter, deren er sich in seinen Gedichten bedienet hatte, und die beurtheilet worden waren. Der Herausgeber hat dieser Schrift eine andere von gleichem Geschmacke, die einer von seinen Brüdern zu seiner Vertheidigung gemacht, angehänget: Ptolemaei Hifpanioli contra detrahentes operibus Fratris Baptiftae Mantuani Apologia, et de Licentiis antiquorum Poetarum Corollarium.

51) Contra novam Opinionem de loco Conceptionis Chrifti Tractatus.

Er behauptet in diefer Abhandlung, daß JEfus Chriftus im Utero der Jungfrau, und nicht iuxta cor in Pectore empfangen worden, wie es ein Canonicus aus der einer frommen Frau geschehenen vorgegebenen Offenbarung, welcher er sich aus Einfalt anvertrauet, versichert hatte.

52) De Lauretani Sacelli mirabili Hiftoria.

Cuper hat diese Geschichte aus einer Handschrift herausgegeben, weil er glaubte, daß sie noch nicht gedruckt worden wäre. Sie war es aber schon gewesen. In Aedibus Afcenfianis. 1514 in 8 und

die-

dieſe Ausgabe iſt nach einer andern vorhergehenden beſorget worden.

53) De cauſſa diverſitatis inter Interpretes ſacrae ſcripturae.

54) Contra eos, qui detrahunt Ordini Carmelitarum, Apologia. Man hat hinzugefüget: Ioannis Trithemii de Laudibus Ordinis Carmelitarum, et de viris illuſtribus ejusdem Ordinis libros duo.

55) De Patientia libri tres.

Er hat dieſes Werk 1498 ausgearbeitet, wie er es in dem 29ſten Capitel des 3ten Buches angezeiget. Man hat viele Ausgaben davon, eine von Venedig 1499. eine andere von **Brescia** 1497 eine dritte von **Lyon** 1498; alle in 4. Man findet es auch bey der Abhandlung de Vita Beata in der pariſiſchen Ausgabe in fol. und die beyden Schriften ſind die einzigen, welche in dieſem vierten Theile enthalten ſind.

56) De Vita beata libellus. Nebſt einer Abhandlung des **Auguſtin Dathi** von eben dieſer Materie, welcher des **Mantuans** ſeine gemeiniglich angehänget iſt. Ich habe eine Ausgabe von den beyden Schriften geſehen, die zu **Paris** bey **Antoine Bonnemern** in 8. ohne Jahreszahl herausgekommen, und bey welcher ein Brief von **Nicolaus Beroald** vom 3ten November 1505 befindlich, woraus man erſiehet, daß dieſe Ausgabe von eben dem Jahre iſt. **Du Verdier** führet in ſeiner franzöſiſchen Bibliothek eine Ueberſetzung von der Schrift des **Mantuan** unter folgendem Titel an: Eclogue
de

de Baptiſte Mantuan de la vie bienheureuſe Paris. 1521 in 8. Ein ſehr ſchlechter Titel, weil Mantuan von dem glückſeligen Leben keine Ecloge, ſondern ein proſaiſch Geſpräch gemacht hat.

S. Carmelitana Bibliotheca a Ioanne Trithemio congeſta, et illuſtrata a Petro Lucio. Florentiae 1593 in 4. Teatro degli huomini piu illuſtri della Famiglia Carmelitana di Montoua del P. Gio. Maria Penſa. In Mantoua 1618 in 4. Dieſe Lebensbeſchreibung iſt ſchlecht und enthält nichts beſonderes. Jovii Elogia No. 61. Baillet Jugemens des Savans ſur les Poetes. No. 1247. La Monnoye p. 273 in dem erſten Theile der Menagiana. Du Pin Bibliotheque des Auteurs Eccleſiaſtiques du 16 Siecle. Du Pin iſt ſowol in dieſem Werke, als in ſeiner Fable des Auteurs Eccleſiaſtiques gar nicht genau. Die Zeitrechnungen ſind in dieſen beyden Schriften unterſchieden, und er ſetzet unrichtig unter den Werken des Mantuan die ſieben Pſalmen in Verſen; woraus erhellet, daß er die Buß=Pſalmen meinet, da es doch proſaiſche Pſalmen von ihm ſind.

* * * * * * * * * * * * * * * * * * *

Theodor Marcilius.

Theodor Marcilius *) wurde zu Arnheim, einer Stadt in Geldern, gebohren. Da ſein Vater, der Rathsherr dieſer Stadt und

D 2   eine

*) Baillet nennet ihn in ſeinen Beurtheilungen der Gelehrten unrichtig Marcilly, und er irret ſich, wenn er ihn in Cöln gebohren werden läßt.

ein Gelehrter war, bey ihm eine gute Anlage zu
den Wissenschaften bemerket hatte, so ließ er sich
seine Erziehung besonders angelegen seyn.   Die Anfangsgründe der lateinischen Sprache brachte er ihm
selbst bey, und schickte ihn darauf nach Deventer.

Johann Noviomagus lehrete damals hieselbst mit vielem Ruhme, und Marcilius machte
durch erhaltenen Unterricht in der griechischen und
lateinischen Sprache so grosse Progressen, daß er
schon in seinem zwölften Jahre in Versen und in
Prosa alles schreiben konte, was man verlangte.
Er gieng hierauf nach Löwen, wo er die Weltweisheit und die Rechtsgelahrheit erlernete. Nach
Endigung dieser Studien kam er nach Paris, und
begab sich von da nach Toulouse, wo er einige
Jahre hindurch die Anfangswissenschaften lehrete.

Nach seiner Zurückkunft nach Paris lehrete er
1578 die Rhetorik in dem Collegio des Graßius,
und von dieser Zeit an, bis an seinen Tod, welches
beynahe vierzig Jahr sind, hat er nicht aufgehöret
in verschiedenen Collegiis zu Paris, als in den
Collegiis la Marche, Beauvais, Sainte Bar-
ba, Harcourt, Cardinal le Moine, Pleßis,
Navarra, Lisieux u. s. zu lehren. Nach dem
Tode Johann Passerats, der sich den 14ten
September 1602 zutrug, wurde Marcilius an
seiner Stelle zum königlichen Professor der lateinischen Sprache und der schönen Wissenschaften gemacht; und er behielt vierzehn Jahre hindurch
diese Stelle.

Er

Er ſtarb zu Paris in dem Collegio von Reims den 8ten April *) 1617 in ſeinem 69ſten Jahre, und wurde in der Kirche des St. Stephani du Mont begraben.

Er war ein kleiner Mann von lebhaften Geſichtszügen, von einer dauerhaften Leibesbeſchaffenheit, und der ſich dem Studiren ſo ſehr ergeben hatte, daß man ſaget, daß er zehen ganze Jahr nicht aus dem Collegio Pleßis, wo er lehrete, gekommen ſey. Ob er gleich kein Kunſtrichter vom erſten Range iſt, ſo hat doch das, was man von ihm hat, ſeine Verdienſte, und es iſt unbillig, daß Scaliger an vielen Orten mit ſo vieler Verachtung davon redet.

Verzeichniß ſeiner Schriften.

1) Aurea Pythagoreorum Carmina, Graece et Latine, ex verſione Metrica, et cum Commentariis Theod. Marcilii. Pariſ. 1585 in 12.

Johann Albert Fabricius lobet dieſe Commentarien des Marcilius.

2) M. Valerii Martialis Epigrammata in Caeſaris Amphitheatrum et Venationes, multis in locis emendata, adnotationibusque illuſtrata. Lugduni 1593 in 8. It. Pariſ. 1601 in 8.

Dieſe letztere Ausgabe iſt vermehret.

3) Hiſtoria Strenarum, Orationibus adverſariis explicata et Carmine. Item Proſopopoeia Martis, Juſtitiae, Pacis Minervae, et Franciae. Pariſ. 1596 in 8. p. 72.

D 3   Man

(*) Valerius Andreas hat ſich geirret, wenn er ſeinen Tod auf den 15ten März ſetzet.

Man findet hier zwo Reden des **Marcilius,** eine contra ufum Strenarum, und die andere pro ufu Strenarum.

4) Legis XII. Tabularum Collecta et Inter‐pretamentum. Parif. 1600 et 1603 in 8.

5) Orationis Dominicae et Salutationis An‐gelicae Interpretatio. Parif. 1601 in. 8.

6) Commentarius et emendationes in Perfii Satyras. Parif. 1601 in 4. Nebft den Commen‐tarien einiger anderer Gelehrten.

7) Imperator Titus Flavius Vefpafianus, Au‐guftus XI. Populi Romani Imperator, ex S. Sue‐tonii Tranquilli libro 8. Cum Interpretatione ac emendatione Th. Marcilii Parif. 1603 in 8.

8) Libanii Sophiftae Calendarum expreffio, Graece; cum Latina interpretatione et notis Th. Marcilii. Parif. 1603 in 8. p. 24.

9) Lectiones in Horatii opera. In einer Ausgabe vom **Horaz,** die zu **Paris** 1604 in fol. herausgekommen.

10) Commentarius in Catullum, Tibullum et Propertium. In einer Ausgabe von diesen Schriftftellern, die von **Friederich Morel** cum notis Variorum zu Paris 1604 in fol. be‐forget worden.

11) Theod. Marcilii Ecloga: Strena Vena‐trix. Parif. 1606 in 8. p. 8.

Diefes poetifche Gück ift abgefchmackt und ei‐nes verftändigen Mannes unwürdig.

12) Claudii Mufambertii Commonitoria in Laurentii Ramirefii ad Martialem Hypomnema‐ta, feu Commentaria. Parif. 1607 in 8.

Mar‐

Marcilius hat sich hier unter dem Namen Mufambert verstecket, um desto freyer den Commentarius des Laurentius Ramirez von Prado über den Martial, den er unter dem Titel: Hypomnemata in C. Valerium Martialem zu Paris 1607 in 4 bekannt gemacht hatte, beurtheilen zu können.

13) Civitas Veri Bartholomaei Delbene, Patricii Florentini, Ariſtotelis de Moribus doctrinam, carmine et picturis complexa, et illuſtrata Commentariis Theodori Marcilii. Pariſ. 1609 in fol.

14) Notae in Auli Gellii Noctes Atticas. In einer Ausgabe von diesem Schriftsteller, die zu Genev 1609 in 8 herausgekommen.

15) Interpretatio nova et Methodica in Juſtiniani Jmperatoris Libros quatuor. Pariſ. 1610 in 8.

16) Tertulliani liber de Pallio, cum notis Theod. Marcilii. Pariſ. 1614 in 8.

17) Luſus de Nemine. Dieses Gedicht, das eine Nachahmung des Paſſerats seines iſt, iſt öfters gedrucket worden, und unter andern in einer Sammlung, welche die Aufschrift führet: *Ioannis Paſſeratii*, Nihil, *Frid. Guillimanni* Aliquid, et Theod. Marcilii Nemo. Friburgi. 1611 in 4.

18) Notae in Lucianum. In einer zu Paris 1615 in fol. herausgekommenen Ausgabe von diesem Schriftsteller.

19) Hymnus Juliani Auguſti in Regem ſolem, graece, cum notis. In der Ausgabe

der

der Schriften des Kaisers **Julian**, die zu **Pa-**
ris 1583 in 8. besorget worden.

20) Series nova Proprii et Accidentis Logici
contra Porphyrium. Parif. 1601 in 8.
Dieses Werk, das nichts wichtiges in sich enthält, wurde von **Hadrian Behot** widerleget,
der noch in eben diesem Jahre eine Vertheidigung
des **Porphyrius** herausgab.

21) **Marcilius** antwortete darauf in einer
Schrift, die er betitelte: Diludium. Parif. 1601
in 8. um damit anzuzeigen, daß er den Streit
endigen wolte. Allein **Behot** machte folgende
in einer fast rasenden Schreibart abgefaste Gegenantwort bekennt: Adriani Behotii diluvium:
Apologia fecunda pro Porphyrio, in Diludium
Theod. Marcilii. Parif. 1601 in 8.

S. Theod. Marcilii Elogium; Autore Petro
Valente, Graecarum Litterarum Profeffore Regio.
Parif. 1620 in 4. Le College Royal de France,
par Guillaume du Val. p. 44. Valerii Andreae Bibliotheca Belgica.

✻❖✻❖✻❖✻❖✻❖✻❖✻❖✻❖✻❖✻❖

Franz Vavaffeur.

Franz **Vavaffeur** erblickte 1605 zu **Paray**, einer kleinen Stadt in der Grafschaft **Charo-**
lois in der **Diöces Autun**, das Licht der
Welt.

Er trat den 25sten October 1621 in den Orden
der Jesuiten. Nachdem er seine Studien geendiget, lehrete er, wie gewöhnlich, sieben Jahre
hin-

hindurch die Anfangswiſſenſchaften und die Rhetorik. Er wurde hierauf nach **Paris** berufen, um
daſelbſt die heilige Schrift zu erklären; eine Stelle,
die er bis an das Ende ſeines Lebens, das iſt ſechs
und dreyßig Jahr hindurch), behielt, ohne deßhalb
aufzuhören, ſich den ſchönen Wiſſenſchaften und der
Dichtkunſt, in denen er vorzüglich excellirte, zu
widmen.

  Er ſtarb zu **Paris** den 16ten December *) 1681
in dem 76ſten Jahre ſeines Alters.

  Er war zu ſeiner Zeit einer von denen, der alles zärtliche der lateiniſchen Sprache in ſeiner vollkommenen Gewalt hatte, und der ſie mit vieler
Schönheit und Reinigkeit redete.   Er beſaß
überdies eine bewundernswürdige Beurtheilungskraft, viel Verſtand, viel Accurateſſe, und eine
überaus groſſe Arbeitſamkeit.   Dieſe Eigenſchaften
haben ihn zu einem guten Kunſtrichter gemachet.

  Alle ſeine Schriften ſind 1709 zuſammen gedruckt
worden: Francisci Vavaſſoris, e Societate Jeſu, Opera
omnia, antehac edita, Theologica et Philologi-
ca; nunc primum in unum volumen collecta, ad
quae acceſſerunt inedita, et ſubficto nomine emiſ-
ſa, cum Latina, tum Gallica. Aimſtelodami 1709
in fol.   Die in dieſer Sammlung enthaltene Stücke ſind folgende:

  1) De Ludicra Dictione liber, in quo tota
   jocandi ratio ex Veterum ſcriptis aeſtimatur.
  Pariſ. 1658 in 4.

                 D 5   **Va-**

*) Diejenigen, die ſeinen Tod auf den 14ten dieſes Mo-
nates geſetzet, haben ſich geirret.

Vavasseur verfertigte diese Schrift zu der
Zeit, da die kurzweilige Schreibart in **Frankreich**
Mode war, und da man an der Lesung der Werke
eines **Scarron** und eines **Assouci** viel Vergnügen
fand. Er unternahm diese Arbeit auf Bitte des
Balzac, der diese Schreibart haßete, der aber
starb, ehe dieselbe ans Licht trat; dieses verhinderte aber dem P. **Vavasseur** nicht, an ihn in seiner Abhandlung das Wort zu richten. Er beweiset in derselben, daß sich weder ein alter griechischer noch lateinischer Scribent der kurzweiligen
Schreibart bedienet, daß man keine Ursach habe,
dieselbe zu gebrauchen, sondern daß man vielmehr
berechtiget sey, sie zu verwerfen. Er durchmustert
alle alte Scribenten, in deren Werken sich Scher-
tze befinden, und urtheilet mit vieler Kenntniß und
Beurtheilung davon. Was man an seiner Abhandlung zu tadeln hat, ist, daß sie etwas zu weitläuftig abgefasset.

2) De Epigrammate liber. Parif. 1669 et 1672
in 12. Nebst seinen Epigrammaten.

Diese Abhandlung ist eben so schön, wie die
vorhergehende. Der P. **Vavasseur** lehret darin
die Kunst, ein gutes Epigramma zu machen, entdecket die Fehler derer, die wider die Regeln dieser
Art von Dichtkunst angestossen haben, beurtheilet
die alten lateinischen Epigrammata, und saget vieles, was vielen Personen vor ihm unbekannt war.

3) Obfervationes de vi et ufu verborum quorundam latinorum. Parif. 1683 in 8.

Diese Anmerkungen sind erst nach dem Tode
des **Vavasseurs** von dem P. **Lucas**, einem Jesuiten

ſuiten, nebſt der Sammlung ſeiner Gedichte, herausgegeben worden. Sie ſind Beweiſe, wie weit
es der Verfaſſer in der Leſung des Cicero und anderer guten lateiniſchen Scribenten gebracht.

4) Orationes.

Dieſe Reden, die bey verſchiedenen Gelegenheiten gehalten worden, waren ſchon zu Paris in
zween Theilen in 8. der erſte 1646, und der zweyte 1662 ans Licht getreten. Zehn derſelben handeln
von weltlichen Materien und zwölfe betreffen geiſt-
liche Sachen.

5) De forma Chriſti Diſſertatio. Pariſ. 1649
in 8.

Man weiß, daß die Meinungen von der Schönheit JEſu Chriſti von einander ſehr verſchieden
ſind, und daß diejenigen, die da glauben, daß
JEſus Chriſtus ſchön war, und diejenigen, welche
wollen, daß er ungeſtaltet war, ſich auf gewiſſe Stellen der heiligen Schrift ſtützen, welche ſie theils zu
ſehr nach dem buchſtäblichen Verſtande nehmen,
theils vergröſſern. Der P. Vavaſſeur behauptet, daß man hievon nichts gewiſſes ſagen könne,
und ſchlägt ſich zu derjenigen Partey, die die vernünf-
tigſte zu ſeyn ſcheinet, und welche glaubet, daß es
wahrſcheinlich ſey, daß JEſus Chriſtus weder ungeſtaltet, noch auſſerordentlich ſchön gew ſen, ſondern daß er das Mittel unter dieſen beyden Dingen
gehalten habe.

6) Cornelius Janſenius Jprenſis ſuſpectus.
Pariſ. 1650 in 8.

Der P. Vavaſſeur beſchuldiget hier den Janſenius, daß er die Lehre der römiſchen Kirche verlaſſen

laſſen habe, und der Calviniſtiſchen gefolget ſey.
Er hat ſeinen Namen vor dieſe Schrift nicht ge-
ßet; jedermann weiß aber, daß ſie von ihm iſt, und
Sotwel hat ſie auch unter ſeinen Werken mit angeführet.

7) Antonius Godellus, Epiſcopus Graſſenſis,
an Elogii Aureliani ſcriptor idoneus; idemque
utrum Poeta? Conſtantiae 1650 in 8.

Vavaſſeur hat die erſte dieſer Schriften unter dem Namen Paulus Romanus Candido Heſy-
chio, und die zwote unter dem Namen Candidus
Heſychius Paulo Romano herausgegeben. Man
kann die beiſſende und ſatyriſche Schreibart dieſer
Stücke nicht entſchuldigen, in welchen der Verfaſſer ſich nicht nur begnüget, die Schriften des Go-
deau anzugreiffen, ſondern ſich auch an ſeiner Perſon reibet.

8) Diſſertatio de Libello ſuppoſititio ad Antonium Arnaldum. Pariſ. 1653 in 8.

Man hatte dem P. Vavaſſeur in einem Buche, das den Titel führete: l'Innocence et la verité defendues, zwey Werke zugeſchrieben, wovon
das eine betitelt war: Triumphus Catholicae veritatis, ſive Ianſenius Damnatus; und das andre Ca-
laghanus, natione Hibernicus, an Satyrus ille, qui
nuper in lucem prodiit; und dies hatte ihm zu dieſer Abhandlung Gelegenheit gegeben, in welcher er
dieſe Beſchuldigung völlig über den Haufen ſtößt.

9) Iobus brevi Commentario, et Meta-
phraſi poetica illuſtratus. Pariſ. 1638 in 12. It.
Francofurti 1654 in 4. It. Pariſ. 1679 in 8.

Dies

Diefe leßtere Ausgabe ift vermehret und verbeffert. Es wäre zu wünfchen gewefen, daß der P.
Vavaffeur eine gröffere Kenntniß der hebräifchen
Sprache gehabt hätte; was ihm aber in diefem
Stücke mangelte, hat er durch feine genaue Ein-
ficht, durch feinen Fleiß und durch feine Aufmerk-
famkeit erfeßet. Er hat in feiner Vorrede, worin er unterfuchet, ob das Buch Hiob eine Gefchichte, oder nur eine Erdichtung (*), einen artigen Fehler begangen. Er faget, daß der Rabbi
Mofes in feinem Buche, das den Titel führet:
Doctor perplexorum, geglaubet habe, daß es eine
Gefchichte fey, und daß der Rabbi Mofes, ein Sohn
des Maimonides in feiner More Neuochim be-
haupte, daß es nichts anders als eine Erdichtung fey.
Er theilet hier aber einen Rabbi in zween, und machet
zwey Werke aus einem einzigen, deffen hebräifcher
Titel ift: More Neuochim, und der lateinifche:
Doctor. Perplexorum.

10) Commentarius in Ofeam Prophetam.
Diefes Werk war bis jeßt noch nicht ans Licht
getreten. Obgleich der Verfaffer die leßte Hand an
daffelbe nicht geleget, fo verdienete es doch, aufbehalten zu werden.

11) Theurgicon, five de Miraculis Chrifti
libri quatuor. Parif. 1644 in 4. It. Parif. 1645
in 12. Diefe Ausgabe ift fehr artig. It. Francofurti 1654 in 4.

Olaus Borrichius behauptet, daß diefes
Gedicht des P. Vavaffeurs zierlicher fey, als fein
Hiob, worin er fich gar zu enge Schranken vor-
ge-

geſchrieben habe, und daß es durchgängig gleich, richtig und erbaulich ſey.

12) Elegiarum liber. Pariſ. 1656 in 4.

13) Epicorum liber. Pariſ. 1661 in 4.

14) Epigrammatum libri quatuor.

Die drey erſten Bücher waren zu **Paris** 1669 und 1672 in 12 bey der Abhandlung von dem Epigramma gedrucket worden, und das vierte war mit allen andern Gedichten eben dieſes Verfaſſers durch den P. Lucas unter dieſem Titel ans Licht getreten: Fr. Vavaſſoris multiplex et varia Poeſis, antea ſparſim edita; nunc in unum collecta. Pariſ. 1683 in 8. In dieſer Sammlung ſind noch die Anmerkungen de Vi et Uſu Verborum u. ſ. und einige Briefe von Johann Perpinien, einem Jeſuiten, die Vavaſſeur drucken zu laſſen angefangen hatte, enthalten. Furetiere redet in ſeinem Dictionnaire bey dem Worte **Epigramma** folgendermaſſen: **Der P. Vavaſſeur hat zween groſſe Bücher von Epigrammaten geſchrieben. Es ſind unter denſelben ſehr viele froſtige.** Dieſes Urtheil iſt der Wahrheit nicht zuwider; vielleicht ſind viele derſelben deshalb ſo froſtig, weil ſie Lobreden in ſich enthalten, und weil die Satire ſich mehr für ein Epigramma, als für eine Lobrede ſchicket.

15) Remarques ſur les Reflexions touchant la Poeque. Pariſ. 1675 in 12 p. 14.

Der P. Vavaſſeur hat ſeinen Namen vor dieſe Schrift nicht geſetzet, in welcher er folgendes Buch des P. Rapin angreifet: Reflexions ſur la Poetique d'Ariſtote, et ſur les Ouvrages des Poetes

an-

anciennes et modernes. Parif. 1674 in 12, Nachdem der P. Rapin in demſelben geſaget, daß unter allen poetiſchen Werken, welche das Al-
terthum hervorgebracht habe, das Epigramma das am wenigſten wichtigſte ſey, und
die Alten, die welche gemacht haben, beurtheilet
hatte, ſo füget er hinzu: Von den Verfaſſern
der Epigrammaten in den folgenden Jahrhunderten, weiß ich nichts merkwürdiges
zu ſagen. Es iſt eine Art von Verſen, in
denen man ſelten glücklich iſt, und man
kann ſich glücklich ſchätzen, wenn man es
iſt. Ein Epigramma bedeutet nichts, wenn
man es nicht bewundern muß, und es iſt
ſo ſelten, ein ſolches zu machen, daß es ſchon
genug iſt, in ſeinem Leben ein einziges auf
dieſe Art gemacht zu haben. Maynard iſt
unter den franzöſiſchen Dichtern derjenige,
dem es in dieſer Art von Verſen am beſten
geglücket hat. Mehr brauchte es nicht, um einen Mitbruder zu erzürnen, der wegen ſeines Ruh-
mes eiferſüchtig, und von Natur ein wenig zornig
war. Er ſahe nicht nur, daß der P. Rapin von
ſeinen drey epigrammatiſchen Büchern geredet hatte, ſondern daß er ihn auch ſtillſchweigend aus der
Zahl der Dichter ausſchlöſſe, die ſich in dieſer Art
von Poeſie hervor gethan hätten. Dieſes bewog
ihn, ſeine Anmerkungen über die Beobachtungen des P. Rapin bekannt zu machen, in
denen er ſich ſtellet, als wenn er ihn nicht kenne,
um mit ihm deſto übler umgehen zu können, und
ihn nur Auteur reflexif nennet. Der P. Rapin
fand

fand ſich hierdurch ſehr beleidiget, und er beklagte
ſich öffentlich über das Verfahren ſeines Mitbruders, welcher darauf antwortete, daß er ſich ſelber
die Schuld hievon beymeſſen müſte, und daß er, wenn
er ſich für den Verfaſſer der Beobachtungen bekannt
hätte,ſie niemals würde angegriffen haben. Das Mittel, ſie wieder zu verſohnen, war dieſes, daß man
die Anmerkungen des P. Vavaſſeurs durch die
Autorität des erſten Präſidenten von Lamoignon,
welcher den P. Rapin liebte, unterdrückte. (S.
Menagiana tom. 1. p. 207). Der P. Rapin gab
indeſſen eine Beantwortung der Anmerkungen des
Vavaſſeurs heraus, welche, ſobald ſie ans Licht
trat, unterdrücket wurde, und die hier den Werken
des Vavaſſeurs beygefüget worden. Jacob Len-
fant hat auch eine Beurtheilung der Anmerkungen
des P. Vavaſſeurs bekannt gemachet, die ſich in
den Nouvelles de la Republique des Lettres des
Monats Februar 1710 p. 123. und des folgenden
Monats März p. 253 befindet. Uebrigens iſt das
Franzöſiſche des P. Vavaſſeurs von ſeinem lateiniſchen unendlich weit unterſchieden; man muß
ſagen, daß, wenn das letztere vortreflich iſt, das
erſtere dagegen gar nichts bedeutet.

16) Die Sammlung endiget ſich mit zween
Briefen, einem lateiniſchen an den Dauphin,
der damals noch ſehr jung war, und einem franzöſiſchen an den König Ludwig XIV. worin
er die Urſachen anführet, die ihn bewogen haben, den erſten zu ſchreiben. Wir wollen noch folgende Schriften hinzufügen, welche ſich in der
Sammlung unter ſeinen Reden befinden.

17) Clau-

17) Claudii Memmii Avauxii Elogium et funus. Parif. 1651 in fol.

18) Iacobi Sirmondi Longaevitas ad perpetuam viri de Litteris, de Gallia, deque tota re Chriftiana bene meriti memoriam. Scripfit Fr. Vavaffor. Parif. 1652 in 4.

19) Lettre à un Ami touchant le Janfenisme, tirée du livre intitulé. Janfenius fufpectus. Parif. 1615 in 4.

S. Sotwel Bibliotheca fcriptorum Soc. Jefu. **Vorrede des P. Lucas vor seinen Gedichten. Vorrede vor der Sammlung seiner Schriften.**

Marcus Antonius Muret.

Marcus Antonius Muret wurde den 12ten April 1526 zu Muret einer bey Limoges nahe gelegenen kleinen Stadt, von der er seinen Namen hat, gebohren. Er stammte aus einer guten und ehrlichen Familie ab.

Man weiß nicht, wer diejenigen sind, von denen er die lateinische und griechische Sprache erlernet hat, und an welchem Orte er studirt, ob es gleich zu vermuthen ist, daß es zu Limoges geschehen. Benecius saget, daß er in seiner Jugend zu Agen geblieben, woselbst er den Julius Cäsar Scaliger zum Lehrer gehabt hätte. Joseph Scaliger widerleget dieses aber in seiner Confutatio fabulae Burdonum, und saget, daß Muret erst in seinem achtzehnten Jahre nach Agen zu dem Ju-

lius

lius Cäsar Scaliger gekommen sey. Er füget
hinzu, daß er von da nach Auch gegangen, wo er
anfieng in dem erzbischöflichen Collegio zu lehren, und
über den Cicero und Tacitus Vorlesungen zu
halten. Nachdem er sich einige Zeit an diesem Orte aufgehalten, begab er sich nach Villeneuve in
der Provinz Agennois, wo ihn ein reicher Kauf-
mann Namens Brevant als Jnformator bey seinen Kindern zu sich nahm, und wo er überdies in
der öffentlichen Schule die lateinischen Schriftsteller erklärete. In seinem zwanzigsten Jahre gieng
er zum zweytenmal mit seinen Schülern nach Agen
zum Scaliger, mit dem er von seiner ersten Bekanntschaft an in einem Briefwechsel stund. Nachher besuchte er noch zwey- bis dreymal auf einige
Tage den Scaliger, der ihn liebte, und der ihn nichts
anders, als seinen Sohn nannte.

Von Villeneuve kam Muret nach Paris,
woselbst er im Collegio Cardinal le Moine in
der dritten Classe gelehret haben soll, während daß
Turnebus in der ersten, und Buchanan in der
zwoten daselbst lehrete; allein dies ist ein Umstand,
der vielen Schwierigkeiten unterworfen ist, und der
damit nicht übereinstimmet, was wir von Buchanan wissen, welcher 1534 aus Frankreich gieng,
da Muret noch nicht zwölf Jahr alt war.

Von Paris gieng Muret nach Poitiers,
und lehrete daselbst; dies ersiehet man aus einer
Stelle in den Commentarien über die catilinarischen
Reden des Cicero, die vom Jahre 1556 sind, worinnen er bemerket, daß er zehn Jahre vorher den
Amphytriodes Plautus zu Poitiers erkläret habe.

be. Thuanus saget, daß er in eben dieser Stadt die
Rechtsgelahrheit studiret habe, und es war vermuthlich um diese Zeit, da Muret daselbst lehrete: denn sein Aufenthalt war hier von keiner Dauer.
Er verließ Poitiers, und begab sich nach Bondeaux, um von einer Classe im Collegio von Guienne, die ihm ums Jahr 1547 gegeben worden war,
Besiß zu nehmen. Joseph Scaliger behauptet,
daß er seinem Vater Julius Cäsar Scaliger
diese Beförderung zu verdanken habe; es ist aber
wahrscheinlich, daß er von Johann Gelido nach
Bondeaux gezogen wurde, welcher mit ihm in
dem Collegio Cardinal le Moine gelehret hatte,
und der dieses Collegium in eben demselben Jahre
1547 verließ, um dem Govea in der Würde eines Directors bey dem Collegio von Guienne zu
folgen.

Im Jahr 1552 kehrete er nach Paris zurück;
denn den 5ten Februar dieses Jahres hielt er in der
Bernhardinerkirche dieser Stadt seine erste Rede,
welche betitelt ist: De dignitate ac praestantia studii Theologici. Er ließ auch hieselbst in eben diesem Jahre seine Gedichte unter dem Titel drucken:
Juvenilia. Aus der Zueignungsschrift, die vom
24ten November 1552 ist, ersiehet man daß er damals die Weltweisheit und das bürgerliche Recht
gelehret.

Es muß vermuthlich im folgenden Jahre gewesen seyn, da er in Ungnade fiel, welcher du Verdier in seiner Prosopographie Erwehnung thut.
Man irret sich mit Menage sehr, wenn man ihn
zum drittenmal nach Paris reisen läßt, weil Mu-

ret von Toulouſe nach Paris nicht wieder zurückkam, ſondern gleich nach Italien gieng.

Als er eines ſchändlichen Laſters war beſchuldiget worden, wurde er in Chatelet geſetzt und in ein
ſehr enges Gefängniß gebracht. Die Furcht vor
der Strafe brachte ihn zu dem Entſchluß, ſich
durch Hunger ums Leben zu bringen; der Richter
hatte aber Mitleiden mit ihn, und benahm ihm dieſen Gedanken; und ſeine Freunde ſprachen auf eine ſo
wirkſame Art für ihn, daß ſie ſeine Befreyung erhielten.

Nach dieſem Umſtande konte er zu Paris nicht
länger mit Ehre bleiben, ſondern begab ſich deshalb
nach Toulouſe, wo er mit den jungen Studenten
Wiederholungen im Rechte anſtellte. Chriſtoph
von Cheſſonteines führet in einem Buche, das
den Titel führet: Fidei Majorum noſtrorum defenſio etc. S. 165 einem Umſtand im Leben des Murets an, der wenigen bekannt iſt, und der mit
Stillſchweigen nicht übergangen werden muß. Er
ſaget, daß er vernommen habe, daß Muret, der
ſich zu Toulouſe aufgehalten, um ſich auf die
Rechtsgelahrheit zu legen, niemals fähig geweſen,
andere zu lehren, und daß er, da er es doch thun wollte,
es ſo ſchlecht gemachet habe, daß ſich ſeine Schüler über
ihn aufgehalten, und daß er genöthiget worden, ſeine Unfähigkeit, und die Bedürfniß, noch ſelbſt unterrichtet zu werden, ehe er andere lehre, einſehen
zu lernen.

Die Freundſchaft, die er hieſelbſt gegen einen
ſeiner Schüler Namens Menge oder Memmius
Fremiot, aus Dijon gebürtig, hegte, ſchien einigen Perſonen verdächtig zu ſeyn, und erneuerte
die

die Beschuldigung, der er schon zu Paris war
ausgesetzt gewesen. Es sey nun, daß die Sache
gegründet war, oder daß seine Feinde Mittel gefunden hatten, den Beschuldigungen Realität zu geben, genug, man verfuhr gerichtlich wider ihn;
und da die Bürgermeister von Toulouse vernommen hatten, daß er entflohen war, so verurtheil-
ten sie ihn 1554, daß er im Bildniß mit Memmius Fremiot von Dijon wegen der Sodo-
miterey, und weil sie Hugenotten wären,
verbrannt werden solten, wie die Register von
Toulouse besagen.

Muret verließ damals in aller Geschwindigkeit Frankreich, und gieng nach Italien. Du
Verdier saget in seiner Prosopographie, daß er,
da er in einer Stadt der Lombardey krank wurde, sich genöthiget sahe, zu einem Arzte seine Zuflucht zu nehmen, der, weil ihm die Natur seiner
Krankheit nicht recht bekannt war, sich mit einem
andern deshalb unterredete. Da sie glaubten, daß
er kein Latein verstünde, so redeten sie lange Zeit in
dieser Sprache über ein Hülfsmittel, das nicht ge-
bräuchlich war, und sie kamen endlich überein, sich
desselben zu bedienen, indem sie sagten: faciamus
periculum in corpore vili. Muret sagte hierzu
nichts; sobald sie aber weggegangen waren, stand
er auf, bezahlte seinem Wirth, und machte sich lediglich durch die Furcht, ein Mittel an sich probiren
zu lassen, das ihn ins Grab hätte bringen können,
gesund. Dieser Umstand wird in den Menagianis
Th. 1 S. 302 anders erzählet; man muß sich aber
lieber auf den du Verdier beziehen.

Er

Er lebte sechs Jahr hindurch sowol zu Padua als zu Venedig, und er fuhr in diesen beyden Städten fort, die Jugend zu unterrichten. Joseph Scaliger behauptet in den Scaligeranis secundis, daß er sich zu Venedig eben der Schandthat schuldig gemacht, welche ihn gezwungen hatte, Frankreich zu verlassen; Vittorio Roßi saget aber, daß man ihn deshalb nur in einigen Verdacht gehabt, und daß er sich in einigen Briefen an Lambin davon befreyet hätte. Uebrigens darf man Scaliger nicht glauben, wenn er von Muret redet. Man weiß es, daß er wegen einer Kleinigkeit wider ihn aufgebracht war, und beständig Gelegenheit suchte, ihn in übeln Ruf zu bringen. Die Ursach seines Hasses ist diese. Muret hatte zu seinem Vergnügen einige Verse unter dem Namen Attius und Trabeas verfertiget. Scaliger ließ sich hierdurch hintergehen, hielt sie für Alte, und führete diejenigen, welche den Namen Trabeas hatten, in seinen Anmerkungen über den Varro de Re Rustica, S. 212 in der von Henrich Stephanus 1573 besorgten Ausgabe an. Da er aber in der Folge seinen Irrthum einsahe, so ließ er sie aus einer nachfolgenden Ausgabe weg, und machte, um sich an Muret zu rächen, dieses Distichon auf ihn:

Qui rigidae flammas evaserat ante Tolosae,
   Rumetus, fumos vendidit ille mihi.

Muret hatte das 34 Jahr erreichet, als ihn der Cardinal Hippolithus von Est auf Empfehlung des Cardinals Franz von Tournon nach Rom

Rom kommen ließ, und ihn auf sehr vortheilhafte Bedingungen in seine Dienste nahm.

Von dieser Zeit an, da Muret entweder ein ordentlichers Leben führete, oder da der Neid aufgehöret hatte, ihn zu verfolgen, redete man nicht mehr von ihm, wie man sonst gethan hatte, und jedermann nahm an seiner Aufführung ein Beyspiel.

Nach zwey Jahren, nemlich 1562, that er mit seinem Gönner eine Reise nach Frankreich, welcher als Legatus a Latere dahin gieng. Als er im folgenden Jahre nach Rom zurückgekommen war, bewog man ihn, die Sittenlehre des Aristoteles öffentlich zu lehren, welches er auch bis ins Jahr 1567 mit einem ganz besondern Beyfall that. Er lehrete hierauf vier Jahre das bürgerliche Recht mit einer Schönheit, welche bey den Rechtsgelehrten dieser Zeit nicht gewöhnlich war. Joseph Scaliger versichert, daß er zu Asculi die Doctorwürde in dieser Facultät angenommen habe. Die übrige Zeit seines Lebens brachte er mit Lesung der schönen Wissenschaften und mit Erklärung der alten lateinischen Schriftsteller zu.

Neun Jahr vor seinem Tode, das ist 1576, trat er in den geistlichen Orden, und wurde zum Priester ordiniret. Er überließ sich damals mit vielem Eifer allen Uebungen der Gottesfurcht. Er las täglich die Messe, und er wurde öfters bey derselben in eine so starke Rührung gesetzet, daß er Thränen vergoß.

Jacob Thomasius saget in der Vorrede vor einigen Schriften des Muret, von denen er eine

Aus.

Ausgabe zu Leipzig herausgegeben, daß dieser Gelehrte am Ende seines Lebens ein Jesuit geworden sey; es ist dies aber eine Muthmaßung, welche ungegründet ist.

Er starb den 4ten Junius 1585 in dem 59 Jahre seines Alters, und wurde in der Dreyeinigkeitskirche der Minimer Väter mit dieser Grabschrift begraben:

M. Antonius Muretus Lemovix, ad Dei misericordiam obtinendam piorum precibus adjuvari cupiens, corpus suum. post mortem hoc loco sepeliri jussit, attributis mille scutatis hujus monasterii sodalibus, impositoque onere perpetui Anniversarii. Nicolaus de Pellevé, Cardinalis Senonensis, Testamenti executor poni mandavit. Vixit annos 59 Mensf. 2. Obiit pridie Nonas Junii. 1585.

Er hatte einen von seinen Bruderssöhnen bey sich, welcher ein Jüngling von grosser Hofnung war, der ihn aber nur vier Monate überlebte. Man beerdigte ihn bey seinem Onkel mit der Grabschrift:

M. Antonio Mureto, magni hujus Mureti Fratris filio, ætate quidem et nominis celebritate minori, spe autem et expectatione prope pari, immatura morte praerepto. Ludovicus Rualdus Lemovix, et M. Antonius Lanfrancus Veronensis, ejus Testamento ad pias caussas facto scripti Executores poss. Vixit ann. 16. Mensf. 5. Obiit pridie nonas Octobris 1586.

Muret besaß alle Eigenschaften eines vollkommenen Redners. Er schrieb rein und mit vieler Schön-

Schönheit und Zierlichkeit, und er hielt seine Reden mit so vieler Anmuth, daß er seine Zuhörer einnahm. Man wird auch in seinen Gedichten Merkmale seines schönen Geistes, der Feinheit seines Geschmacks, der Zärtlichkeit seiner Manieren, und der unvergleichlichen Anmuth seiner Schreibart bemerken. Man saget, daß er dasjenige niemals wieder durchgelesen, was er einmal geschrieben hatte, daß er selten verbessert, was er einmal auf das Papier gebracht hatte, und daß er sogleich diesen Grad der Vollkommenheit erwischt, der noch bis jetzt seine Schriften bewundern läßt.

Seine Verdienste verschaften ihm die Hochachtung und Zuneigung des Papstes Gregorius XIII. der ihn mit Wohlthaten überhäufte, und ihn hieburch in den Stand setzte, den Aufenthalt in Frankreich nicht zu bedauern. Ich weiß nicht, wenn ehe er zum römischen Bürger gemacht wurde, welchen Titel er sich vor einigen seiner Schriften beygeleget hat.

Die Schriften des **Murets** sind zu Verona in vielen Theilen in 8 ans Licht gestellet worden. Es sind derselben schon viere heraus, welchen wahrscheinlicher Weise noch einige andere folgen werden. Wir müssen hier dasjenige, was in dieser Sammlung enthalten, etwas umständlich anführen, und die Ausgaben, die von jedem Werke gemachet worden, besonders bemerken.

Antonii Mureti Opera; Tomus 1. continens Orationes, quarum multae, tum versio libri V. Ethicorum Aristotelis, ex quadam Aldina editione desumtae sunt, ipsa Mureti manu cor

recta

recta. Praemittitur, Vita nova ipſius Mureti, et nova de ejusdem operibus et editionibus diſſertatio. Veronae 1727 in 8.

1) Die Reden des Murets, welche in zween Theile abgetheilet, ſind zu verſchiedenen Zeiten ans Licht getreten. Muret machte anfänglich einige davon beſonders bekannt; bald nachher ließ er zu Venedig 1571 in 12. eine Sammlung derſelben drucken. Dies iſt der erſte Theil, der zweete wurde erſt nach ſeinem Tode von ſeinem Schüler Franz Benzi oder Benzius, einem Jeſuiten, herausgegeben. Es ſind in dem erſten drey und zwanzig derſelben enthalten. Hier ſind die Titel davon:

De dignitate ac praeſtantia ſtudii Theologici Oratio 1. habita Lutetiae Nonis Februarii 1552.

De Laudibus Litterarum Or. 2. habita Venetiis Menſe Octobri 1654.

De utilitate ac praeſtantia Litterarum humaniorum adverſus quosdam earum vituperatores Or. 3. habita Venetiis poſtridie Nonas Octobris 1655. Dieſe und die vorhergehende Rede ſind beſonders zu Roſtock 1615 in 8 gedruckt worden.

De Philoſophiae et Eloquentiae conjunctione. Or. 4. habita Venetiis Menſe Octobri 1557.

Pro Franciſco II. Gallorum Rege ad Pium IV. P. M. Or. 5. habita Romae, poſtridie Kal. Maj. 1560. Dieſe Rede iſt zu Rom in eben dieſem Jahre 1560 in 4. beſonders gedruckt worden.

Pro Antonio Rege Navarrae ad Pium IV. P. M. Or. 6 habita Romae poſtridie Idus Decembris

bris 1560. Gedruckt zu Rom 1560 in 4. Er hat auch eine franzöſiſche Ueberſetzung davon gemacht, die zu Lyon 1561 herausgekommen.

De Moralis Philoſophiae laudibus, cum eam docere inciperet. Or. 7. habita Romae 16 Kal. Decemb. 1663. Mit dieſer Reve fieng er ſeine Vorleſungen über die Sittenbücher des Ariſtoteles an.

De Moralis Philoſophiae neceſſitate, cum veniſſet ad eam partem, qua de Temperantia agitur. Or. 8. habita Romae 7. Id. Novembris. 1664.

De Juſtitiae laudibus. Or. 9. habita Romae poſtridie Non. Martii 1665. Cum quintum librum Ethicorum Ariſtotelis inchoaret.

De ſui cognitione, deque omnibus humani animi facultatibus. Or. 10. habita Romae 4 Id. Novembris 1665. Cum ſextum librum Ethicorum Ariſtotelis inchoaret.

Pro Alfonſo II. Duce Ferrariae ad Pium v. P. M. Or. 11. Dieſe Reve iſt nicht gehalten worden.

Pro Alfonſo II. Duce Ferrariae ad Pium v. P. M. Or. 12. habita Romae 5 Kal. Quintiles 1566.

Pro Carolo IX Rege Chriſtianiſſ. ad Pium v. P. M. Or. 13. habita Romae anno 1566.

Pro Sigismundo Auguſto, Rege Poloniae, ad Pium v. P. M. Or. 14. habita Romae 18 Kal. Februarii 1567.

De toto Studiorum ſuorum curſu, deque Eloquentia ac caeteris diſciplinis cum Jurisprudentia

con-

conjungendis. Or. 15. habita Romae anno 1567. Diese Rede hielt er zu Anfange seiner Vorlesungen über das bürgerliche Recht.

Cum ad Munus docendi, quo se sponte abdicaverat, revocatus esset. Or. 16. habita Romae pridie Kal Martii 1569.

De Doctoris officio, deque modo Jurisprudentiam docendi. Or. 17. habita Romae pridie Non. Novembris 1569.

De Autoritate et Officio Judicum. Or. 18. habita Romae, postridie Non. Novembris 1671.

Oratio 19 mandata S. P. Q. R. habita in æde sacra B. Mariae Virginis. quae est in capitolio, in reditu ad Urbem M. Antonii Columnae, post Turcas navali proelio victos, Idibus Decembris 1569. Gedruckt zu Rom 1573 in 4. It. In folgendem Buche : Columnensium Procerum Imagines et Memoriae in unum redactae a Dominico de Santis. Romae 1676 in 4.

Oratio 20 habita Romae in æde D. Petri in Vaticano 5 Id- Maji. 1572 in funere Pii V. Pontif. M. qui obiit Kal. Maji ejusdem anni.

Cum in Eloquentiae Professoris locum suffectus Tusculanas quaestiones explicaturus esset. Or. 21. habita Romae Non. Novembris 1572.

Pro Carolo IX Gallorum Rege ad Gregorium XIII. Or. 22. habita Romae 5. Kal. Januar. 1572. Gedruckt 1573 in 4. It. Im Französischen unter diesem Titel : Oraison prononcée en Latin devant le Pape Gregoire XIII. touchant la punition des chefs des Heretiques. rebelles, mise en Francois par le meme Muret. Lyon 1573.

Do

De Praeſtantia Litterarum. Or. 23. habita Romae 15. Kal. Novembris 1573.

Oratio 24. In funere Caroli IX. Gallorum Regis, habita Romae anno 1574.

Der zweyte Theil enthält folgende 28 Reden.

Oratio 1. ad Gregorium XIII. P. M. nomine Henrici III. Galliae et Poloniae Regis, habita Romae in Conſiſtorio publico 12. Kal. Quint. 1576. Muret hat auch eine franzöſiſche Ueberſetzung davon gemachet, die 1576 in 4. zu Paris von Friedrich Morel gedruckt worden iſt.

Oratio 2. in funere Pauli Foxii, Archiepiſcopi Toloſani, Regis Galliarum Oratoris, ad Gregorium XIII. Pont. Max. et ad ſedem Apoſtolicam; habita Romae in aede S. Ludovici 10 Kal. Junii 1584. Gedruckt zu Paris 1584 in 8. Muret hat dieſe Rede gleichfals ins Franzöſiſche überſetzet, und ſie iſt in dieſer Sprache zu Paris 1584 in 8. gedruckt worden.

Oratio 3. de myſterio et feſto Circumciſionis Dominicae, habita in Sacello Pontificio Kal. Januar 1584.

Oratio 4. de S. Ioanne Evangeliſta habita in Sacello Pontifico VI. Kal. Januar 1582.

Cum Senecae librum de Providentia interpretaturus eſſet, ſive praefatio in eundem. Or. 5. habita Romae 3. Nonas Junii 1575.

Cum explicare inciperet libros Platonis de optimo Reipublicae ſtatu, ſive Praefatio in primum Platonis de Republica librum. Or. 6. habita Romae pridie Non. Novembris 1673.

Cum in Platone explicando progrederetur; ſive

ſive praefactio in ſecundum Platonis de Republica librum. Or. 7. habita Romae 4 Kal. Martii 1674.

Ingreſſurus explanare M. S. Ciceronis libros de Officiis. Or. 8. habita Romae 3 Non. Novemb 1574.

Cum librum tertium Officiorum Ciceronis explanare inciperet. Or. 9.

Cum Ariſtotelis libros de arte Rhetorica interpretari inciperet. Or. 10. habita Romae poſtridie Non. Martii 1576.

Cum pergeret in eorumdem Ariſtotelis libros de arte Rhetorica interpretatione. Or. 11. habita Romae poſtridie Non. Novembris 1576.

Cum expoſiturus eſſet Orationem Ciceronis pro Rege Dejotaro ad C. Caeſarem. Or. 12.

Auſpicaturus librum ſecundum Rhetoricorum Ariſtotelis. Or. 13.

Explicaturus libros Ariſtotelis de Republica. Or. 14. habita Romae pridie Non. Nov. 1577.

Interpretaturus C. Salluſtium de Catilinae conjuratione. Or. 15. habita Romae 3 Non. Novembris 1579.

Cum explanaturus eſſet Aeneida Virgilii. Or. 16. habita Romae 3 Non. Novembris 1579.

Aggreſſurus Satyram tertiam decimam Juvenalis. Or. 17. habita Romae an. 1575.

Cum Annales Taciti explicandas ſuſcepiſſet. Or. 18. habita Romae 3 Idus Novemb. 1580 et Or. 19. habita pridie Nonas Novemb. 1580.

Cum perveniſſet ad Annalium librum tertium. Or. 20. habita Romae tertio Non. Novemb. 1581.

Cum

Cum interpretari inciperet Epistolas Ciceronis ad Atticum. Or. 21. habita Romae pridie Non. Novembris. 1582.

Repetiturus libros Aristotelis de Moribus. Or. 22. habita Romae pridie Id. Nov. 1583.

Cum in libro 1. de Moribus Aristotelis pervenisset ad locum cap. 3 quo juvenis negatur idoneus esse Auditor Politicae; Or. 23.

Cum in eodem libro primo Nicomacheorum progressus esset usque ad caput 6. ubi mentio est idearum Platonis. Or. 24.

In studiorum instauratione, de via ac ratione tradendarum disciplinarum. Or. 25.

Ad Illustrissimos et Reverendissimos Cardinales ipso die Paschae, cum subrogandi Pontificis caussa conclave ingressuri essent. Or. 26. habita Romae 1585.

In funere Hippolyti Cardinalis Estensis. 3 Non. Decemb. 1572. Or. 27.

In funere Ioannis Episcopii Militiae Melitensis magni Magistri. Or. 28.

Aus der Anführung aller dieser Reden können wir die Beschäftigungen Murets kennen lernen. Sie sind fast unzähligemal wieder aufgeleget worden, und es würde mit vieler Schwierigkeit verbunden seyn, alle Ausgaben derselben anzuführen.

2) Aristotelis Ethicorum (ad Nicomacum liber quintus, in quo de Justitia et Jure accuratissime disputatur. M. Ant. Mureto Interprete. Gedruckt zu Paris 1577 in 8. und zu Verona 1583 in 8.

Hier

Huet leget den lateinischen Ueberſetzungen des **Murets** viele Lobſprüche bey. Er ſaget, daß er darin noch ſorgfältiger als **Lambin** ſey, daß er der Genauigkeit des **Turnebus** ſehr nahe komme, daß in denſelben eben ſo viel Richtigkeit als Schönheit herrſche, daß er erbaue und beſſere, und daß er ſich nicht nur begnüge, den Gedanken ſeines Schriftſtellers auszudrücken, ſondern daß er auch den Character deſſelben ſo viel als ihm möglich ſey, und ſo viel es die Materie erlaube, nachahme. Die Vorrede iſt von **Rom** den 1 März 1565 datirt. Es muß alſo dieſe Ueberſetzung zu dieſer Zeit gedruckt worden ſeyn.

Tomus II. Epiſtolas Mureti continens, quæ exſtant in Lipſienſi ejusdem editione anni 1714. Additis praeterça Epiſtolis Mureti ejusdem ex Collectione Ioannis Michaelis Bruti. edita Lugduni 1561. Veronae 1727 in 8.

3) Die Briefe des **Murets** ſind hier in vier Bücher eingetheilet, wovon das erſte zehen Briefe von **Muret** an **Lambin**, und drey von **Lambin** an **Muret** in ſich enthält, welche ſich nicht in der Sammlung der Briefe des **Murets**, ſondern unter den Epiſtolis Clarorum Virorum befanden, die von **Michael Brutus** geſammlet, und zu **Lyon** bey **Antonius Gryphius** 1561 in 8 gedruckt worden waren. Ich weiß nicht, warum man in der Ausgabe von **Verona**, von der ich rede, einen eilften Brief von **Muret**, und einen vierten von **Lambin** ausgelaſſen hat, die doch die wichtigſten ſind, und welche ſich alle beyde in der Ausgabe des

Gry-

Gryphius befinden.   Diese Briefe verdienen,
daß wir etwas weitläuftiger von denenselben
reden.

Muret und Lambin waren die besten Freun-
de von der Welt gewesen, und sie theileten sich deshalb alles einander mit.   Lambin, welcher willens war, seine Commentarien über den Horaz
bekannt zu machen, hatte seine Erklärungen vieler
schweren Stellen dieses Dichters dem Muret mit-
getheilet.   Muret gebrauchte, nach dem Vorgeben des Lambin, bey seinen verschiedenen Lesungsarten, an denen er jetzt arbeitete, den grösten Theil
dieser Erklärungen, so wie sie ihm waren mitge-
theilet worden, und um sich die Ehre davon ganz
allein zuzueignen, so beförderte er in der Geschwindigkeit sein Buch zum Druck.   Lambin, dem
diese Falschheit unerträglich war, machte deßhalb
seinem Freunde in einem von Lucca den 1 August
1559 datirten Briefe bittere Vorwürfe.   Muret
antwortete nicht darauf.   Da sich zwey Jahre nachher Lambin zu Lyon befand, als man daselbst
die Epistolas Clarorum Virorum zum Druck beförderte, so machte er sich diese Gelegenheit zu Nuße, um sich an Muret zu rächen, und ließ diejenigen Briefe mit einverleiben, welche sie sich einander geschrieben hatten, und deren Unterdrückung
Muret würde gewünschet haben, weil darin desjenigen, was ihm zu Toulouse begegnet war, und
der nachtheiligen Gerüchte, die von ihm während
seines Aufenthaltes zu Padua waren ausgestreuet
worden, Erwehnung geschahe.

Einige Zeit nachher, da Muret nach Paris gekommen war, verſöhneten ſie ſich wieder ; daß aber die Umſtände dieſer Verſöhnung ſolten ſo beſchaffen geweſen ſeyn, wie ſie Muret in einem Briefe von 24ſten Auguſt 1579 an Johann Nicot, das iſt ſieben Jahre nach dem Tode des Lambin, anführet, daß Lambin ihn thränend um Vergebung gebeten und ihm geſtanden haben ſolte, daß dasjenige, was er gethan, den Strang verdienete, dies iſt ein Umſtand, der ſehr zweifelhaft zu ſeyn ſcheinet. Die Zeugen, die er hierbey anführet, ſind nicht weniger verdächtig, der eine, welcher Turnebus war, war ſchon vierzehn Jahre vorher geſtorben, und Johann Dorat, der andere, war ſein Landsmann und Freund.

Lambin, der von Natur redlich war, wie ihm die zweyten Scaligerana das Zeugniß geben, verhielt ſich nach dieſer Ausſöhnung den Pflichten der Freundſchaft gemäß, und redete jederzeit mit vieler Ehrerbietung vom Muret, dem er auch 1563 das vierte Buch ſeiner Commentarien über den Lucretius zuſchrieb. Muret führete ſich aber gegen ihn ganz anders auf. Kaum war er in Rom angekommen, als er Lambin öffentlich beſchimpfte, wie es aus ſeinen drey Briefen an Giphanius, einen Todfeind des Lambin erhellet, in deren einem er ſaget, daß es nur auf ihn ankäme, dieſen letztern der Unverſchämtheit und der Untreue zu überführen, wenn er die Briefe, die er an ihn geſchrieben hätte, um ihm für die Anmerkungen, welche er ihm ſchuldig wäre, und für deren Erfinder er ſich auf eine ſo freche Art ausgegeben, Dank

ab-

abzustatten, bekannt machen wolte. Es ist zu bemerken, daß er bey allen Beschuldigungen wider
den Lambin mit keinem Worte der in der Sammlung des Michael Brutus eingerückten Briefe
gedenket, über die er doch in einem Schreiben an
Nicot von 1579 so sehr schmälet. Lambin lebte
noch, und würde ihn deshalb haben widerlegen können; allein Muret machte die Sammlung seiner
Briefe erst nach dem Tode dieses Gelehrten bekannt,
und er unterließ nichts in seinem Briefe an Nicot,
wider die Bosheit loszuziehen, welche ein Gelehrter, den er nicht nennet, der aber unstreitig Lambin ist, gehabt hätte, Briefe von ihm, deren Verfasser er selbst war, zu erdichten. Niemand wurde
indessen hiedurch betrogen, und ob er gleich diese
Briefe an Lambin in der Sammlung der seinigen
nicht mit einrückte, so unterließ man nicht, sie in
diesem Jahre 1579 unter seinem Namen zu Paris
in 16 bekannt zu machen.

Die drey andern Bücher waren schon öfters gedruckt worden, anfänglich 1579 unter der Aufschrift
Murets, und nachher an verschiedenen Orten,
theils allein, theils mit den Reden und Gedichten
eben dieses Verfassers. Es wäre zu wünschen, daß
darin die Zeitordnung besser wäre beobachtet worden. Man siehet hier einige kleine Anmerkungen,
welche aus der von Jacob Thomasius herausgegebenen Ausgabe genommen sind; man hat
aber aus einer unverantwortlichen Nachläßigkeit,
die man noch an einigen andern Orten dieser Ausgabe von Verona bemerket, die gelehrte Vorrede des Thomasius, auf welche sich diese Anmer-

F 2   kun-

kungen öfters bezichen, weggelaſſen. Die Briefe Murets ſind mit einem Anhange, der 31 Briefe von Paul Sacratus an Muret in ſich enthält, begleitet.

Tomus III. Variarum Lectionum libros XV. continens. Accedit Graecorum locorum latina interpretatio juxta Pariſienſem Editionem. An. 1531. Veronae 1728 in 8.

4) Die erſten funfzehn Bücher von den verſchiedenen Leſungsarten ſind anfänglich beſonders ans Licht getreten. Folgende Ausgaben ſind mir davon bekannt. Venetiis 1559 in 4. Dies iſt vermuthlich die erſte. Antverpiae 1580 in 8. Pariſ. 1586 in 8. Francofurti 1604 in 8. Ich weiß nicht, was die Herausgeber von Verona durch die pariſiſche Ausgabe von 1531 haben ſagen wollen. Es iſt ein Druckfehler, und man findet in ihrer Sammlung eine groſſe Anzahl derſelben.

Tomus IV. Libros Reliquos quatuor continens variarum Lectionum, et librum Obſervationum Juris, tum Carmina omnia. Accedunt P. Syri Mimi ſententiae. Veronae 1729 in 8.

Nichts iſt lächerlicher, als daß man die Sentenzen des P. Syrus mit Verbeſſerungen und Anmerkungen, an denen Muret keinen Antheil hat, hieher geſetzet hat.

Die vier letzten Bücher der verſchiedenen Leſungsarten von Muret ſind mit den Anmerkungen über das Recht zu Augſpurg 1600 in 8. gedruckt worden. Gruter hat ſie auch insgeſamt dem zweyten Theile ſeines Theſauri Critici einverleibet.

Mu-

Muret hat in seinen verschiedenen Lesungsarten die Schönheit und Anmuth mit der Beurtheilungskraft und dem guten Geschmack verbunden, und man findet darin viele Sachen, welche die Lesung derselben angenehm machen.

5) Obſervationum Juris liber ſingularis. Auguſtae Vindel. 1600 in 8. Nebſt den vier leßten Büchern von den verschiedenen Lesungsarten. It. In dem 3ten Theil des Theſauri Critici Gruteri.

Es iſt eine ſehr kurze Schrift, die nur funfzehen Anmerkungen enthält.

6) Carmina, libri duo, quibus acceſſerunt quaedam in Lipſienſi editione 1714 omiſſa et Carmen nondum editum.

Dieſes Stück, welches noch nicht gedruckt worden war, iſt eine Elegie von 16 Verſen ad Fulviam puellam. Dieſe Gedichte ſind öfters gedruckt worden, einige anfänglich unter dem Titel: Juvenilia. Pariſ. 1552 in 8. It. Ibid. 1579 in 16. It. Spirae 1611 in 12. andere nachher unter dem Titel: M. A. Mureti Hymnorum Sacrorum liber et alia quaedam Poemata. Venetiis 1575 in 8. It. Pariſ. 1576 in 16. It. Romae 1581 in 8. It. Venetiis 1583 in 8. Man findet ſie auch bey den Reden und Briefen in einer von Jacob Thomaſius zu Leipzig 1672 in 8. beſorgten und 1690 in 8 wieder aufgelegten Ausgabe.

7) Julius Caeſar Tragoedia.

Dieſes Stück iſt ſehr kurz und verdienet den Namen einer Tragödie nicht. Man findet darin nichts von der Stärke und der Gröſſe eines dra-

ma-

matischen Gedichtes, und die Schreibart scheinet
überdem zu einfältig, zu matt, und zu profaisch zu
seyn. Es ist eine von den geringsten Schriften
des Murets.

8) Monodia in obitum Cl. V. Christophori
Thuani, et in eam Antonii Constantini Notae.
Dieses poetische Stück ist zu Rom 1584 in 8.
und zu Paris 1585 in 8 gedruckt worden.

9) Institutio puerilis ad M. Antonium Fratris
filium, et in eam Antonii Constantini Notae.
Dieses kleine Gedicht ist gleichfals zu Rom 1584
in 8. und zu Paris 1585 in 8. gedruckt worden.

10) M. Ant. Mureti ad M. Antonium Fratris
filium, puerum Novennem, sententiae Graecae,
cum Interpretatione Latina Innocentii Giscaterii.
Das Werk ist den 13ten November 1580, und
die Ueberseßung den 1sten December eben dieses
Jahres datirt. Diese griechischen Sentenzen
sind in Versen abgefaßt.

Tomus V. Commentaria Mureti in libros
Ethicorum Aristotelis continens, in Aristotelis
Oeconomica Annotationes, Interpretationem in
Commentarium Alexandri Aphrodisiensis ad li-
brum VII. Topicorum Aristotelis. Veronae
1730 in 8. Dieser Theil enthält also folgende
Stücke.

11) Commentarius in decem libros Ethicorum
Aristotelis ad Nicomachum.

Die fünf ersten Bücher dieses Commentarii sind
von einer ordentlichen Grösse; die andern enthalten bloße Anmerkungen. Der Commentarius war
zu Ingolstadt 1602 in 8. gedruckt worden.

12) Ari-

12) Ariſtotelis Oeconomica ; Iacobo Ludovico Interprete; cujus Interpretationem M. Ant.
Muretus locis aliquot emendavit, ſcholiisque illuſtravit. Gedruckt mit dem vorhergehenden
Comentario.

13) Ariſtotelis Topicorum liber ſeptimus, et
in eundem Alexandri Aphrodiſienſis Commentarius, M. Ant. Mureto Interprete. Gedruckt
mit den beyden vorhergedachten Werken. Die
an L. Memmio Fremito Patritio Devionenſi
gerichtete Zueignungsſchrift iſt von Venedig den
1 Jul. 1554 datirt.

Dies iſt alles, was in den fünf Theilen der
Werke Murets, welche zu Verona herausgekommen, enthalten iſt; man verſprach in der Vorrede des fünften noch neue Theile, ich weiß aber
nicht, ob ſie ans Licht getreten ſind. Diejenigen,
die über dieſe Ausgabe, welche mit ſchlechten Buch-
ſtaben und auf ſchlecht Papier gedruckt iſt, die Aufſicht haben, verdienen wegen ihrer Nachläßigkeit,
ſie nicht ſchöner gemacht zu haben, wie ſie doch thun
konten , und wegen der vielen Druckfehler unſer
höchſtes Misfallen. Ueberdem hätten ſie vor jedes Werk eine Vorrede ſetzen ſollen, welche die
Geſchichte dieſes Werkes und die verſchiedenen Ausgaben, die davon ſind gemacht worden, enthalten
hätte; denn nichts iſt magerer und weniger unter-
richtend, als was man in der allgemeinen Vorrede
lieſet, welche vor die Sammlung geſetzet worden,
und worin man das Publicum von allem dieſem
zu unterrichten geſuchet hat. Wir müſſen indeſſen
noch von den andern Werken Murets reden.

14) No-

14) Notae in Inflitutiones. Lugduni 1602 in 12.

15) Explicatio Ciceronis Orationum in Cati-
linam. Venetiis 1557 in 8. It. Parif. 1581 in 8.
It. Ingolftadii 1602 in 8.

16) Notae in primam Quaeftionem Tufcula-
nam Ciceronis, in ejusdem tres libros de Officiis, in libros quinque de Finibus et in Orationem pro Dejotaro. Ingolftadii 1603 in 8.

17) Senecae Philofophi opera cum notis M.
Ant. Mureti et Indice Julii Rofcii Hoftini. Romae 1585 in fol.

Die Anmerkungen Murets find vielen folgenden Ausgaben einverleibet worden. Henrich Stephanus befchuldiget den Muret in feiner Prodo-
poeia ad Senecae lectionem, die 1586 in 8. gedruckt
worden, daß er öfters den Erasmus unzeitig erhoben, und ihn fowol, als den Ferdinand Pin-
tianus, welche vor ihm über eben diefen Schriftfteller gearbeitet hatten, abgefchrieben hätte, ohne
fie zu nennen. Simon rechtfertiget ihn aber in
feiner Bibliotheque choifie Th. 1. S. 152. und be-
weifet, daß Muret in der griechifchen und lateini-
fchen Sprache gelehrter, und in der Kritik und Le-
fung guter Schriftfteller bewanderter gewefen, und
folglich nicht nöthig gehabt hätte, von ihnen etwas
zu entlehnen.

18) Terentii Comoediae cum M. A. Mure-
ti Argumentis et fcholiis. Venetiis 1558. et 1575
in 8.

19) Catulli Carmina , cum Commentariis.
Venetiis 1554 in 8. It. Antverpiae 1582 in 8.

20) Adria-

20) Adriani Turnebi Commentarius in librum primum Carminum Horatii, nec non in locos obscuriores Horatii expositio. Accesserunt M. Ant. Mureti et Aldi Manutii annotationes in Horatium. Parif. 1577 in 8.

21) M. A. Mureti Commentarii in quinque libros priores Annalium Taciti, nec non in Salluftium Notae. Accessit Anonymi (Iacobi Gretferi) Facula Georgio Codino Curopalatae accensa. Ingolftadii 1604 in 8.

22) Annotationes in Petronii Arbitri Satyricon. Helenopoli 1610 in 8.

23) Commentarii in IV. Titulos libri primi Digeftorum. Ferrariae 1581 in 8. It. Francofurti 1601 in 8.

24) Chanfons fpirituelles, an der Zahl 19, über welche Claudius Goudinal eine Mufik zu vier Stimmen verfertiget hat. Paris 1655.

25) Commentaire fur le premier livre des Amours de Pierre Ronfard. Diefer Commentarius ift öfters zu Paris in 4. und in 16. gedruckt worden.

S. Jani Nicii Erythraei Pinacotheca prima. Les Eloges de M. de Thou et les Additions de Teiffier. Francifci Bencii Oratio in funere M. Ant. Mureti. Parif. 1587 in 8. Diefe Rede enthält viele Umftände, fie ift aber einer Lobrede ähnlich. Man findet fie vor der Ausgabe der Werke Murets, die zu Verona herausgekommen. M. Ant. Mureti Vita. Vor diefer letzten Ausgabe ift fie beffer und genauer als die andern. Der Verfaffer hat aber den Anti-Baillet von Menage nicht

ge-

gesehen, wo man in dem erſten Theil S. 308 eine
ſehr weitläuftige Lebensbeſchreibung vom Muret
findet. Die Leſung dieſes Buches würde ihn von
den Fehlern, worin er gefallen iſt, befreyet haben.

Robert Conſtantin.

Robert Conſtantin wurde zu Caen aus einer
alten bürgerlichen Familie gebohren. In
der hebräiſchen, griechiſchen und lateiniſchen
Sprache, und vornemlich in den beyden letztern,
in der Geſchichte der Pflanzen und in der Arzeney-
kunſt erwarb er ſich eine groſſe Kenntniß. Im Jahr
1564 nahm er auf der Univerſität Caen die Doctorwürde in der Arzeneygelahrheit an.

Er reiſete faſt ganz Europa durch, um ſich
des Umganges mit den Gelehrten zu Nutze zu machen, und blieb einige Jahre hindurch in Deutſchland, ohne daß man weiß, aus was für einer Abſicht, oder wo er ſich aufhielt. Die Univerſität
Caen rief ihn endlich unter anſehnlichen Bedingungen zurück, um hieſelbſt die ſchönen Wiſſenſchaften
zu lehren. Er that ihrem Verlangen ein Gnüge,
und verließ Deutſchland, wo er ſich niedergelaſſen
hatte. Er wählete ſeine Wohnung zu Caen in dem
Collegio der Künſte, wo er den Kindern die Anfangsgründe der griechiſchen Sprache beybrachte,
nachdem er ſie in höhern Schulen der Facultät der
Künſte öffentlich gelehret hatte. Da er ſich aber
dieſer Gelegenheit bedienete, um den griechiſchen
Text der Brefe Pauli zu erklären, und unter ſeinen

nen Erklärungen Meinungen der proteſtantiſchen Religion einzuſtreuen, ſo beklagte man ſich deshalb,
und es iſt wahrſcheinlich, daß man ihm verbot fortzufahren. Dieſe Widerwärtigkeiten, die er ſich zuzog, nöthigten ihn vermuthlich, Caen zu verlaſſen,
und nach Deutſchland zurückzukehren, und die
Peſt, die bürgerlichen Kriege muſten hiezu zum
Vorwande dienen. Es iſt auch ſehr wahrſcheinlich,
daß ihn das Misvergnügen, das er hierüber hatte,
bewogen, andere Gönner durch die zwote Ausgabe
des griechiſchen Wörterbuchs, das er anfänglich den
Bürgern zu Caen zugeeignet hatte, zu ſuchen.

Er ſtarb in Deutſchland am Seitenſtechen den
27ſten December 1605 in ſeinem 103 Jahre, dem
Thuanus zu Folge, welcher verſichert, daß ein ſo
auſſerordentliches Alter weder die Stärke ſeines
Geiſtes und ſeines Körpers, noch ſein Gedächtniß,
welches gemeiniglich am erſten zernichtet wird, ge-
ſchwächet habe. Dieſe Zeitrechnung ſcheinet aber
vielen Schwierigkeiten unterworfen zu ſeyn. Denn
Joſeph Scaliger, der ihn beſonders kannte, und
der den 4ten Auguſt 1540 gebohren war, ſaget in
den Scaligeranis ſecundis, daß Conſtantin nur
zehn Jahre älter wäre, als er; der Rechnung dieſes
letztern zu Folge würde er alſo 1530 gebohren und
folglich in dem 75ſten Jahre ſeines Alters geſtorben ſeyn. Wenn überdem Conſtantin 1605 in
dem hundert und dritten Jahre geſtorben wäre, ſo
würde er 1602 gebohren, und folglich 62 Jahre alt
geweſen ſeyn, da er 1564 Doctor in der Arzeneygelahrheit wurde. Dies ſcheinet nicht wahrſcheinlich zu ſeyn. Es iſt alſo natürlicher, ſich an die

Rech-

Rechnung Scaligers zu halten, der ſein Alter
beſſer wiſſen konte, als Thuanus.

Thuanus füget hinzu, daß Conſtantin ein
Hausgenoſſe vom Julius Cäſar Scaliger war,
das iſt vermuthlich, daß er ſich bey ihm in Penſion
gegeben hatte, um ſich ſeines Umganges und Un-
terrichts zu Nutze zu machen. Scaliger liebte
ihn wegen ſeiner Verdienſte und Fähigkeiten ſo ſehr,
daß er ihm auf ſeinem Sterbebette die Ausgabe einiger ſeiner Werke übertrug, welche ihm Sylvius
ſein älteſter Sohn nach dem Tode dieſes groſſen
Mannes überlieferte. Dieſes Vertrauen hat wahr-
ſcheinlicher Weiſe die Eiferſucht Joſeph Scaligers erreget, der ihm bey allen Gelegenheiten mit
der gröſten Beſchimpfung begegnet, und ihn für
falſch, für unverſtändig und für einen zu einfälti-
gen Menſchen hält, als daß er gute Schriftſteller
verſtehen ſolte.

Verzeichniß ſeiner Schriften.

1) Lexicon Graeco - Latinum. Genevae. Joan.
Criſpinus 1562 in fol. Zwey Theile. It. Secun-
da hac editione partim ipſius Autoris, partim
Franciſci Porti et aliorum additionibus auctum.
Genevae. Vignon 1592 in fol. Zweyen Theile.

Jacob Scaliger verachtet dieſes Wörterbuch
auf eine entſetzliche Art, ob ſich gleich auch Gelehrte finden, die es, wiewol ohne Grund, des Henrich Stephanus ſeinem vorgezogen haben. Ueber
das Urtheil Scaligers darf man ſich nicht wundern, weil man weiß, daß er Conſtantin perſön-
lich

lich haſſete, und weil er in ſeinem Haſſe nicht die
geringſte Billigkeit zu beobachten wuſte. Die griechiſchen Wörter ſind hier nicht ſo eingerichtet, wie in
des Stephanus ſeinem Wörterbuche unter ihren
Stammwörtern, ſondern in der alphabetiſchen Ordnung; dieſe Art, welche bequemer iſt, dasjenige
zu finden, was man ſuchet, iſt vermuthlich die Urſach des Vorzuges, den einige demſelben vor des
Stephanus ſeinem beygeleget haben. Conſtantin verſprach noch andre Werke über die griechiſche Sprache, um die Kenntniß derſelben zu erleichtern; er iſt aber ſeinem Verſprechen nicht nach-
gekommen. Man hat aus ſeinem groſſen Wörterbuche einen Auszug gemacht, der unter dieſem Titel ans Licht getreten: Lexicon Graeco Latinum ex
Roberti Conſtantini et aliorum ſcriptis collectum.
Apud Criſpinum. (das iſt zu Genev) 1566 in 4.

2) Supplementum Latinae linguae, ſeu Di-
ctionarium abſtruſorum Vocabulorum Genevae.
Vignon. 1573 in 4.

Es iſt ein Supplement zu der Ausgabe des
Calepin, die einige Zeit vorher herausgekommen
war.

3) Aurelii Cornelii Celſi de Re Medica libri
VIII. Sereni Poema Medicinale, et Rhemnii
Poema de Ponderibus et Menſuris, cum Roberti Conſtantini Annotationibus. Lugduni. Ro-
villius 1566 in 8. It. Cum I. Caſauboni et aliorum ſcholiis; edente Theod. Ianſſonio ab Al-
meloveen. Amſtelodami 1687 et 1713 in 8.

4) Annotationes et Correctiones Lemmatum
in Dioſcoridem. Nebſt Amati Luſitani in Dio-
ſcori-

ſcoridis de Materia Medica libros quinque Enar-
rationes. Lugduni 1558 in 8.

5) Theophraſti de Hiſtoria Plantarum cum
annotationibus Julii Caeſaris Scaligeri. Lugduni 1584 in 4.

Conſtantin, der dieſes Werk bekannt gemacht, hat am Ende Anmerkungen über vier Bücher dieſer Geſchichte von den Pflanzen hinzugefüget, vor welche er zwar ſeinen Namen nicht geſe-
ßet hat; die aber ganz zuverläßig von ihm ſind, obgleich Voßius geglaubet hat, daß ſie von Jacob
Dalechamp herrühreten. Sie ſind unter ſeinem
Namen mit des Scaligers ſeinen zu Amſterdam
1644 in Fol. wieder gedruckt worden.

6) Nomenclator inſignium ſcriptorum, quo-
rum libri exſtant vel manuſcripti, vel impreſſi
Bibliothecis Galliae et Angliae; Indexque totius Bibliothecae atque Pandectarum Conradi
Geſneri. Pariſ. 1555 in 8.

S. Les Origines de Caen de M. Huet. p. 351.
Les Eloges de M. de Thou et les Additions de
Teiſſier. Colomeſii Gallia Orientalis. p. 103.

* * * * * * * * * * * * * * * * *

Ludewig Moreri.

Ludewig Moreri wurde den 25ſten März 1643
zu Bargemont, einer kleinen Stadt in Provence in der Diöces von Frejus, von Franz
Moreri und von Franciſca von Bocquy gebohr-
ren. Sein Grosvater, Namens Chatranet, war
von Dijon gebürtig, und gieng während der bür-
ger-

gerlichen Kriege unter der Regierung Carls IX.
nach Provence. Nachdem er sich in diesem Lande verheyrathet hatte, nahm er von einem Dorfe in
Provence, von welchem er durch seine Frau Herr
wurde, den Namen Moreri an.

Ludewig Moreri, der zu Draguignan
unter den Vätern der christlichen Lehre die Anfangswissenschaften erlernet hatte, studirte im Collegio
der Jesuiten zu Aix die Rhetorik und die Weltweisheit. Von da gieng er nach Lyon, wo er sich der
Gottesgelahrheit befleißigte.

Sein Genie trieb ihn an, für das Publicum zu
arbeiten. Er ließ deshalb in seinem 18ten Jahre
eine kleine allegorische Schrift drucken, welche den
Titel führete: Le Pays d'Amour, und fuhr nachher fort, nützlichere und ernsthaftere Werke zu verfertigen.

Er erlernete zu dieser Zeit die italiänische und
spanische Sprache, und diese letztere gab ihm Gelegenheit, uns im französischen die Schrift des Ra-
driguez von der christlichen Vollkommenheit mitzutheilen.

Nachdem er in den geistlichen Stand getreten
war, hielt er zu Lyon fünf Jahre hindurch mit
vielem Nutzen die Streitpredigten, und um diese
Zeit faßte er den Entschluß, an seinem historischen
Wörterbuche zu arbeiten.

Im Jahr 1674 begab er sich zu dem Bischof
von Apt in Provence, den er im folgenden Jahre nach Paris begleitete. Er wurde hieselbst mit
den Prälaten der Clerisey, die ihre Versammlung
zu St. Germain en Laye hielten, und mit den
Ge-

Gelehrten dieser Hauptstadt bald bekannt. Während daß er an einer zwoten Ausgabe seines Wörterbuches arbeitete, machten ihn seine Freunde dem Staatssecretair **Pompone** bekannt, der ihn zu Anfange des Jahres 1678 zu sich nahm. Er hätte sich bey diesem Minister grosse Vortheile versprechen können; sein ununterbrochener Fleiß an seinem Wörterbuche aber erschöpfte seine Kräfte, und stürzte ihn in eine ununterbrochene Schwächlichkeit. Nachdem der Herr von **Pompone** zu Ende des Jahres 1679 seine Würde niedergeleget hatte, ergrif **Moreri** diese Gelegenheit, sich von ihm wegzubegeben, um sich einzig und allein seinem Werke zu widmen. Er konte aber die zwote Ausgabe desselben nicht endigen sehen; denn seine Gesundheit wurde von Tage zu Tage schwächer, und er gab den 10ten Julius 1680 seinen Geist auf, nachdem er 37 Jahr und 3 Monate gelebet hatte. Er wurde seiner Verordnung zufolge auf den St. Severinkirchhofe zu **Paris** begraben.

Er war Doctor in der Gottesgelahrheit, ein Titel, den er vermuthlich auf einer Universität in **Provence** erhalten hat.

Verzeichniß seiner Schriften.

1) Le Pays d'Amour, eine allegorische Schrift, die er in seinem 18ten Jahre, das ist vermuthlich 1661, drucken ließ.

2) Les doux plaisirs de la Poesie, ou Recueil de diverses pieces en Vers, par L. M. Lyon 1666 in 12.

Er

Er wolte vor diesen beyden Stücke seinen Namen nicht setzen, sondern zeigte ihn nur durch die
Anfangsbuchstaben L. M. an.

3) Pratique de la perfection Chretienne et
Religieuse, traduite de l'Espagnol d'Alphonse
Rodriguez. Lyon 1667 in 8. Drey Theile.

4) Man lieset in dem historischen Wörterbuche, daß Moreri, nachdem er den Rodriguez
übersetzet hatte, an den Leben der Heiligen in
französischer Sprache arbeitete, und methodische
Tabellen für die Prediger nebst chronologische Tabellen hinzufügte: Mir ist hievon nichts bekannt.

5) Relations nouvelles du Levant, ou Trai-
tés de la Religion, du Gouvernement, et des cou-
tumes Perses, des Armeniens, et des Gaures;
composés par le P. G. D. C. (Gabriel de Chinon,
Capucin.) et donnés au Public par le Sieur L.
M. P. D. E. F. (Louis Moreri, Pretre, Docteur en Theologie.) Lyon 1671 in 12.
Moreri hat eine lange Vorrede vorangesetzet,
die eine Lobschrift seines Verfassers in sich enthält.

6) Le Grand Dictionnaire Historique, où le
Melange curieux de l'Histoire sacrée et profane.
Lyon 1674 in fol.

Diese erste Ausgabe macht einen einzigen Band
aus. Moreri sahe wohl, daß darin noch vieles
mangelte, und er arbeitete deshalb nachher ohne
Unterlaß an der Vermehrung dieses Werkes. Er
setzte es in den Stand, daß es in zween Bänden
ans Licht treten könte; er hatte aber nicht das Vergnügen, diese zwote Ausgabe, die von 1681 und zu
Paris in Fol. gedruckt ist, die Presse verlassen zu

sehen, weil er schon im vorhergehenden Jahre während des Druckes gestorben war.

Die dritte Ausgabe, die zu Paris 1683 ans
Licht trat, ist wiederum in zween Bänden; und
nach der zwoten abgedrucket worden.

Die beyden folgenden, wovon die vierte vom
Jahre 1687, und die fünfte vom folgenden Jahre
1688 ist, sind zu Lyon in zween Theilen herausgekommen, und sind derjenigen von 1683 ziemlich
gleich, ausser daß sie mit einigen Artikeln ist vermehret worden. Man hielt nachher für gut, ein
Supplement oder einen dritten Theil zu dem
historischen Wörterbuche hinzuzufügen, und
er kam zu Paris 1689 in Fol. zum Vorschein.

. La sixieme edition, ou l'on a mis le supplement dans le meme ordre Alphabetique, corrigé
un tres grand nombre de fautes, et ajouté quantité d'articles et de remarques importantes. Amsterdam 1691 in fol. vier Theile. Johann le Clerc
hat diese Ausgabe besorget, worin die Artikel des
Supplements an ihren Ort gebracht worden sind,
und er ist der Verfasser von den Zusätzen, theils
vieler neuer Artikel, theils derer, die sich schon darin befanden.

. Die siebente, die der vorhergehenden vollkommen gleich ist, trat zu Amsterdam 1694 in Fol.
in vier Theilen ans Licht.

Die achte, die mit den beyden vorhergegangenen
auch übereinkömmt, kam zu Amsterdam 1698 in
vier Theilen in Fol. heraus.

. Die neunte ist von dem Herrn Vaultier zu
Paris 1699 in vier Theilen in Fol. herausgegeben
worden.　　　　　　　　　　　　　　　Die-

Die zehnte ist von Amsterdam und unter der Aufsicht des Johann le Clerc 1702 in vier Theilen in Fol. gedruckt worden.

Die eilfte ist von Vaultier mit neuen Vermehrungen zu Paris 1704 in vier Theilen in Fol. besorget worden. Vor der Bekanntmachung dieser Ausgabe trat folgende Schrift ans Licht: Projet pour la correction du Dictionnaire historique de M. Moreri, deja revu, corrigé et augmenté dans la derniere edition de Paris, par M. Vaultier. Paris 1701 in 4. Nach der Bekanntmachung derselben kamen heraus: Remarques Critiques sur la nouvelle edition du Dictionnaire historique de Moreri donnée en 1704. Paris. 1706 in 12. It. **Zwote, mit einer Vorrede und mit vielen Anmerkungen von einem andern Verfasser vermehrte Ausgabe. Rotterdam 1706 in 8.** Diese zwote Ausgabe ist von Bayle, der der Verfasser der Anmerkungen ist, besorget worden.

Die zwölfte ist noch von Vaultier; sie trat zu Paris 1712 in vier Theilen in Fol. ans Licht.

Die dreyzehente kam zu Paris 1712 in 5 Theilen in Fol. heraus. Du Pin hat sowol an dieser, als an den folgenden Ausgaben vielen Antheil. Zwey Jahre nachher, nemlich 1714 druckte man in eben dieser Stadt ein grosses Supplement, welches mit vielen neuen Artikeln versehen war, und zu einem Supplement für die vorhergehenden Ausgaben dienete, damit diejenigen, die eine von den vorhergedachten Ausgaben besassen, nicht genöthiget wurden, sich die neue anzuschaffen. Dieses Supplement ist mit grossen Vermehrungen von Bernhard zu Amsterdam 1716 in zween Theilen in Fol. wieder aufgeleget worden.

Die vierzehnte ist von Amsterdam 1717 in Fol. Sechs Theile. Nebst dem Supplement, welches aber dem Werke selbst nicht einverleibet worden ist.

Die funfzehnte ist zu Paris im folgenden Jahre 1718 in fünf Theilen in Fol. herausgegeben. Die Artikel des holländischen Supplements sind an ihren Ort gebracht und mit einigen Zusätzen vermehret worden. Diese Ausgabe hat man sehr hart beurtheilet. Die Verfasser des gelehrten Europa haben in ihrem vierten Theil ein Stück mit eingerücket, woraus man ersiehet, daß in dem einzigen Buchstaben Z. der einer von den kürzesten ist, viele Fehler und viele Artikel ausgelassen sind. Der Abt le Clerc hat auch Anmerkungen über verschiedene Artikel der drey ersten Theile bekannt gemachet, die in dreyen Theilen in 8 ans Licht getreten sind. Der erste 1719, der andere 1720 und der dritte 1721. Der P. Franz Meri, ein Benedictiner, hat gleichfals folgende Piece über eben diese Materie herausgegeben: Discussion critique et theologique de Remarques de M. sur le Dictionnaire de Moreri de 1718 par M. Thomas Docteur de Louvain. (Orleans) 1720 in 8. p. 96. Es ist eine Vertheidigung einiger Stellen im Wörterbuche wider die Kritik des Abts le Clerc.

Die sechzehnte ist vom Jahr 1724, und zu Paris unter der Aufsicht des le Barre in sechs Theilen in Fol. herausgekommen. Was die Genealogie betrift, so ist sie von Vailly, einem Advoca-

ten

ten, angegriffen worden. Der Abt le Clerc hat
fünf bis sechs tausend Verbesserungen hinzugefüget,
wie er uns ist seiner Biblothek des Richelet berichtet.

Die siebenzehnte ist zu Basel in der Schweitz
1713 ans Licht getreten.

Die achtzehnte ist zu Paris 1732 in sechs Theilen in Fol. besorget worden.

Dieses Werk, welches, da es aus den Hän-
den seines ersten Verfassers, von dem es jederzeit den
Namen behalten hat, gieng, sehr unvollkommen und
unvollständig war, ist durch die Sorgfalt derer,
die es durchgesehen und zu verschiedenen Zeiten mit
Zusätzen vermehret haben, weitläuftiger und genauer geworden. Man muß indessen nicht glauben, daß es nunmehr ein vollkommenes Werk sey,
und man darf nicht hoffen, daß es jemals werden
werde; man hat zwar bey jeder Ausgabe einige
Fehler aus demselben genommen; man hat aber
auch wiederum neue gemacht; man läßt es sich
dem mehr angelegen seyn, es zu vergrössern, um
demselben einen Abgang zu verschaffen, indem man
öfters sehr unnütze Sachen mit einmischet, als dasjenige zu verbessern, was darin mangelhaftes angetroffen wird.

S. Seinen Artikel in seinem Wörterbuche.

Ja=

❁ ❈ ❁

Jacob von Tourreil.

Jacob von Tourreil erblickte zu Toulouse den 18ten November 1656 das Licht der Welt. Sein Vater war Jacob von Tourreil, Generalprocurator des Parlaments dieser Stadt, und seine Mutter **Margaretha Fieubet**, Schwester des ersten Präsidenten eben dieses Parlaments, und Tante des Staatsraths **Fieubet**, der bis an seinen 1694 erfolgten Tod gegen den Herrn von **Tourreil** sich als Vater bezeigte.

In seiner Jugend ließ er eine heftige Neigung zu der Beredtsamkeit von sich spüren. Er rächete sich sehr gern an seinen Cameraden und Lehrern durch Arten von öffentlichen Reden; die jederzeit sinnreich genug waren, um einen Schüler von einer Strafe zu befreyen. Sein Beyspiel trieb einige junge Leute von eben dem Alter zur Nachahmung an, und es entstund unter ihnen eine Gesellschaft, worin es einer dem andern zuvorzuthun suchte.

Kaum hatte der junge **Tourreil** das Collegium verlassen, als er Lust bekam, zur Armee zu gehen, und man konte ihn nicht anders zurückhalten, als da man ihm das Exempel jener berühmten Römer vorstellete, die sich erst in den Gerichtsorten hervor gethan hatten, ehe sie sich an der Spitze der Legionen sehen liessen. Entzückt, in eine so schmeichelhafte Vergleichung gesetzet zu werden, begnügte er sich, sich den Ritter von **Tourreil** nennen zu lassen, und versprach nach **Paris** zu kommen, um sich der Rechtsgelahrheit und den schönen Wissenschaften zu widmen.

Der

Der Geſchmack, den er hieſelbſt an den Wiſſenſchaften fand, löſchte denjenigen, den er an den
Waffen gehabt hatte, gänzlich aus. Da er von
der franzöſiſchen Academie und von den Preiſen der
Beredtſamkeit, die ſie jährlich austheile, hatte reden hören; ſo wagte er ſich zweymal auf den Kampf-
platz, und erhielt auch jederzeit den Sieg. Dieſe
beyden Reden, die von den Jahren 1681 und 1683
ſind, machten ihn zuerſt berühmt.

Die Ueberſetzung einiger Reden des **Demo-**
ſthenes, die er 1691 herausgab, vergröſſerte ſeinen
Ruhm, und um dieſe Zeit nahm ihn der General-
Controlleur Herr von **Pontchartrain** als einen
verdienſtvollen Menſchen zu ſich, deſſen Umgang
und Bemühungen dem Grafen von **Pontchar-**
train ſeinem Sohne ſehr nützlich ſeyn konten.

In eben dieſem Jahre 1691 bekam er eine Stelle in der Academie der Innſchriften, die bis jetzt
nur noch aus acht Perſonen beſtand. Den 14ten
Februar des folgenden Jahres 1692 wurde er in der
franzöſiſchen Academie an die Stelle des **Michael**
le Clerc aufgenommen, und bald nachher wurde
er zum Director dieſer Geſellſchaft ernennet, zu einer Zeit, da er dem Könige und den Miniſters das
Dictionnaire der Academie, das zu Stande gebracht
worden war, überreichen muſte. Er machte bey
dieſer Gelegenheit 28 verſchiedene Complimente,
die insgeſamt vielen Beyfall erhielten; von denen
er aber niemals die Abſchrift hat geben wollen.

Er ſtarb den 11ten October 1715 in dem 59ſten
Jahre ſeines Alters.

G 4 „Er

„Er dachte und druckte sich auf eine wenig ge-
„meine und überaus glückliche Art aus , er füh-
„rete einen Gedanken auf eine so schöne Weise
„aus, er wuste einen Ausdruck so geschickt zu recht-
„fertigen, daß er die sonderbarsten Begriffe und
„die verwegensten Metaphoren mit Anmuth durch-
„zutreiben wuste.   Die witzigen Einfälle, die Ge-
„schwindigkeit, und die Stärke seiner Antworten,
„theilten ihm nicht nur einiges Ansehen mit, sie
„machten ihn sogar in den Gesellschaften furchtbar.
„Als ein eifriger Anhänger der Warheit suchte er
„dieselbe mit Eigensinn in den gleichgültigsten Sa-
„chen; er wolte dasjenige ohne Verschonen verach-
„ten, was ihm verachtungswürdig zu seyn schien,
„und diejenigen öffentlich und der strengsten Befeh-
„le ohnerachtet loben , die es verdieneten.   Bey
„ihm einen Fehler entschuldigen, und ihn auf eini-
„ge Art verbessern, dies war fast hinreichend ihn zu
„gestehen. „   Dies ist der Character, den der Herr
von Boze von diesem Gelehrten machet.

Verzeichniß seiner Schriften.

1) Seine beyden Reden, die nach dem
Urtheil der französischen Academie den
Preis erhielten , sind in den Sammlungen
von 1681 und 1683 mit eingerücket worden.   Ob
sie gleich demjenigen, was er nachher verfertigte, weit nachzusetzen sind; so haben sie doch ihre Verdienste, und sie waren es, die den Grund
zu seinem Ruhme legten.

2) Harangues de Demosthene, avec des Remarques. Paris. 1681 in 8.

Man

Man siehet hier nur die Ueberſetzung von fünf
Reden des Demoſthenes, nemlich der erſten philippiſchen, der drey olynthiſchen, und der Rede über
den Frieden. Dieſer Verſuch einer Ueberſetzung erwarb ſich viele Lobſprüche, die aber mit einigen Kritiken vermiſchet waren. Man behauptete, daß es
vielmehr eine Paraphraſis, als eine Ueberſetzung
wäre, und daß die Beredtſamkeit des Ueberſetzers,
die des Demoſthenes ſeiner entgegen ſey, zu ge-
ſchmückt, zu prächtig, und meiſtentheils nur zum
Gepränge wäre. Dieſe Beurtheilung flößte dem
Tourreil einen neuen Eifer ein, eine beſſere Ueberſetzung zu machen, welches er auch in der Folge
vollzog.

3) Diſcours prononcé à l'Academie Francoi-
ſe le 14 Fevrier 1692 à ſa reception. Paris. 1692
in 4.

Herr von Pontchartrain, der damals Ge-
neral-Controlleur der Finanzen war, wolte, daß
man in dem Drucke dieſer Rede eine Stelle auslaſ-
ſen möchte, worin Tourreil mit vielem Lobe ſeiner gedacht hatte: man hat ſie aber in der Ausgabe aller ſeiner Schriften an ſeinen Ort wieder gebracht.

4) Eſſais de Jurisprudence. Paris. 1694 in 12.

Er verfertigte dieſe Schrift für den Graf von
Pontchartrain, der ſich der Rechtsgelehrſamkeit
zu befleißigen anfieng. Ihre Aufnahme kam mit
der Hofnung, die ſich der Verfaſſer davon gemachet hatte, nicht überein. Man gab ſehr gern zu,
daß die Materie in dieſem Verſuche vortreflich wäre, und daß darin die verſchiedenen Streitigkeiten,

G 5 die

die er unterſuchte, gründlich und theils nach unwi-
derſprechlichen Grundſätzen des natürlichen Rechts,
theils nach den geſchickteſten Rechtsgelehrten entſchie-
den wäre; allein Tourreil hatte ſeine Materien
auf eine angenehme Art abhandeln wollen, und da
ſich der Grund der Sachen von ſelbſt nicht angenehm darſtellete, ſo muſte er es in den Ausdrücken
ſuchen: er nennet deshalb einen Gerichtsbedienten,
einen **Herrn Loyal, eine Citation, ein ge-
ſtempeltes Compliment: eine Beſoldung,
eine baare Erkenntlichkeit** u. ſ. w. und dieſes
gezwungene brachte ſein Werk in gänzlichen Verfall.
Tourreil, der nachher ſeine Freunde zu Rathe
zog, arbeitete ſeine Verſuche von neuen um, und
in dieſem neuen Zuſtande ſind ſie der Sammlung ſeiner Werke einverleibet worden.

5) Philippiques de Demoſthene avec de Remarques. Paris 1701 in 4. It. Amſterdam 1706
in 12.

Tourreil hat in dieſer Ausgabe die fünf Reden, die er ſchon 1691 bekannt gemacht hatte, ver-
beſſert und die Ueberſetzung der fünf andern hinzugefüget, nemlich der drey letzten Philippiſchen, und
der Rede über Cherſones und über den Brief des
Philippus. Vor allem dieſem iſt eine hiſtoriſche Vorrede, die eine kurze Geſchichte von dem
alten **Griechenland** in ſich enthält. Man kann
ſie als ein Meiſterſtück in ihrer Art anſehen, obgleich zu viel glänzendes darin iſt, wie in allen
Schriften dieſes Verfaſſers. Die neue Ueberſetzung war wiederum einer Kritik unterworfen:

Tour-

Tourreil verbesserte sie deshalb nachher, und so kam sie in die Sammlung seiner Werke.

 6) Oeuvres de M. de Tourreil. Paris. 1721 in 4. Zween Theile, und in 12. Vier Theile.

Maßieu, dem Tourreil in seinem Testamente aufgetragen hatte, eine dritte Ausgabe von seiner Uebersetzung des Demosthenes herauszugeben, hielt sich für verpflichtet, eine vollständige Sammlung der Schriften des Tourreil zum Druck zu besorgen.

Die erste enthält verschiedene Stücke, als

Die beyden Reden, welche in den Jahren 1681 und 1683 den Preis erhielten.

Die Rede, die er den 14ten Februar 1692 bey seiner Aufnehmung in die französischen Academie gehalten hat.

Die Antwort, die er den Deputirten der königlichen Academie von Nismes gab, nachdem sie der französischen Academie wegen der Gemeinschaft, die sie ihnen bewilliget hatte, Dank abgestattet hatte. Diese den 30sten October 1692 gehaltene Reden wurden in eben diesem Jahre zu Paris in 4. besonders gedruckt, und in den Sammlungen der Academie mit eingerücket.

Rede, in welcher er den 19ten August 1694 als Director, die Rede des Abts Boileau, der in die Academie aufgenommen wurde, beantwortete. Sie war schon in diesem Jahre zu Paris in 4. gedruckt worden, und befand sich in den Sammlungen der Academie.

Be-

Beantwortung der den 31sten Jänner 1704 bey der Aufnahme des Herrn von Rohan, Coadjutors von Strasburg in die französischen Academie gehaltene Rede. Sie wurde damals zu Paris in 4. gedruckt.

Die Zueignungsschrift, die er allein zu dem Dictionnaire der französischen Academie verfertigte, während daß diese Gesellschaft zusammen an der Ausarbeitung derselben arbeitete. Sie war schon seinen Versuchen über die Rechtsgelehrsamkeit angehänget worden.

Das Compliment, das er dem Könige bey Ueberreichung des Dictionnaire der Academie machte.

Die Inschrift, die an dem Fuße der Statue, welche sich mitten auf dem Platz von Vendome befindet, eingegraben ist.

Eine Beschreibung in lateinischen Versen von dem Hause des Staatsraths Fieubet. Er verfertigte sie in seinem 18ten Jahre: und ob er sich wol öfters darin seinem Feuer zu sehr überlassen hat, so muß man doch gestehen, daß er fast allenthalben ungezwungen, natürlich und schön ist. Die Schönheit dieses Stückes, und die glückliche Anlage, die er zu der lateinischen Dichtkunst hatte, verhinderten ihn nicht, sich derselben frühzeitig zu entziehen; er glaubte, daß da die Römer ehedem in der griechischen Sprache nicht schrieben, die Franzosen auch heut zu Tage in der lateinischen nicht schreiben dürften, sondern alles, was sie von Genie und Talent hätten,

dem

dem Ruhm ihrer Nation, und der Vollkommenheit ihrer Sprache aufopfern müsten.

Die zwote Claſſe enthält Verſuche über die Rechtsgelehrſamkeit.

Die dritte begreift die philippiſchen Reden mit ihrer Vorrede in ſich.

Die vierte enthält die Ueberſetzung der Rede des Aeſchines wider Cteſiphon und des Demoſthenes für Cteſiphon, über die Krone, nebſt einer beſondern Vorrede, die hier zum erſtenmal ans Licht treten.

Die fünfte und letzte ſchließt ſeine Anmerkungen über alle aus dem griechiſchen überſetzte Reden in ſich.

7) Er iſt einer von denen, die zu der 1702 herausgegebenen Ausgabe der Geſchichte des Königes aus den Münzen am meiſten beygetragen haben. Sie verſchafte ihm eine anſehnliche Vermehrung des Gehaltes, das er bey der Academie der Inſchriften hatte, und drey Jahre nachher brachte ſie ihm den Titel eines alten Penſionairs zuwege, um welchen er gebeten hatte, damit er ſich nur lediglich mit ſeiner Ueberſetzung des Demoſtehenes, welches ſein Favoritwerk war, beſchäftigen könte.

8) Seine Feder hat den Herrn der auswärtigen Miſſionen zur Verfertigung der Memoires ſur les affaires de la Chine viele Dienſte geleiſtet; und dieſes that er vornemlich, um ſich wegen eines boshaiten Auszuges zu rächen, den man in den Memoires de Trevoux des Monats

Maÿ

Man 1740 aus seiner Antwort auf di
die der Herr von Rohan bey seiner A
in die französischen Academie gehalten,
hatte.

9) Man lieset in einem in den Mem
storiques et Critiques des Monats April
findlichen Briefe, daß man von ihm ein
setzung habe, die in Holland gedruckt
und unter diesem Titel herausgekommen
xions sur les Cultes et les superstitions
ses, und welcher eine Vorrede hinzufüg
als ein Meisterstück angesehen worden.

S. Seine historische Lobschrift von He
Boze in der Geschichte der Academie der
ten und schönen Wissenschaften Th. 3. unt
Sammlung seiner Werke.

✳✳✳　✳✳✳　✳✳✳

Edmund Richer.

Edmund Richer wurde zu Chource, e
nen Stadt der Diöces Langres in
pagne, 5 Meilen von Troyes der
September 1560 von einer niedrigen und mit
gütern sehr wenig versehenen Familie gebo
Anfänglich hatte er keinen andern Un
als denjenigen, den man ihm in den kleiner
len seines Geburtsortes geben konte; seine D
war aber auf das Studieren gerichtet, un
sich in seinem achtzehnten Jahre befand, a
ne Eltern in ihn drangen, sich eine Professi
zusuchen, die ihn zu unterhalten vermögen

so machte er sich der Freyheit, die sie ihm gaben, das väterliche Haus zu verlassen, zu Nutze, und begab sich nach Paris.

Er gieng anfänglich in ein Collegium, wo er sich mit Aufwartungen seinen Unterhalt verschafte, und die müßigen Stunden zum Studieren anwendete. Er befliß sich gleich Anfangs mit einem so ausserordentlichen und so glücklichen Fleisse der lateinischen und griechischen Sprache, daß er sich in weniger als drey Monaten im Stande sahe, zur Philosophie zu schreiten, und zwey Jahr nachher die Magisterwürde annahm.

Er studirte hierauf die Gottesgelahrheit, worin er diejenigen zu Begleitern hatte, die in den untern Classen seine Lehrer gewesen waren.

Um diese Zeit hörete das Glück, dessen üble Begegnung er fünf Jahr hindurch mit vieler Standhaftigkeit ertragen hatte, auf, ihn zu verfolgen. Ein Doctor, Namens Stephanus Roze, Vicarius zu St. Pves, nahm ihn zu sich, und verschafte ihm alles, was er brauchte, um ein bequemer Leben zu führen, und um sich in den Stand zu setzen, Doctor zu werden.

Richer überließ sich nunmehr mit einem neuen Eifer dem Studieren. Er begnügte sich nicht nur, alle Stunden des Tages, in welchen er in den Classen der Sorbonne nicht seyn durfte, dem Lesen zu widmen, sondern er brachte auch die Nächte hiermit zu, in denen er nur zwo Stunden ruhete, und machte sich auf diese Art seiner starken Leibesbeschaffenheit, die er von Natur hatte, und die durch die strenge Lebensart, die er in dem Collegio

hatte

hatte führen müssen, noch mehr beveftiget worden war, zu Nuße.

Einige Zeit nachher wurde er zum Profeſſor auf der Univerſität ernennet, und er freuete ſich, daß er ſeinem Wohlthäter nicht mehr zur Laſt ſeyn durfte. Er lehrete zwey Jahre hindurch die Anfangswiſſenſchaften, nachher ein Jahr die Rhetorik, und zuletzt die Weltweisheit; hierauf ſchritte er zur Gottesgelahrheit, und wurde im Monat Auguſt 1589 Doctor in derſelben. Gleich nach Erhaltung dieſer Würde legte er ſich mit vielem Eifer auf das Predigen; welches er auch einige Jahre hindurch fortſetzte. Sein Vortrag war ſo beſchaffen, daß er ſeinen Zuhörern eine vollkommene Kenntniß von der heiligen Schrift beyzubringen ſuchte, deren buchſtäblichen und hiſtoriſchen Verſtand er ihnen erklärete, und denſelben bey den Maximen zum Grunde legte, die er zu beveſtigen willens war.

Einige ſchwere und verdrießliche Affairen, in denen damals die Sorbonne verwickelt war, und deren glückliche Endigung man dem Richer zuſchrieb, brachten ihm vielen Nutzen: denn nach dem Tode des Stephanus Lafile, Grosmeiſters und Directors des Collegii Cardinal le Moine, der im Jahre 1595 erfolgte, warf man die Augene auf ihn, um dieſe beyden Stellen zu bekleiden.

Dieſes Collegium war ſehr zerrüttet, und es hatten ſich in demſelben viele Unordnungen eingeſchlichen. Richer unternahm es, die Ordnung und Diſciplin darin wieder herzuſtellen, und ſo viel Mittel auch die Stipendiaten anwendeten, ihn daran

an zu verhindern, so war er doch endlich darin
glücklich.

Die Universität befand sich gleichfals in einem
Zustande, der einer Reformation bedurfte, und er
wurde einer von denen Censors, die man 1600
hiezu ernennete. Sie erlangten ihren Endzweck;
und ob sie gleich mit vielen Hindernissen zu kämpfen
hatten, so war doch nichts vermögend, sie muthlos
zu machen.

Richer wurde den 2ten Jänner 1608 in seiner
Abwesenheit zum Syndicus der Facultät erwählet.
Er machte anfänglich Schwierigkeiten, diese Würde anzunehmen, und erklärete, daß er sich derselben nicht eher unterziehen würde, als bis alle Do-
ctores versprochen hätten, mit ihm an der Wie-
derherstellung der alten Disciplin der Facultät, die
auf eine entsetzliche Art in Verfall gerathen war,
zu arbeiten. Sie versprachen es ihm durchgängig,
und man dankte ihm öffentlich, daß er so lobens-
würdige Absichten habe.

Seine erste Verrichtung in dieser Würde war
diese, daß er alle Titel und Register der Facultät,
die im Staube begraben lagen und von Würmern
zerfressen waren, durchsahe. Er brachte sie in Ordnung, und ließ das mangelhafte darin ersetzen. Er
unterdrückte hierauf die Freyheit, welche sich die
Baccalaurei genommen hatten, in ihren Disputationen mißfällige, ja aufrührische Sätze einfliessen
zu lassen, und ließ durch die Facultät verordnen,
daß ihre Disputationen, ehe sie gehalten würden,
censiret werden solten. Ich würde zu weitläuftig
werden, wenn ich alles dasjenige anführen wolte,

was er zur Zernichtung deſſen that, was der [
heit der franzöſiſchen Kirche zuwider ſeyn f
Der Eifer und die Lebhaftigkeit, die er bey ver
denen Gelegenheiten, da er ſie beleidiget zu
glaubte, bezeigte, erregte ihm viele Feinde
alles anwendeten, ihn zu ſtürzen. Da ihnen
Buch von der geiſtlichen und weltli
Macht hiezu Gelegenheit an die Hand gal
unterlieſſen ſie nicht, ſich derſelben zu Nutze zi
chen. Richer wurde 1612, vermöge königlich
fentlicher Briefe, vom Syndicat abgeſetzet; un
würde ſogar aus der Facultät geſtoſſen worden
wenn der Hof dem Haſſe ſeiner Feinde in alle
folget wäre.

In eben dieſem Jahre nahm er, kraft ſein
haltenen Gradus, von einem Canonicate eſner
che zu Paris Beſitz, ohnerachtet ihm der Gr
carius die nöthigen Proviſionen dazu verwe
und der Cardinal von Gondi ſchon einen a
zu demſelben ernennet hatte; und er blieb auc
Beſitz deſſelben.

Der Papſt, welcher glaubte, daß er weg
Bekanntmachung ſeines Buches von der ge
chen Gewalt noch nicht hart genug beſtrafi
re, verlangte inzwiſchen, daß man ihn nach ?
ſchicken ſolte, damit er ihn von der Inquiſitio
urtheilen laſſen könte. Der Hof wolte einer
Rechten des Königreichs ſo widrigen Antrag
Gehör geben; der Herzog von Epernon ließ
Richer aufheben, und ihn zu St. Victo
Gefängniß ſetzen. Er blieb indeſſen nicht
darin; denn da die Univerſität, die ſich bey

Gefangennehmung intereßiret fand, dem Parlamente eine Requete übergeben hatte, so wurde er in
Freyheit geseßet.

Richer fand sich von dem Jahre 1615 an in
den Versammlungen der Sorbonne nicht mehr ein,
und im folgenden Jahre legte er auch die Würde
des Directors über das Collegium Cardinal le Moine nieder, weil ihm sein Alter und seine Schwäch-
lichkeiten nicht erlaubeten, mit seiner gewöhnlichen
Sorgfalt diese Stelle zu bekleiden.

Man wünschte indessen, daß er widerrufen möchte, und man stellete deshalb zu verschiedenenmalen
Versuche an, ihn dazu zu bringen. Er unterzeich-
nete endlich eine Erklärung, in welcher er die Sä-
ße seines Buches misbilligte und verdammte, weil sie der Meinung der catholischen,
apostolischen und römischen Kirche entgegen wären.

Diese Acte muste natürlicher Weise für einen
Widerruf gehalten werden; allein Richer, welcher nicht wolte, daß man derselben diesen Namen
geben solte, machte eine Protestation öffentlich bekannt, in welcher er behauptete, daß er weder sein
Buch, noch die darin enthaltene Lehre abgeschwo-
ren hätte, und hinzufügte, daß er in seinen ersten
Meinungen sterben wolte, und wenn man ihn
auch gleich, einen Widerruf zu unterzeichnen, zwin-
gen würde.

Vermöge dieser Acte wollen die Vertheidiger
Richers den vorhergehenden Widerruf und denjenigen, welchen, nach dem Vorgeben Morisots,
der P. Joseph, ein Capuciner, von diesem Do-

ctor mit Gewalt abbrang, für null un
halten wissen. Hier ist die Unternet
sephs, so wie sie in einem Briefe von
1633, der sich in der zwoten Centurie
sots seinen Briefen befindlich, anges
„Dem P. Joseph, saget er, wurde
„den Widerruf Richers zu vermittel
„deshalb den Doctor in dem Pfingstfes
„zeit zu sich bitten. Richer gieng
„Willen mit einem Doctor, einem sei
„dahin. Sie fanden bey dem P. Jo
„apostolischen Notarius, der von Ro
„lich war geschicket worden. Man spe
„der Mahlzeit traten vier bewafnete
„Saal; und man erkläre te dem Richer
„weder sterben, oder widerrufen müste.
„vor dem Tode ließ diesen Greis alles
„man haben wolte, und er unterzeichne
„derruf. Er wurde hierauf in sein
„wieder geführet, und er schrieb an mi
„Geschichte dieser Gewaltthätigkeit, und
„nachher starb er schleunig in seinem 84

Viele behaupten, daß dieser Brief
sot untergeschoben sey, weil sich darin
befänden. 1) Er ist von dem Jahre
und man redet darin von dem Tode Ri
von einer einige Tage nachher geschehe
da doch dieser Doctor schon 1631 ges
2) Es geschahe diesem Briefe zufolge
derruf im Pfingstfeste 1633, und doch i
December 1639 datirt. 3) Es wird d

daß **Richer** in dem 84ſten Jahre ſeines Alters geſtorben, da er doch nur 71 Jahr alt geworden.

Es mag mit dieſer Begebenheit beſchaffen ſeyn,
wie es will, ſo lebte **Richer** nicht lange Zeit nach ſeinem Widerruf. Er hatte ſich 1629 ſchneiden laſſen;
die Operation war aber nur halb geſchehen, und er
führete in der Folge ein ſehr kränkliches Leben.

Er ſtarb den 28ſten November 1631 in ſeinem
71ſten Jahre. Man begrub ihn, ſeinem Verlangen gemäß, ohne Pracht in der Capelle der Sorbonne an der rechten Seite des hohen Altars.

· Verzeichniß ſeiner Schriften.

1) De Figurarum arte et cauſſis Eloquentiae.
Pariſ. 1605 in 8.

Man ſolte aus dem Titel glauben, daß man
in dieſem Werke von der Rhetorik etwas finden
würde, und doch wird man beym Durchleſen gewahr, daß er, nachdem er die Figuren der Sprach-
kunſt wohl abgehandelt hat, von denen aus der Rhetorik nicht das geringſte redet. So urtheilet **Morhof** davon, und **Gilbert** billiget dieſes Urtheil *).
Es iſt zu vermuthen, daß **Richer** dieſen Fehler
einſahe, weil er nachher das folgende Buch ſchrieb,
um dasjenige zu ergänzen, was in dem erſten
fehlete.

2) De Arte et cauſſis Rhetoricae. Pariſ.
1629 in 8.

Aus dieſem und dem vorhergehenden Werke ſehen wir, daß die wichtigen Beſchäftigungen Richers ihn nicht verhinderten, ſich in Kleinigkeiten

H 3

*) Jugemens des Sçavans tom. 2. p. 287.

ten für den Unterricht der Jugend einzulassen.
Schreibart ist nach der Meinung Gilberti
und es herrschet allenthalben darin guter Ver

3) De Optimo Academiae Statu. Paris
in 8.

Diese Schrift wurde bey Gelegenheit d
Befehl des Königes Henrich IV. unternom
Reformation verfertiget. Es ist eine A
Schutzschrift für die Aufführung, welche der
fasser bey dieser Reformation, seitdem er zun
sor gemachet worden war, beobachtet hatte.
ist hauptsächlich wider Georg Critton,
Schottländer und Professor des königlicher
legii gerichtet; er hat aber seinen Namen unt
Namen Palemon verstecket.

4) Apologia pro Senatus-Consulto,
sus Scholae Lexoveae Paranomum, ad Se
Augustissimum. 1603 in 8. p. 28.

Richer verfertigte diese Schutzschrift mi
se des Claudius Mignaut, eines seiner
gen bey der Reformation der Universität, un
von Georg Critton unter folgendem Titel h
gegebene Schrift zu beantworten: Scholae
veae Paranomon reae a verbis Senatus-Con
mentem Senatorum provocatio.

5) De Analogia, caussis Eloquentiae,
guae patriae locupletandae Methodo. Pari
in 8. p. 110.

6) Grammatica obstetricia. Paris. 1607

7) Obstetrix animorum, seu prudens
di et discendi Methodus. Ambergae 1608
It. Cum clarorum virorum Opusculis no

ſimilis argumenti, et Praefatione Adami Re-
chenbergü. Lipſiae 1693 in 4.

8) Vita Ioannis Gerſonii ex ejus operibus collecta. Vor den Werken Gerſons in der von
Richer zu Paris 1606 in Fol. herausgegebenen Ausgabe.

9) Apologia pro Ioanne Gerſonio, pro ſu-
prema Eccleſiae et Concilii Generalis autoritate,
et independentia Regiae poteſtatis ab alio quam
a ſolo Deo. Adverſus Scholae Pariſienſis et ejus
dem Doctoris Chriſtianiſſimi obtrectatores, per
E. R. D. T. P. (Edmundum Richerium Docto-
rem Theologum Pariſienſem.) Lugd, Bat. 1676
in 4.

Richer verfertigte dieſe Schußſchrift, um ſie
einer italiäniſchen Schrift entgegen zu ſetzen, welche Bellarmin wider zwo Abhandlungen von Ger-
ſon, die in Italien zur Vertheidigung der Republik Venedig gedruckt worden waren, gemacht
hatte. Da er ſie dem Nicolaus le Fevre gezeiget hatte, ſo lieſſen ſie andre Perſonen, die ſie
gleichfals zu Geſichte bekommen hatten, im folgenden Jahre in Italien drucken, doch auf eine ſo
fehlerhafte Art, daß ſich Richer ſchämete, ſie in
einem ſolchen Zuſtande zu ſehen. Er wolte ſie ſelbſt
in der Folge herausgeben, nachdem er von neuen
an derſelben gearbeitet hatte; da ſich aber keine Gelegenheit dazu zeigte, ſo wurde ſie erſt nach ſeinem
Tode in Holland herausgegeben.

10) De eccleſiaſtica et politica poteſtate liber.
Pariſ. 1611 in 4.

H 4   Die-

Dieſes Stück iſt nur auf dreyßig Seite
halten, und dies hat einigen von ſeinen Feinden
gegeben, den **Richer** Magiſter triginta pagi
zu nennen. Aus ſeiner von **Baillet** herausg
nen Lebensbeſchreibung erſiehet man die Ve
ſung zu dieſem Buche, und alle die Streitig
welche es nach ſich zog. Es iſt eigentlich n
Auszug aus der Schutzſchrift **Gerſons**, v
ich eben jetzt geredet habe. Es iſt öfters
aufgeleget worden; man hat auch eine fran
Ueberſetzung, welche aber weder in Anſehung
Treue, noch in Anſehung des Ausdruckes g
Sie iſt zu **Paris** 1612 in 8. und in eben
Jahre zu **Caen** mit dem lateiniſchen Texte in
druckt worden. Dieſes Buch wurde anfängl
allen Seiten angegriffen, und es traten wid
ſelbe folgende Schriften ans Licht:

La Monarchie d'l'Eglife, contre les I
du Livre de la Puiſſance Eccleſiaſtique' e
tique d'Edmond Richer. Paris. 1612 in 8.
ter Pelletier, ein Neubekehrter, iſt de
faſſer derſelben.

Avis d'un Docteur en Theologie, ſur
vre intitulé: *De la Puiſſance Eccleſiaſti
Politique*. Paris. 1612 in 8. Dieſer Do
Claudius Durand.

Iacobi Coſmae Fabricii Notae Stigmat
Magiſtrum triginta paginarum. Francofu
in 4. Der P. **Jacob Sirmond** hat ſ
unter dem Namen **Fabricius** verſtecket.

Andreae du Val, Theologi Pariſienſis,
chus libelli de poteſtate eccleſiaſtica et p

pro suprema Romani Pontificis autoritate. Paris. 1612 in 4. Dies ist die ausschweifendeste unter allen Schriften, die damals wider den Richer herauskamen.

Auf einer andern Seite versammlete der Cardinal du Perron Erzbischof von Sens zu Paris
die Bischöfe seiner Provinz; und diese Prälaten an
der Zahl achte verdammeten den 13ten März 1612
die Schrift Richers, der sich hierüber als über einen
Misbrauch beschwerete. Die Censur der Prälaten
ist zu Paris 1612 in 8. und die Klage Richers
mit der Vertheidigung seines Buches gedruckt
worden.

11) Demonstratio libelli de ecclesiastica et politica Potestate; cum Autoris Testamento. Paris. 1622 in 4. It. Es ist nachher diese Schrift
öfters wieder aufgelegt worden.

12) Vindiciae Doctrinae Majorum Scholae
Parisiensis, seu constans et perpetua Scholae Parisiensis Doctrina de autoritate et infallibilitate
Ecclesiae in rebus fidei ac morum, contra defen-
sores Monarchiae Universalis, et absolutae Cu-
riae Romanae. Coloniae 1683 in 4.

13) Historia Conciliorum Generalium, in
quatuor libros distributa. Coloniae 1683 in 8.

14) De Potestate Ecclesiae in rebus tempora-
libus liber, et defensio Articuli, quem tertius
Ordo Comitiorum Regni Franciae pro lege fun-
damentali defigi postulavit ann. 1614 et 1615.
Coloniae 1692 in 4.

15) Edmundi Richerii libellus de Ecclesiastica
et Politica Potestate; nec non libelli ejusdem

per eundem Richerium demonſtratio. No
tio, aucta ejusdem Opuſculi defenſione,
demum typis edita, ex Ms. ejusdem A
in duos tomos diviſa, cum aliis ejusdem
culis. Coloniae 1701 in 4. Zween Theile.

Dieſe Ausgabe ſcheinet in der gröſten E
ſorget zu ſeyn, weil ſich darin viele Druckfehl
finden.

16) Conſiderations ſur le livre intitulé:
ſons pour le deſaveu fait par les Evequé
France etc. Par Timothée, François Ca
que. 1628 in 8.

Die Veranlaſſung zu dieſem Werke iſt
Es trat 1625 folgendes Buch ans Licht: G.
Theologi ad Ludovicum XIII. Admonitio.
ſtae Francorum. 1625 in 4. worin man zu
ſuchte, daß Frankreich in Anſehung des K
in Valteline mit den Proteſtanten eine ſch
che und gottloſe Allianz gemacht, und wide
Catholiken einen Krieg unternommen habe
ohne Umſturz der Religion nicht geführet w
könte. Dieſe Schrift wurde anfänglich den
rühmten Aufwiegler Johann Boucher zugeſ
ben; Baillet glaubet aber, daß ſie von And
Eudemon Johann, einem Jeſuiten, ſey.
Cleriſey verdammte ſie ſogleich, nebſt einer ar
von eben der Art, welche betitelt war: My
Politica und einem deutſchen Jeſuiten; Mar
Jacob Keller zugeeignet wurde. Ihre
ſur trat unter dieſem Titel ans Licht: Cardinal
Archiepiſcoporum, Epiſcoporum, caeterorum
ex univerſis Regni Provinciis, qui Eccleſiaſ
Co

Comitiis interfuerunt, de Anonymis quibusdam et famofis libellis fententia, data Die 13 Decembris 1525. Parif. 1525 in 4. Der Cardinal Rochefoucault that alles, um die Prälaten dahin zu bewegen, diese Censur zu widerrufen. Da er aber hierin nicht glücklich seyn konte, so wartete er die Endigung der Versammlung ab. Er behielt alsdann einige Bischöfe zurück, versammlete sie in seiner Abtey zu Genevieve, ließ von ihnen einen Widerruf der Censur aufsetzen, und um denselben zu rechtfertigen, machte er folgendes Werk bekannt: Raisons pour le defaveu fait par les Eveques du Royaume, d'un livre intitulé: *Jugemens des Cardinaux, Archeveques, Eveques etc. fur quelques libelles diffamatoires;* contre les Schismatiques de ce tems. Parif. 1626 in 4. Ueber dieses Werk machte nun Richer seine Anmerkungen zur Vertheidigung derer von seiner Partey, die man mit dem Namen der **Abtrünnigen dieser Zeit** hatte belegen wollen.

17) Tertullianus de Pallio, Latine et Gallice, per Edmundum Richerium. Parif. 1600 in 8.

S. Sein Leben von Hadrian Baillet. Lüttich. 1714 in 12.

***

Augustin Mascardi.

Augustin Mascardi wurde zu Sarzana, einer Stadt im genuesischen Gebiete, 1591 von Alderan Mascardi, einem berühmten Rechtsgelehrten, von dem man einige Schriften hat,

hat, und von **Faustina de'Nobili von Vezzano** gebohren. Von seiner Jugend an, ließ er viel Neigung und Geschicklichkeit zu den Wissenschaften von sich blicken, welcher er sich auch mit glücklichem Fortgange befleißigte.

Nachdem er sich in die Gesellschaft der Jesuiten begeben hatte, blieb er einige Jahre hindurch in derselben. Da er aber wohl sahe, daß er zu diesem Stande nicht gebohren war; so verließ er denselben, und fuhr fort, sich den Wissenschaften zu widmen, in denen er, während seines Aufenthaltes bey den Jesuiten, große Progressen gemacht hatte.

Die Schriften, welche er damals herausgab, machten ihm einen so großen Ruhm, daß ihn der Papst **Urban** VIII. unter seinen Cammerbedienten aufnahm, und ihm nachher einen Gehalt von 500 Thalern gab, um zu **Rom** in dem Collegio **der Weisheit** die Rhetorik zu lehren. Das Breve, durch welches der Papst dafür eine Professorstelle zu seinem Besten errichtete, ist vom 8ten April 1628.

Bey diesem Gehalte hätte **Mascardi** sich etwas sammlen können. Allein er war ein Mensch, der das Vergnügen liebete, der sich seine häuslichen Umstände nicht angelegen seyn ließ, der, weil er keine gewisse Wohnung hatte, bey seinen Freunden logirte, und der mehr darauf bedacht war, zu verschwenden, als zu sammlen. Er war also beständig in Noth und mit Schulden überhäuft.

Seine wenige Mäßigung sowol in seinen Vergnügungen, als in seinen Studien, brachte seiner Leibesbeschaffenheit einen empfindlichen Stoß bey,

und

und verurſachte ihm eine Schwindſucht, an der er 1640 in ſeinem 49ſten Jahre ſtarb.

Er war ein Mitglied der Academie der Humoriſti, und ſelbſt einige Zeit hindurch der Aufſeher derſelben; und ſeine Trauerrede wurde hieſelbſt von **Tiberio Cevoli** gehalten, der dieſelbe im folgenden Jahre zu Rom drucken ließ.

Verzeichniß ſeiner Schriften.

1) Delle lodi dell'Ill. et Ecc. Sign. D Francesco Gonzaga, Principe d'Imperio, e di Caſtiglione Oratione recitata nell'eſſequie celebrate in Caſtiglione nel meſe di Novembre 1616. In Modona 1617 in 4.

2) Oratio habita ad Ill et Rev. S. R. E. Cardinales de ſubrogando Pontifice Romae 1621 in 4. Dieſe Rede wurde nach dem Tode **Pauls V.** gehalten, der den 28ſten Jänner dieſes Jahres erfolget war.

3) Oratione nella Coronatione del Ser Sign. Georgio Centurione Duce della Republica di Genova. In Genova. 1622 in 4.

4) Silvarum libri IV. Antverpiae. Plantin. 1622 in 4. Es ſind die Gedichte, die er in ſeiner Jugend verfertiget hat.

5) Le Pompe del Campidoglio per la ſantita di N. S. Papa Urbano VIII. quando piglio il poſſeſſo. In Roma 1624 in 4. It. In Milano. 1625 in 8. It. Venetia 1625 et 1630 in 4. Man hat auch eine ſpaniſche Ueberſetzung von dieſer Schrift.

6) Pro-

6) Proſe Volgari Parte prima. In Venetia
1626 in 8. It. Ibid. 1630 in 4. It. Diviſe in
due parti, con molte aggiunte. In Venetia
1646 in 4. It. Ibid. 1653 et 1663 in 12.

Man hat zu dieſen letzten Ausgaben hinzugefüget: Orazione di Maſcardipes l'elettiona in Re de
Romani di Ferdinando d'Auſtria. **Maſcardi**
ſchrieb in ſeiner Sprache ſehr rein, und er iſt einer
von den vornehmſten Schriftſtellern, welche des **la
Cruſca** ſein Dictionnaire anführet.

7) Diſcorſi Morali ſu la Tavola di Cebete
Tebano. In Venetia 1627 in 4. It. In To-
rino 1629 in 8. It. In Venetia 1638 et 1642 in 4.
It. Ibid. 1653 et 1662 in 12.

8) La Congiura del Conte Giovan Luigi de
Fieſchi. In Venetia 1627 et 1629 in 8. It. In
Anverſa 1629 in 4. It. In Milano 1629 in 8.
It. Con aggiunta d'alcune oppoſitioni e difeſa
alla detta Congiura. In Bologna 1639 in 4.
It. In Venetia 1637 in 4. It. In Roma 1647
in 24. It. Im Franzöſiſchen: La Conjuration
du Comte de Fiesque, traduite de l'Italien du
Sieur Maſcardi par le Sieur de Fontenay - Sain-
te Genevieve. Paris. 1639 in 8.

Maſcardi hat in dieſer Geſchichte des **Zu-
bert Solinta** ſeine, die er von eben der Begebenheit herausgegeben hatte, ſehr oft angegriffen; er
iſt aber wiederum von **Brunor Taverna** beurtheilet worden. **Michael Giuſtiniani** ſaget,
daß er im Manuſcript die Antwort geſehen habe,
die **Maſcardi** dem **Taverna** entgegen geſetzet,
und die den Titel führete: Rispoſta all Oppoſitioni
fatte

fatte da Brunoro Taverna ſupra la Congiura del Conte Luigi Fieſchi. **Bayle** iſt unbekannt, ob dieſe Antwort ans Licht getreten ſey. Er würde aber hievon hinlänglich unterrichtet ſeyn, wenn er, anſtatt ſich bey dem aufzuhalten, was Giuſtiniani ſaget, die Augen auf Aggiunta d'alcune Oppoſitioni e difeſa alla detta Congiura geworfen hätte, welche der Geſchichte von der Verſchwörung in den letzten Ausgaben beygefüget iſt, und welche nichts anders als die Einwürfe des **Taverna** und die Beantwortung des **Maſcardi** enthält:

9) Saggi Accademici dati in Roma nell'Accademia del Ser. Principe Cardinale di Sovoia, da diverſi nobiliſſimi ingegni, raccolti e publicati da Agoſtino Maſcardi. In Venetia 1630 in 4.

10) Due Lettere, una di Agoſtino Maſcardi all'Achillini, e l'altra di Claudio Achillini al Maſcardi ſopra le preſenti Calamita. Firenze 1631 in 4.

Die Peſt wütete damals in Italien.

11) In Morte di Girolamo Alexandro Oratione di Gaſparo de Simeonibus, detta in Roma nell'Accademia degli Humoriſti a'21. di Decembre 1632. In Parigi 1636 in 4.

Vor dieſer Rede befindet ſich eine ſehr lange Zueignungsſchrift von **Auguſtin Maſcardi** an **Franz Auguſt Thuanus**, worin er der Lebensumſtände des **Caſpar de Simeonibus** Erwehnung thut.

12) Dell'Arte Hiſtorica Trattati v. d'Agoſtino Maſcardi co'i ſommarii di tutta l'opera eſtratti dal Sign. Girolamo Marcucci. In Roma 1636 in 4.

in 4. It. Con dodeci capi di Paolo Piran
partenenti all Arte Hiſtorica e con nuove di
rationi. In Venetia 1646 in 4.

Dieſer Tractat iſt leſenswürdig, voll wi
Lehren, kluger Anmerkungen, und ſchöner E
pel; er iſt aber dabey etwas zu weitläuftig, we
die Leſung deſſelben verdrießlich machet. A
dieſer letzten Urſach wurde vermuthlich Maſc
in dem Abgang deſſelben betrogen, wie es uns L
de in ſeinem Maſcurat S. 70 berichtet, n
alſo redet: „Da alle ſeine Schriften gut abg
„gen waren, ſo ließ er von dieſer weit me
„Exemplare drucken, als er von allen vorherg
„den gethan hatte; er war aber dieſesmal ſo
„glücklich, weil wenige Perſonen an dergleichen
„terien ein Vergnügen fanden, daß er den gr
„Theil dieſer Exemplare behielt. Er beklagt
„einſtens hierüber beym Mazarini, der na
„Cardinal wurde; Mazarini that ihm den
„trag, daß er ihm einige Ballen nach Paris
„cken ſolte, wo er einen Menſchen in ſeinen S
„ſten hätte, der dafür ſorgen würde, ſie zu ve
„fen, und der das daraus gelöſete Geld ihm z
„len ſolte. Maſcardi, der dieſen Antrag
„vielen Freuden annahm, wurde durch dieſes
„tel aus einer groſſen Gefahr entriſſen, welch
„entgehen es faſt ſchon unmöglich ſchien. „

13) Laudatio Ferdinandi II. Caeſaris A
ſtiſſimi, dicta Romae in B. V. inclytae N
nis Germanicae templo. Romae 1637 in 4.

14) Per l'Elettione del Rè de'Romani F
nando d'Auſtria Rè d'Ungheria Oratione re

nell'Accademica del Ser. Principe Cardinale di
Savoia.   In Roma 1637 in 4.

15) Diſſertationes de Affectibus, ſive pertur-
bationibus Animi, earumqne characteribus. Pariſ. 1639 in 4.

16) Froluſiones Ethicae. Pariſ. 1639 in 4.

S. Ianii Nicii Erythraei Pinacotheca prima.
Li Scrittóri della Liguria di Raffaele Soprani. In
Genova 1667 in 4. Li Scrittori Liguri deſcritti dall'
Abbate Michele Giuſtiniani. In Roma 1667 in 4.
Dieſer Schriftſteller redet am genaueſten von ihm.
Athenaeum Liguſticum Auguſtini Oldoini.   Ghili-
ni Teatro d'Huomini Letterati, part. 1. p. 2. Glo-
ria degli Incogniti. Lorenzo Craſſo, Elogii d'Huo-
mini Letterati, tom. 1. p. 252. Leonis Allatii
Apes Urbanae. Bayle Dictionaire.

Wilhelm le Breton.

Es iſt ſehr ſchwer, von der Zeit, in welcher
Wilhelm le Breton gebohren wurde, etwas gewiſſes zu ſagen; man kann nur muth-
maſſen, daß es ums Jahr 1165 geſchahe, weil er
in ſeinem Gedicht über Philipp Auguſt, König
von Frankreich, welches er zwiſchen ten Jahren
1218 und 1224 verfertigte, ſaget, daß er damals
55 Jahr alt wäre. Er war aus Bretagne gebürtig, wie es ſowol aus dem Zunamen Armoricus,
den er in der Vorrede zu ſeiner Hiſtorie annimmt,
als auch aus dem Namen Brito Armoricus, den
man vor ſeinem Gedichte lieſet, erhellet.

Nic. Nachr. 22 Th.   J   Nach-

Nachdem er seine Kindheit in seinem Va
de zugebracht hatte, gieng er im zwölften
nach Mantes, um sich daselbst den Stul
widmen, und sich in der Dichtkunst, zu der
né grosse Neigung hatte, vollkommener zu n
Er selbst berichtet uns diese Umstände in fol
Versen, die er an die Stadt Mantes in de
ten Buche seines Gedichts über Philip rich

   Hoc tibi lingua tui munus largitur alumi
   Ingratum tibi ne me nutriviſſe queraris,
   Undenis tibi quem, cano jam vertice, lu
   Patria Britigenum duodennem miſit ale
   Iam tum Caſtalii ſitientem pocula fontis

Er trat in den geistlichen Stand, und
dem er zum Priester gemacht worden war,
er Capellan des Königes Philip August.
wissen nicht, ob er diese Stelle schon 1202 e
wenigstens befand er sich damals unter dem
ge dieses Prinzen, da er die Belagerung t
Roche Gaillard in der Normandie wid
Engländer unternahm. Man lieset in sein
storie und in seinem Gedichte eine Erzählun
dem erbärmlichen Zustande, worinnen sich
als vier hundert Einwohner dieser Stadt,
stentheils Weiber und Kinder, befanden, t
unnütze Mäuler aus dem Orte geschaffet word
ren. Diese Unglückliche, die zwischen den
gerern und den Belagerten gänzlich eingeſc
waren, erduldeten drey Monate hindurch b
schrecklichsten Hunger; endlich fanden sie ü
Herzen des Königes einiges Mitleiden, welch
nen ihre eigene Mitbürger versaget hatten, t

nahm sie in seinem Lager auf. Die Noth, zu welcher sie gebracht worden waren, hatte sie zu den
schrecklichsten Ausschweifungen verleitet, und wir
sahen noch einen, saget le Breton, der Hunde-
fleisch in Händen hielt, das er nicht eher fahren lassen wollte, bis man ihm zur Stillung seines Hun-
gers Brodt genug gegeben hätte.

Da Philip August 1213 den Krieg in Flandern führete, so war Wilhelm le Breton
auch bey diesem Feldzuge. Er war anfänglich auf
der Flotte, welche dieser Prinz im Hafen vor Dam-
me gelassen hatte, in der Absicht nach England
zu gehen. Da dieses Vorhaben aber nicht ausgeführet wurde, so verließ er das Meer und folgte
dem Könige in seinen Unternehmungen in Flandern. Er war als königlicher Capellan bey der
Schlacht zugegen, die den 27sten Julius 1214 geschahe. Die Art, mit welcher er in derselben seinen Dienst versahe, verdienet hier angemerket zu
werden.

Da der König, saget er, seine Truppen ange-
redet hatte, so verlangten die Soldaten von ihm seinen Seegen; sie thaten hierauf sogleich einen Anfall
auf die Feinde, und stritten mit Standhaftigkeit
und mit einem unerschrockenen Muthe. Da wir
uns damals hinter dem Könige und nahe bey seiner
Person befanden, so sungen wir, einer von seinen
Geistlichen, und ich, sein Capellan, sobald wir den
Schall der Trompeten gehöret hatten, den Psalm
Benedictus Deus meus, qui docet etc. Hierauf:
Exsurgat Deus et Domine in virtute tua laedabitur

Rex,

Rex, so lange, als wir es unter dem Geräusche der Streitenden thun konten.

Der P. Felibien hat sich in seiner Geschichte von der Abtey zu St. Denis geirret, wenn er dasjenige auf die Rechnung Rigords, eines Mönchen dieses Klosters schreibet, was ich jetzt von Wilhelm le Breton angeführet habe. Sein Irthum kommt daher, weil die Herausgeber der Geschichte des Rigord einen Theil von des Wilhelm le Breton seiner zu derselben hinzugefüget haben, und weil der P. Felibien, der hierauf nicht genug aufmerksam gewesen ist, geglaubet hat, daß die Stelle, worin dieser letzte von der Schlacht bey Bovines geredet hat, von dem ersten herrührete.

Da sich Wilhelm le Breton bey diesen verschiedenen Gelegenheiten, wo er dem Könige Philipp August gefolget war, und bey vielen andern, die uns unbekandt sind, hervorgethan hätte, so erwarb er sich hierdurch ohnstreitig die besondere Achtung dieses Prinzen, der ihm auch die Erziehung seines natürlichen Sohnes Peter Charlotte übertrug, welcher nachher Schatzmeister zu Tours wurde, und als Bischof von Noyon 1249 starb.

Dies ist alles, was wir von den Lebensumständen des Wilhelm le Breton wissen. Wir müssen indessen von seinen Werken reden; denn die Unruhen und Zerstreuungen des Hofes ließen ihn die Musen nicht vergessen, welche er von der zartesten Jugend an geliebet hatte. Wir haben von ihm weiter nichts als eine Historie vom Philip August in Prosa, und ein Gedicht auf eben diesen Prinzen.

Er

Er berichtet uns zu Ende dieses Gedichtes, daß er einige Stunden, die ihm bey der Verfertigung desselben übrig geblieben wären, dazu angewendet hätte, ein anderes nicht weniger wichtiges zu machen, das den Titel führe: Carolitis und Peter Carlotte seinen Untergebenen beträfe. Dieses letzte ist aber entweder nicht zu Stande gekommen, oder verlohren gegangen. Wenigstens ist es nicht ans Licht getreten.

1) Historia de vita et gestis Philippi Augusti. Autore Guilielmo Aremorico.

Diese Geschichte ist nur einmal vollständig S. 68. in dem 5ten Theile der Sammlung der französischen Geschichtschreiber von du Chesne ans Licht getreten, welcher bemerket, daß er sie aus einer Handschrift des Alexander Petav, eines Parlamentsrathes zu Paris, genommen habe. Es ist eine Fortsetzung der Geschichte Philipp Augusts von Rigord, der nur bis auf das dritte Jahr der Regierung dieses Prinzen, nemlich bis 1209, gekommen war. Da dieses Werk des Rigord noch sehr unvollständig war, so sahe er es anfänglich aufs genaueste durch, fügte einige neue Umstände, die darin vergessen waren, hinzu, und setzte seine Erzählung bis 1219 fort, so, daß ohngefehr noch vier Jahre von dem Leben dieses Prinzen übrig blieben, der den 14ten Julius 1223 starb. Diese Fortsetzung ist bey der Geschichte des Rigord und unter seinem Namen in der von Peter Pithou zu Frankfurt 1596 in Fol. herausgegebenen Sammlung der französischen Geschichtschreiber eingerucket worden. Wilhelm le Breton saget in der Vorrede zu seiner Ge-

J 3   schich-

schichte, daß es kein eiteles Verlangen nach Ruhme
sey, das ihn zur Verfertigung derselben angetrieben habe, sondern daß er der Nachwelt das An-
denken vieler wichtigen Begebenheiten, die er hier
ungekünstelt und aufrichtig erzehlen will, habe aufbehalten wollen.

2) Philippidos libri duodecim, sive *Gesta
Philippii Augusti* Versibus heroicis descripta.

Wir haben von diesem Gedichte drey Ausgaben; die erste von 1596 in der Sammlung der französischen Geschichtschreiber von Pithou; die zwote von
1649 in des Du Chesne seiner Samlung Th. 5. S.
93. Du Chesne behauptet, daß seine Ausgabe weit
genauer und weitläuftiger sey, als die vorhergehende; der Unterschied ist indessen nicht allzu beträcht-
lich. Caspar Barthius hat zu Leipzig 1658
in 4. die dritte besorget, und ob er gleich unter den
beyden vorhergehenden die Wahl hatte, so hat er
doch des Pithou seine vorgezogen, und ist derselben
von Wort zu Wort gefolget. Der Commentarius,
mit welchem er dieselbe bereichert hat, ist voll grosser Gelehrsamkeit, so wie alle Werke dieses Kunst-
richters. Er führet darin alle Stellen aus der von
Wilhelm le Breton in Prosa geschriebenen Geschichte, aus des Rigord seiner und aus andern
Schriftstellern an, die bey den Begebenheiten, von
denen in diesem Gedichte geredet wird, einiges Licht
geben können: er nimt öfters aus unsern alten Scribenten Erklärungen vieler alten lateinischen Worte,
deren sich selbst Du Cange in seinem gelehrten Glos-
sario zu Nutze zu machen gewust hat: er zeiget als ein
grosser Kunstrichter die Schönheiten und Fehler dieses

ses Gedichtes an, und führet sehr oft die Verse der
griechischen und lateinischen Schriftsteller an, die
er entweder nachgeahmet oder abgeschrieben hat: er
verbessert oder ergänzet den Text in denen Stellen,
in welchen er unrichtig und fehlerhaft ist; so, daß
dieser Commentarius denjenigen sehr nützlich seyn
kann, die dieses Gedicht, das an sich sehr schwer
ist, vollkommen verstehen wollen.

Vor allen diesen Ausgaben hatte Jacob
Meyer, aus Flandern, ein Fragment von diesem Gedichte zu Antwerpen 1534 in 8. herausgegeben. Dieses Fragment enthält den Krieg, den
Philipp August mit dem Kaiser Otto 1214
führete.

Wilhelm le Breton hat dieses Gedicht zur
Ehre seines Königes Philipp Augusts verfertiget, und es enthält eine vollständige Geschichte der
Regierung dieses Prinzen von seiner Krönung an
bis an seinen Tod. Der Verfasser hat keine poetische Erdichtungen mit eingemischet, er hat sich nur
der Namen einiger heydnischen Gottheiten bedienet, als der Bellona, der Parcen, der Furien und
anderer, die mehr als poetische Redensarten, als
wirkliche Personen angesehen werden müssen.

Er war anfänglich willens, nur zehn Gesänge
zu machen, und wolte in diesem Stücke Gaultier,
einen berühmten Dichter seiner Zeit, nachahmen,
der in zehn Büchern ein Gedichte auf Alexander
den Grossen gemacht hatte; er fand aber vermuthlich in der Folge zu viel Materie, als daß er sie in
diese Schranken bringen konte, und machte also
zehn Gesänge. Drey Jahre brachte er mit Ver-

fer-

fertigung dieses Gedichtes, und zwey mit Verbesserung desselben zu. Diese fünf Jahr müssen theils
in das Ende der Regierung **Philipp Augusts,**
theils unter der Regierung **Ludwigs VIII.** seines
Sohnes einfallen, weil zu der Zeit, da er an ihn
die Verse richtet, welche vor seinem Gedichte gelesen werden, dieser junge Prinz nur der nächste Er-
be zur Krone war, und weil er in den andern Versen, die er am Ende an ihn richtet, so von ihm redet, als wenn er damals den Thron bestiegen hatte.
Folgendes kann uns hiervon noch mehr überführen:
„Der Waffenstillestand, den euer Vater auf seinem
„Sterbebette dem Könige von **England Johann**
„bewilliget hat, saget er zu diesem Prinzen, kann
„insfünftige eurer Herzhaftigkeit freyen Lauf lassen,
„und zur Demüthigung des Stolzes dieses Prin-
„zen vieles beytragen. „

Te vocat iste labor, tibi jam post Pascha paratus
Treguarum cum finis adest, suplicamine multo
Quas iterum obtinuit a vestro patre Ioannes.

Dieser Waffenstillestand war anfänglich von
Philipp August dem Könige **Johann ohne**
Land nach der Schlacht bey **Bovines** bewilliget
worden, und solte von 1215 an, bis 1220 dauern.
Ehe derselbe zu Ende gieng, machte 1219 **Henrich**
II. der Nachfolger **Johanns** mit **Philipp** ei-
nen neuen auf vier Jahre, der von Ostern des
Jahres 1220 anfangen, und sich mit Ostern des
Jahres 1224 endigen solte. **Philipp August**
starb unter der Zeit, und sein Sohn hatte den
Thron bestiegen, da der Waffenstillstand bald zu
Ende gieng. Gegen das Ende des Jahres 1223

oder

oder zu Anfange des folgenden muß also Wilhelm le Breton die letzten Verse seines Gedichtes verfertiget haben, und da er sowol mit
Verfertigung als Verbesserung desselben zubrachte, so muß er es gegen das Ende des Jahres 1218
angefangen haben.

Man findet in diesem Gedichte eine vollständige und ununterbrochene Erzählung einer an wichtigen Begebenheiten fruchtbaren Regierung, und der
Verfasser verdienet um desto mehr geglaubet zu werden, weil er die meisten derselben selbst gesehen hat.
Er erkläret öfters viele Stellen anderer Geschichtschreiber, die nicht entwickelt genug waren, und
die wir vielleicht ohne ihn nicht verstehen würden.
Er berichtet uns viele besondere und wichtige Umstände, die weder im Rigord, noch in der Geschichte, welche Wilhelm le Breton selbst in
Prosa herausgegeben hatte, noch in einem andern
Geschichtschreiber gelesen werden. Man muß indessen beständig bedenken, daß es ein Dichter ist,
welcher redet, und ein Dichter, welcher sich bey
Verfertigung seines Gedichtes keinen andern Zweck,
als den Ruhm des Prinzen, dessen Leben er be-
schrieb, vorgesetzet hatte. Wenn man ihm gleich
nicht den Vorwurf machen kann, daß er die
Natur der Wahrheit der Geschichte verändert,
noch von andern Schriftstellern erdachte Begebenheiten vorgebracht habe; so kann man doch nicht
leugnen, daß er nicht vieles, was für seinen Helden nachtheilig war, unterdrücket, und viele andere Dinge, die an sich zwar wahr waren, verschö-
nert haben solte.

J 5

Was

Was seine Poesie betrift, so erkennet man in seinem Werke einen ziemlich guten Dichter, ob man gleich fast allenthalben den üblen Geschmack seiner Zeit bemerket, welches öfters den schönsten Stellen den wahren Werth benimt. Die Erzählungen, die Schilderungen, die Beschreibungen, alles ist darin munter und lebhaft; die Reime sind richtig und harmonisch; mit diesen Schönheiten, die ihm die Natur darbietet, aber nicht zufrieden, nimt er beständig zu Kleinigkeiten und Spielwörtern, die gar zu sehr ins lächerliche fallen, seine Zuflucht. Er macht keine Schwierigkeit, halbe und ganze Verse aus den alten lateinischen Dichtern, vornemlich aus dem **Virgil, Ovid** und **Statius** abzuschreiben, und dasjenige, was von ihm ist, kann uns durch die vielen ihm entwischten Fehler überführen, daß er sich zu keinem Sclaven der Regeln der Prosodie gemacht hat.

Man weiset in der königlichen Bibliothek ein grosses Manuscript in Fol. auf Pergament auf, welches den Namen des **Wilhelm le Breton** führet. Es ist eine in lateinischer Sprache geschriebene und von der Sündfluth bis auf **Philip von Valois** sich erstreckende Chronik, an deren Ende man lieset, daß sie am heiligen Himmelfahrtsabend des Jahres 1484 von **Wilhelm le Breton** geendiget worden sey. Sie kann aber von unserm **le Breton** nicht herrühren; es muß ein anderer **Wilhelm le Breton** seyn, der der Verfasser oder wenigstens der Abschreiber dieser Chronik gewesen ist.

S.

S. Memoire vom Herrn de la Cur-
ne von dem Leben und den Schriften des
Wilhelm le Breton in den Memoires der
Academie der Inschriften und schönen Wissenschaften. Th. 8. S. 536.

✳✳✳✳✳✳✳✳✳✳✳✳⅓✳✳✳✳✳✳✳✳✳✳✳✳

Benedict Arias Montanus.

Benedict Arias Montanus wurde um das
Jahr 1527 zu Frexenal de la Sierra,
das ist, vom Gebürge, wovon er den Zunamen Montanus hat, geboren. Da dieser Ort im
Gebiete von Sevilla lieget, und er in dieser Stadt
erzogen worden; so hat er sich selbst den Namen
Hispalensis beygeleget, welches einige auf die Meinung gebracht hat, daß er in dieser Stadt geboren
worden wäre.

Seine Eltern waren von Adel, aber dabey so
arm, daß sie, ihren Sohn studiren zu lassen, nicht vermögend waren. Zum Glück fanden sich noch einige Personen, die in ihm Genie und Fähigkeit zu den
Wissenschaften erblickten, und welche den Magistrat
von Sevilla dahin bewogen, daß er zu seiner Erziehung etwas beytragen muste.

Er studirte also die Anfangswissenschaften und
die Weltweisheit, und gieng hierauf nach Alcala,
sich der Gottesgelahrheit zu befleissigen. Er erlernete auch hieselbst die lateinische, griechische, hebräische, arabische, syrische und chaldäische Sprache,
und erwarb sich in der Folge durch seine Reisen eine Kenntniß von den meisten lebendigen Sprachen,

als

als von der französischen, niederländischen, deutschen, engländischen und italiänischen.

Ehe er die Universität **Alcala** verließ, nahm er die Doctorwürde in der Gottesgelahrheit an, und es ist zu vermuthen, daß er damals als geistlicher Ritter in den Jacobitenorden aufgenommen wurde, nachdem er einige Zeit zuvor zum Priester ordiniret worden war. Es ist wenigstens gewiß, daß er den **Martin Perez Ajala**, Bischof von **Segovia**, der von diesem Orden war, als Theologus nach Italien begleiten muste, und mit demselben auf das tridentinische Concilium gieng, wo **Arias** sich viele Ehre erwarb.

Nach seiner Zurückkunft nach Spanien, begab er sich an einen von dem Geräusche der Welt entfernten Ort, um sich einzig und allein dem Studiren zu widmen, und an der heiligen Schrift zu arbeiten. Da er sich aber durch einige seiner Schriften dem Könige von Spanien, **Philip II.** bekandt gemacht hatte; so zog ihn dieser Prinz aus seiner Einsamkeit heraus, um über die Ausgabe der Biblia Polyglotta, die er zu **Antwerpen** drucken lassen wolte, die oberste Aufsicht zu übernehmen.

Arias Montanus begab sich den 15 May 1568 nach dieser Stadt, und arbeitete mit vielem Eifer an diesem Werke. Nach Endigung desselben reisete er nach **Rom**, und überreichte dieses Werk in des Königes von Spanien und seinem Namen dem Papste **Gregorius XIII.**

Er kehrete hierauf nach Spanien wieder zurück, wo sich **Philip II.** gegen ihn für seine Dienste erkentlich bewies, und ihm einen Gehalt von zween tausend

send Ducaten und die Comthurey von Pelai Perez bey dem Jacobitenorden gab, und ihn unter seine Capellans aufnahm.

Der Ruhm, den er sich durch die Ausgabe der
Bibel zu Antwerpen erworben hatte, zog ihm den
Haß vieler Neider zu, und unter andern des Leo
von Castro seinen, eines Canonici von Vallado-
lid, und der in der hebräischen Sprache geschickt
war, und eine Vertheidigung der Vulgata geschrieben hat. Sie beschuldigten den Arias verschiedener Ketzereyen, und daß er sich an den Auslegungen der Rabbinen zu sehr gehalten habe. Arias
widerlegte ihre Beschuldigungen in einer schönen in
spanischer Sprache geschriebenen Schutzschrift, wovon das Manuscript in der Bibliothek zu Orford
aufbehalten wird. Dieser Vertheidigung ohngeachtet aber wurde er zur Rechtfertigung seiner Sache nach Rom gefordert, und muste dieser Ursache
wegen mehr als eine Reise dahin thun. Mit vieler Mühe wurde er von diesen Beschuldigungen los-
gesprochen, und die Belohnung, die er für seine
Bemühungen hatte, war diese, daß er sich in sein
Vaterland wieder begeben durfte, wo er sich durch
das Zeugniß seines guten Gewissens und durch die
Lesung und Betrachtung der heiligen Schrift trö-
stete.

Er starb zu Sevilla 1598 in seinem 71 Jahre,
und wurde in der St. Jacobskirche begraben. Nicolaus Antonio setzet seinen Tod auf den 1 Junius 1611; er hat sich aber ohnstreitig geirret. Denn
der Verfasser von der Vorrede zu dem Commentarius des Arias über den Jesaias, der 1599 gedruckt

drucft worden, berichtet uns, daß er damals nicht mehr am Leben gewesen. Alle diejenigen, die von ihm reden, stimmen überdies darin überein, daß sie seinen Tod in das Jahr 1598 setzen.

Er war ein kleiner Mann, aber wohl gebildet und von einer guten Leibesbeschaffenheit. Er trank niemals Wein, und aß kein Fleisch; eine Diät, der man die beständige Gesundheit, welche er seine ganze Lebenszeit hindurch genossen, zugeschrieben hat. Er liebte die Einsamkeit, und war in seinen Arbeiten unermüdet. „Er besaß, nach dem Urtheil des „Herrn Du Pin, nicht nur viel Gelehrsamkeit, „sondern auch vielen Verstand. Seine Anmerkun- „gen über die heilige Schrift sind gelehrt und gründ- „lich; er schrieb schön und verständlich; bey seinem „großen Wissen war er ein gottesfürchtiger Mann, „und man muß gestehen, daß er einer der größten „Gelehrten ist, die Spanien jemals hervorgebracht „hat.

Verzeichniß seiner Schriften.

1) Commentarius in XII. Prophetas Minores. Antverpiæ 1571 in fol. It. Ibid. 1582 in 4.

2) Humanae Salutis Monumenta B. Ariæ Montani studio constructa et decantata, piorum animis recreandis. Antverpiae. Christoph. Plantin. 1571 in 8. et in 4.

Es sind 71 poetische Stücke über verschiedene Materien aus dem alten und neuen Testamente, nebst eben so viel Figuren, welche dieselben vorstellen. Die beyden Ausgaben sind dem Texte nach

ähn-

ähnlich; die Figuren der Ausgaben in 4 sind aber von der in 8 unterschieden, ob sie wol einerley vorstellen.

3) Index Correctorius Librorum Theologicorum, Catholici Regis auctoritate editus a Benedicto Aria Montano. Antverpiæ 1571 in 4.

4) Rhetoricorum libri quatuor, carmine heroico, cum Annotationibus Antonii Moralis, Episcopi Mechoacanensis, quae rem omnem quam brevissime explicant. Antverpiæ 1572 in 8.

5) Speculum vitae et passionis Christi. Antverpiæ 1573 in 8.

Dieses Werk ist in Versen. Obgleich die Dichtkunst das Haupttalent des Arias nicht war; so erwarb er sich doch durch dieselbe so viel Ehre, daß er zu Alcala mit allen bey dieser Gelegenheit gewöhnlichen Ceremonien zum Poeten gekrönet wurde.

6) Davidis, Regis ac Prophetae, aliorumque sacrorum Vatum Psalmi ex Hebraeo in Latinum Carmen conversi, cum argumentis et elucidationibus. Antverpiæ 1574 in 4.

7) Dictatum Christianum, sive communes et aptae discipulorum Christi omnium partes, ex Magistri praeceptis et institutis ad pusilli gregis institutionem a condiscipulo B. Aria Montano in brevem summam collatis. Antverpiæ 1575 in 12.

Man hat eine französische Uebersetzung von diesem Werke unter diesem Titel: La leçon Chretienne, ou les offices et devoirs familiers et convenables à tous disciples de Christ, tirez des preceptes et institutions du souverain Maitre, et colligez en

en bref fommaire, pour l'inftruction du petit trou-
peau, traduit du latin de B. Arias Montan. Anvers
1579 in 8.

8) Elucidationes in quatuor Evangelia et in
Acta Apoftolorum. Antverpiæ 1575 in 4.

9) Benjamini Tutelenfis Itinerarium, in quo
res memorabiles, quas ante quadringentos annos,
totum fere terrarum orbem notatis itineribus
dimenfus vel ipfe vidit, vel ab aliis accepit, breviter defcribuntur, Benedicto Aria Montano interprete Antverpiæ 1575 in 8.

**Arias fand zu Trident das Manufcript diefes
Werkes, das er ins lateinifche zu überfegen und herauszugeben für gut hielt.**

10) **Arias ließ 1575 zu Antwerpen** 48 Ku-
pferftiche ftechen, die das **Leben Davids** vorftellen, und auf deren jedem oben eine Auffchrift und
unten vier lateinifche Verfe fich befinden. Diefe
Auffchriften und Verfe find nachher bey andern
Kupfern, die eben das vorftellen, gefegt, und mit
Erklärungen von **Matthias Bergius** in folgendem Buche eingerücket worden: David, vir-
tutis exercitatiffimae probatum Deo fpectacu-
lum, ex Davidis Paftoris, Militis, Ducis, Exu-
lis, ac Prophetae exemplis, Benedicto Aria Montano Mediante, ad pietatis cultum propofitis.
Aeneis laminis ornatum a Joanne Theodoro et
Joanne Ifraele de Bry, fratribus. Francofurti
1597 in 4.

11) De Optimo imperio, five in librum Jofuae
commentarius. Antverpiæ 1583 in 4.

12) Elucidationes in omnia fanctorum Apo-
ftolo-

stolorum scripta et in S. Joannis Apocalypsin.
Antverpiæ 1588 in 4.

13) De Varia Republica, sive Commentaria
in librum Judicum. Antverpiæ 1592 in 4.

14) Antiquitatum Judaicarum libri IX. Lugduni Bat. 1593 in 4. Jt. In dem dritten Theil des
Apparatus Sacri, von dem ich unten reden werde.
Jt. In den Criticis sacris. Die Titel der neun
Bücher dieses Werkes sind folgende: 1) Joseph
sive de Arcano Sermone. 2) Liber Jeremiae
seu de Actione. 3) Phaleg sive de Gentium se-
dibus primis, orbisque terrae situ. 4) Liber Canaan, sive de duodecim gentibus. 5) Liber Ca-
leb, sive de terrae promissionis partitione. 6)
Exemplar, sive de sacris fabricis. 7) Aaron, sive sanctorum vestimentorum ornamentorumque
summa descriptio. 8) Nehemias, sive de anti-
quae Jerusalem situ. 9) Daniel, sive de saecu-
lis codex integer.

Simon urtheilet in seiner critischen Geschichte des alten Testamentes B. 3. Cap 17.
von diesem Werke nicht allzu vortheilhaft. „In der
„Abhandlung, die die Aufschrift führet, Joseph,
„saget er, hat Arias viele Wörter erkläret, welche
„sich in der heiligen Schrift befinden; er hat es aber
„meiner Meinung nach nicht mit genugsamen Fleiß-
„se gethan. Er hat eine gewisse Methode ange-
„nommen, die mit seiner Materie gar nicht überein-
„stimmet, und er führet viele gemeine Dinge an,
„die niemand unbekandt sind. Man hat andre
„Wörterbücher von der heiligen Schrift, die weit
„besser sind. Das Buch, welches Bochart unter

„dem Namen **Phaleg** hat drucken laſſen, muß des
„Arias ſeinen Abhandlungen von **Phaleg** und
„Canaan vorgezogen werden. Die Erklärung der
„Arche **Noah**, der hohenprieſterlichen Kleidung,
„und der Chronologie der heiligen Schrift findet
„man in andern Abhandlungen beſſer.

15) Liber generationis et regenerationis Adam,
ſive de hiſtoria generis humani, operis magni
pars prima, id eſt, Anima. Antverpiæ 1693 in 4.
It. Ibid. 1601. in 4.

Er machte auch zu den beyden andern Theilen,
denen er den Titel geben wolte: Corpus et Veſtes,
den Anfang; er brachte ſie aber nicht zum Stande.

16) Hymni et ſaecula, ſive Poemata ſacra
Antverpiæ 1593 in 16. Vier Theile.

17) Commentarii in Eſaiae Prophetae Sermo-
nes. Antverpiæ 1599 in 4. Zween Bände.

18) Commentarius in XXXI priores Davidis
Pſalmos. Antverpiæ 1605 in 4.

19) **Lehrſprüche aus der Geſchichte des
Cornelius Tacitus.** (Spaniſch) Barcellona 1614
in 8.

20) Epiſtola ad Philippum II.

Dieſer Brief, welcher wider die Jeſuiten gerichtet iſt, iſt von **Scioppius** in ſeiner Infamia Fami-
ani bekandt gemacht worden.

21) Biblia ſacra Hebraice, Chaldaice, Graece
et Latine; Philippi II. Hiſpaniarum Regis auctoritate, et cura Benedicti Ariae Montani edita.
Adjectus eſt Apparatus Sacer. Antverpiæ 1569
1572 in fol. Acht Bände.

-- Arias,

Arias, der von dem Könige von Spanien, Philip II. zur Besorgung dieser Ausgabe der Bibel ernennet worden war, machte den ersten Band derselben im Monat März 1569 bekandt, und das ganze Werk wurde im Monat May 1572 fertig. Die fünf ersten Theile enthalten eben das, was die Polyglotta von Alcala, die von dem Cardinal Ximenes herausgegeben worden war, in sich begreift; Arias hatte nur bey dem alten Testamente die chaldäischen Auslegungen der prophetischen und apocryphischen Bücher, und bey dem neuen, die syrische Uebersetzung hinzugefüget. Die drey letzten machen den Apparatum sacrum aus, von dem wir etwas umständlicher reden müssen.

„ Der erste Theil enthält eine hebräische Grammatik, und einen Auszug aus dem Schatz des Pagnin, der von Franz Raphelengius in einen kurzen Auszug gebracht; die chaldäische Grammatik und das syrisch-chaldäische Wörterbuch von Guido le Fevre de la Boderie; die syrische Grammatik von Andreas Masius, und sein Wörterbuch, welches er betitelt hat: Peculium Syrorum; zuletzt eine Grammatik und ein griechisches Wörterbuch, deren Verfasser man nicht weiß.

Der zweete Theil begreift in sich den hebräischen Text des alten Testamentes, und den griechischen des neuen, beyde mit einer gegenüberstehenden lateinischen Uebersetzung. Die Titel, woraus man die Verfasser der Uebersetzungen, und die Art, die sie dabey beobachtet haben, ersiehet, sind folgende:

Hebraicorum Bibliorum veteris Testamenti Latina interpretatio, opera olim Xantis Pagnini Lucenfis, nunc vero Benedicti Ariae Montani, Francifci Raphelengii, Guidonis et Nicolai Fabriciorum Boderianorum Fratrum collato ftudio ad hebraicam dictionem diligentiffime expenfa.

Novum teftamentum Graece cum Vulgatae interpretatione Latina Graéci contextus lineis inferta. Quae quidem interpretatio, cum a graecarum dictionum interpretatione difcedit, fenfum videlicet magis quam verba exprimens, in margine libri eft collocata, atque alia Ben. Ariae Montani opera e verbo reddita, ac diverfo characterum genere diftincta, Lovanienfium vero Cenforum judicio et totius Academiae calculis comprobata, in ejus eft fubftituta locum. Diefe bende Ueberfegungen find nachher öfters mit dem Originaltexte gedruckt worden.

Der britte Theil enthält eine Samlung von Jbiotismen der hebräifchen Sprache, und viele Reben, die nachher unter dem Titel: Antiquitatum Judaicarum libri IX, wie fchon Nr. 14. bemerfet, wieder aufgeleget worden.

Simon fället fein alzugutes Urtheil von der Ueberfegung des **Arias Montanus.** „Er hat „nur, faget er, die Ueberfegung des **Pagnin** durch„gefehen, und fie an den Dertern verbeffert, wo er „fie nach dem buchftäblichen Verftande nicht genung „eingerichtet fand; man hat aber gegründete Ur„fach gehabt, von feinen Verbefferungen zu fagen: „Quot correctiones, tot corruptiones. Denn an„ftatt die Fehler zu verbeffern, welche in der Ueber„fegung des **Pagnin** häufig anzutreffen waren, fo „hat er fie vermehret. Seine ganze Gelehrfamfeit

beste

„beſtehet darin, daß er die hebräiſchen Wörter buch-
„ſtäblich nach ihrer gewöhnlichen Bedeutung über-
„ſetzet hat, ohne darauf zu ſehen, ob ſie ſich an den
„Oertern, wo er ſie anbringet, ſchicken oder nicht.
„Dies macht ſeine Ueberſetzung öfters unverſtänd-
„lich.

S. Nicolai Antonii Bibliotheca Hiſpana. Andreae Schotti Hiſpaniae Bibliotheca. Les Eloges
de M. de Thou, et les additions de Teiſſier.

* * * * * * * * * * * * * * * * *

Franz Balduin.

Franz Balduin erblickte zu Arras den 1 Jänner 1530 das Licht der Welt. Sein Vater
war Anton Balduin, den la Croix du
Maine zum königlichen Abvocaten in dieſer Stadt
machet, der aber nach dem **Papirius Maſſon**
und **Menard**, die weit ſichere Schriftſteller ſind,
königlicher Procurator war; ſeine Mutter war
Henrietta Johanna von Foreſt. Obgleich ſein
wahrer Name Baudouin oder Baudoin war;
ſo ſchrieb er ſich doch niemals anders als Balduin,
im lateiniſchen Balduinus, weil ihm vielleicht der
Name Baudouin wegen der Wörter Baudet (Eſel)
Baudouiner (Eſelin beſpringen) und anderer dergleichen nicht gefiel.

Man ſchickte ihn ſehr frühzeitig nach **Löwen,**
wo er ſich nach Erlernung der lateiniſchen und griechiſchen Sprache mit einem bewundernswürdigen
Fortgange der Rechtsgelehrſamkeit befleiſſigte.

Nach)

Nach Endigung dieser Studien blieb er einige Zeit am Hofe Carls V. unter dem Gefolge des Marquis von Bergue. Man saget, daß er an einem gewissen Abend, da er sich in der Kammer dieses Prinzen befand, und überaus durstig war, den Wein, welchen man der Gewohnheit nach dem Könige vor Schlafenlegen zu überreichen pflegte, ungescheut ausgetrunken habe; dies machte ihn Carl V. bekannt, der seine Dreustigkeit bewunderte.

Balduin kam hierauf nach Frankreich, in der Absicht, sich mit den gelehrten Leuten, die damals lebten, und die der König Franz I. von allen Seiten an sich gezogen hatte, bekannt zu machen. Er errichtete hieselbst mit Cujacius, Bude, Bayf und Carl du Moulin eine genaue Freundschaft, und logirte bey diesem letzten.

Das Verlangen, die Reformirten kennen zu lernen, welche damals viel Aufsehen machten, trieb ihn zu einer Reise nach Deutschland an; er sah Bucer zu Straßburg, Calvin zu Genev, und andre an andern Oertern. Papirius Masson behauptet, daß er ihre Meinungen misbilligte, daß ihm die Härte und der blutdurstige Geist des Calvin überaus misfielen, und daß, wenn er ja gegen Bucer und Melanchthon Hochachtung hegte, es nur wegen ihrer Aufrichtigkeit und Gefälligkeit geschahe. Andre sagen hingegen, daß er zu Genev die calvinische Religion angenommen, daß er daselbst zum heiligen Abendmahle gelassen worden, und daß dieses die erste von den sieben Religionsveränderungen gewesen, deren man ihn beschuldiget hat, und welche ihm von den Protestanten den Zunamen Eccbolius geben liessen,

lieſſen, um daburch anzuzeigen, daß er mit der Religion faſt eben ſo oft wechſele, wie mit dem Hem-
de. Nach ſeiner Zurückkunft nach Paris bekannte
er ſich wieder zur catholiſchen Religion. Da er aber
einige Zeit nachher von neuen nach Genev gegangen war; ſo nahm er zum andernmal die proteſtantiſche an, machte mit Calvin Freundſchaft, logirte bey ihm, und nannte ihn von dieſer Zeit an in ſeinen Briefen ſeinen Vater und Gönner.

Nach einem ziemlich langen Aufenthalte zu Genev, deſſen Papirius Maſſon nicht gedenket,
wurde er nach Bourges berufen, um daſelbſt die
Rechtsgelahrheit zu lehren. Ehe er von dieſer
Stelle Beſitz nahm, empfieng er auf dieſer Univerſität den 12 März 1549 von Eguinarius Baro
den Doctorhut, wie es uns Catherinot in ſeinem
Calvinisme du Berry S. 4. berichtet, woſelbſt er
hinzufüget, daß im Jahre 1553 ſich der Gehalt des
Franz Duaren auf 920 Pfund, des Balduin
ſeiner auf 350, und des Hugo Donels ſeiner auf
230 Pfund belief. Hieraus erſiehet man, daß Papirius Maſſon unwahr redet, wenn er ſaget, daß
ſein Gehalt mit dem Gehalt ſeiner Collegen gleich
geweſen.

In den ſieben Jahren, da er zu Bourges
blieb, nemlich von 1549 an bis 1556, bekannte er
ſich äuſſerlich zur catholiſchen Religion; er unter-
hielt aber mit Calvin einen ſtarken Briefwechſel,
worin er demſelben jederzeit bezeigte, daß er inner-
lich ein guter Proteſtant wäre. Es iſt nicht unnütz,
hier zu bemerken, daß er in ſeinen Briefen an Calvin ſich den Namen Petrus Rochius beygeleget,

um

um ihm zu verstehen zu geben, daß er in seiner Zuneigung zu seiner Lehre so fest und beständig als ein
Stein und Felsen seyn würde.

Nachdem er 1556 auf Eguinarius Baro die
Trauerrede gehalten hatte, verließ er Bourges
und auch zugleich die Stelle, die er mit so grossem
Ruhme bekleidet hatte, daß er sich dadurch den Neid
des Duaren, seines Collegen, zuzog. Sein Nachfolger war der berühmte Cujacius.

Er gieng nach Genev, wo ihm Calvin wegen
seiner Verstellung in der Religion bittere Vorwürfe machte, und ihm nicht eher vergab, als bis er eine wahre Reue und eine Aufrichtigkeit, mit welcher
er den Protestanten wieder beyzutreten schien, von
sich blicken ließ.

Sein erster Vorsatz, da er nach Deutschland zu-
rückkehrete, war dieser gewesen, in Tübingen das
Recht zu lehren, und nicht in Thüringen, wie
Valerius Andreas saget. Da er aber auf seiner
Reise vernahm, daß du Moulin nach dieser Universität zurückzukehren willens wäre; so begab er sich
auf Anrathen Calvins nach Strasburg, und
hielt daselbst ein Jahr hindurch juristische Vorlesungen.

Er gieng hierauf nach Heidelberg, und wurde daselbst Professor des Rechts und der Geschichte. Nach Verlauf von fünf Jahren wurde er von
neuem von Anton von Bourbon nach Frankreich
berufen. Die Gelegenheit hiezu erzählet uns Theodor Beza.

Da sich nach dem Tode Franz II. der den 5 December 1560 erfolgte, einige Personen bemüheten,
den

den König von Navarra in das Interesse der römischen Kirche zu ziehen; so bewogen sie ihn, einen
Gesandten an den römischen Hof zu schicken, in der
Hofnung, entweder den Theil seines Königreiches,
dessen sich der König von Spanien bemächtiget hatte, wieder zu erlangen, oder von diesem Prinzen
durch Vermittelung des Papstes ein Aequivalent zu
erhalten.   Sie machten ihm auf einer andern Seite die Hofnung, daß sich die Protestanten in Deutschland zu seinem Besten vereinigen würden, vornemlich wenn man einen Religionsvergleich vermitteln
könte, und redeten mit ihm von Balduin, als von
einem Menschen, der zu dergleichen Geschäften besonders geschickt wäre.   Der König von Navarra,
der ihre Absichten billigte, ließ Balduin zu sich kommen, unterredete sich mit ihm, und da er ihn für
geschickt hielt, Mittel und Wege zum Religionsver-
gleiche zu finden, so übertrug er ihm dieses Geschäfte.   Nach einigen zu Paris gemachten Entwürfen,
schickte er ihn nach Deutschland, und befahl ihm,
sich vorzüglich mit Cassander zu unterreden. Diese zur Zernichtung des Colloquii zu Poissy bestimte Intrigue hatte den gewünschten Erfolg nicht.
Die Prediger waren hieselbst schon zweymal zusammen gewesen, als Balduin zurückkam, welcher ein
Vergleichungsproject bey sich hatte.   Man beklagte sich, daß er zu spät gekommen; er fand überdem
den Bischof von Valence, der ihm eine Professorstelle des Rechts auf der Universität dieser Stadt
versprochen hatte, gegen ihn ganz verändert. Alles,
was er zur Vergeltung seiner Dienste erhalten konte, war dieses, daß ihm Carl von Bourbon,

K 5   ein

ein natürlicher Sohn des Königes von Navarra, zur Aufsicht übergeben wurde.

Er führete seinen Untergebenen nach Trident. Als sie aber vernommen hatten, daß der König von Navarra den 17 November 1561 an einer bey der Belagerung von Rouen empfangenen Wunde gestorben wäre; so kamen sie nach Frankreich wieder zurück, wo Balduin seine Güter und seine Bibliothek zerstreuet fand.

Bey seinem Aufenthalte in Heidelberg hatte er die calvinistische Lehre verlassen und eine andre angenommen, die ihm besser gefiel, und welche der römischen Kirche ihrer eben so sehr entgegen war. Nach seiner Zurückkunft nach Frankreich aber trat er wieder zur catholischen Religion über, in der er geboren war, und in welcher er nunmehr bis an seinen Tod blieb.

Die Unruhen in Frankreich nöthigten ihn bald, in sein Vaterland zurückzukehren, woraus er wegen Annehmung der calvinistischen Religion verbannet worden war, wohin er aber damals durch die Wiederrufung seines von der Kammer zu Artois auf Anhalten des Erzbischofes von Cambray ausgefertigten Bannes wieder zu kommen die Erlaubniß bekam. Dieser Erzbischof, Namens Maximilian von Bergue, und die vornehmsten Herren der Niederlande hatten ihm eine Professorstelle des Rechts auf der Universität zu Douay verschaffet, damit sie sich desto bequemer seiner Rathschläge in Staats- und Religionssachen bedienen konten, weil sie wusten, daß seine Mäßigung und Geschicklichkeit ihnen sehr nützlich seyn würden.

Balduin

Balduin begab sich 1564 nach Brüssel: und da er sich mit den Herren, die ihn zu sich berufen, unterredet hatte; so verfertigte er eine Abhandlung von den Religionsverwirrungen, die an den König von Spanien geschickt wurde. Er fand sich nach= her auf den ersten Versamlungen ein, welche die Misvergnügten zu Breda hielten, und er verfertig= te die Schrift, in welcher sie den 3 April 1566 bey der Herzogin von Parma um die freye Uebung der protestantischen Religion baten.

Als der Herzog von Alba den 28 August des folgenden Jahres 1567 seinen Einzug in Brüssel gehalten, und den folgenden neunten September die Grafen von Horn und Egmont hatte arretiren lassen, so vernahm Balduin, daß man ihn zu ei= nem Richter dieser Herren, die man zum Tode be= stimte, erwählen wolte. Balduin, der sich in die= se Sache zu mischen nicht willens war, bat auf ei= nige Tage um Urlaub, unter dem Vorwande, seine Frau zu holen, und seine Bibliothek nach Brüssel bringen zu lassen. Als er Erlaubniß bekommen hatte, kam er nach Paris und blieb daselbst. Er hielt über einige Stellen der Pandecten mit grossem Beyfalle und vor einer grossen Menge Zuhörer Vor= lesungen.

Einige Zeit nachher trug ihm die Academie zu Besáncon eine Stelle der Rechtsgelehrsamkeit an, die er auch annahm. Da er aber bey seiner Ankunft in dieser Stadt vernahm, daß der Kayser Maxi= milian dieser Academie die Errichtung dieser Stel= le verboten hatte; so wolte er keine Vorlesungen hal=

halten, so sehr man sich auch bemühete, ihn dazu zu bewegen.

Er kam also wiederum nach **Paris** zurück, wo ihm 1568 der Herzog von **Anjou** auf Fürsprache seines Canzlers, **Philip von Herault**, eine Professorstelle des Rechts auf der Universität **Angers** gab, und ihn nebst **Peter Ayrault** zu seinem Requetenmeister machte. Er behielt diese Stelle zu **Angers** so lange, bis ihn dieser Prinz, der 1573 zum Könige von **Pohlen** erwählet worden war, nach **Paris** kommen ließ, und ihn zum Professor der Rechtsgelahrheit auf der Academie zu **Cracow** bestimte, und man glaubet, daß er dem neuen Könige nach **Pohlen** würde gefolget seyn, wenn ihn nicht der Tod daran verhindert hätte.

Er starb den 24 October 1573 in dem Collegio von **Arras** zu **Paris** in den Armen des P. **Johann Maldonats**, eines Jesuiten; nachdem er 53 Jahre, neun Monate und 24 Tage alt geworden war. **La Croix du Maine**, welcher sein Alter mit dieser Pünktlichkeit bemerket, und seinen Geburtstag auf den 1 Jänner 1520 setzet, hat sich indessen mit **Menage** geirret, wenn er ihn den 24 October 1574 sterben lässet. **Valerius Andreas**, welcher glaubet, daß er den 11 November 1572 gestorben sey, und **Thuanus**, der seinen Tod auf eben den Tag des folgenden Jahres 1573 setzet, haben gleichfals geirret.

Papirius Masson, der sein Schüler gewesen war, ließ ihn in dem Kloster der Mathurins mit dieser Grabschrift begraben:

Cuja-

Cujaci?

Balduinus hic jacet, hoc tecum reputa, et va-
le. Mortuis vobis Jurisprudentiam corripiet gra-
vis fopor.

Er hatte **Catharina Biton,** von **Bourges,**
eine Witwe des **Philip Labbe,** des Grosvaters
des P. **Labbe,** gehenrathet, und mit derselben eine Tochter, Namens **Catharina,** hinterlaffen, die
zu **Heidelberg** geboren war, und welche fich zum
erftenmal mit **Johann von Sauzay, Herrn** von
S. **Ouanne** in **Poitou,** und zum andernmal mit
Adam le Changeur, Herrn von **Cotau** in **Ber-**
ri verhenrathete. **Papirius Maffon** faget, daß
er lieber eine Tochter als einen Sohn hinterlaffen
hätte, weil er das Schickfal des **Cicero** befürchtete, deffen Sohn von der Beredtfamkeit feines Vaters nichts gehalten hatte.

Man kann nicht leugnen, daß des **Balduin**
fein Geift nicht folte unbeftändig und eigenfinnig gewefen fenn; feine beftändige Veränderung der Religion, und der Aemter, die er bekleidete, überzeugen
uns hinlänglich hievon. Man kann auch muthmaf-
fen, daß er weder mit der catholifchen, noch calvini-
ftifchen, noch lutherifchen Religion zufrieden war,
und daß er fie fehr gern mit andern Secten würde
umgefchmolzen haben, um eine neue daraus zu machen. Dies ift gewiß, daß er fich mit der Vereini-
gung der Religionen fehr viel zu thun machte. Man
muß aber auch geftehen, daß er groffe Talente, eine
fehr weitläuftige Wiffenfchaft, ein bewundernswür-
diges Gedächtniß, und eine Beredtfamkeit befaß,
welche defto einnehmender war, da er wohlgebildet
und

und seine Stimme stark und angenehm war: Man
muß also dasjenige für nichts übertriebenes halten,
was Scävola von S. Marthe von seinem Hör-
saale saget, daß man dahin Bischöfe, Räthe und
Soldaten kommen gesehen. Er aß und trank wenig,
und arbeitete viel.

Ob er gleich nicht sehr alt geworden ist, und
sein Leben in vieler Unruhe zugebracht hat; so hat
er doch viele Schriften hinterlassen, die uns seine
Fertigkeit zu schreiben und seine Gelehrsamkeit zu
erkennen geben. Er war in der That nicht nur in
der Rechtsgelehrsamkeit, die er zuerst mit Vortreflichkeit abgehandelt hat, sondern auch in den geistlichen Alterthümern, über welche er sehr schöne Stücke gemachet hat, sehr gelehrt. So geschwind er
aber auch in Verfertigung seiner Schriften war, so
verhinderte ihn dieses doch nicht, rein und schön zu
schreiben.

Verzeichniß seiner Schriften.

1) Juſtiniani Imperatoris Leges de Re Ruſti-
ca, et Novella Conſtitutio de Haeredibus et Lege Falcidia, Graece et Latine, cum Scholiis. Lo-
vanii 1542 in 4. It. Baſileae. Apud Oporinum
1543 in 8. Bey dem Werke des Ludewig Gar-
ron de Origine Juris.
Balduin ist der Ausleger dieser Gesetze.

2) Prolegomena, ſeu Praefata de Iure Civili.
Pariſ. 1545 in 4.

3) Commentarii in libros IV. Inſtitutionum
Juris Civilis Juſtiniani Imperatoris. Pariſ. 1546 et
1554.

1554 in 8. It. Cum notis Henrici Petrei Herde-
fiani. Lugduni 1595 in 8.

4) Commentarii ad Leges XII. Tabularum.
Parif. 1554 in fol. It. Bafilex. Apud Eporinum
1557 in 8. Dies ist die dritte Ausgabe.

5) Juris Civilis Catechefis. Bafilex 1557
in 8. *)

6) Commentarius ad Edicta Veterum Principum Romanorum de Chriftianis. Bafilex 1557
in 8.

Balduin redet in diesem Commentarius der
Toleranz überaus das Wort **).

7) Notae ad lib. 1. et 2. Digeftorum., feu
Pandectarum. Bafilex 1557 in 8.

8) Conftantinus Magnus, feu de Conftanti-
ni Imperatoris Legibus Ecclefiafticis atque Civilibus. Bafilex 1556 in 8. It. Denuo editi cura Jo-
achimi Cluten de Parcha, Megalopolitani. Argentorati 1612 in 8.

9) Scaevola, feu Commentarius de Jurisprudentia Muciana. Bafilex 1558 in 8.

10) Juftinianus, five de Jure novo Commentariorum libri IV. Bafilex 1560 in 8.

Gre-

*) It. Halae Magdeb. 1723. cum praefatione Ludewigii
It. Francifci Balduini Catechefis Juris Antejuftinia-
nei atque Juftinianei cum Auctoris vita, inftructo indice, ac praefatione, de cauffis Juris incerti, denuo edita a *Rud. Chriftoph. Henne.* Erfordix 1747. in 8. Es
ist bey dieser Ausgabe die Vorrede vom Canzler Ludewig befindlich, welche diese Schrift überaus lobet. Die
Lebensbeschreibung ist kurz und schlecht.

**) Dieser Commentarius wird selten gefunden.

Gregorius Mayans behauptet in seinen Beurtheilungen der Rechtsgelehrten, daß Balduin
Verstand, Gelehrsamkeit und Beredsamkeit besäße,
daß ihm aber die Beurtheilungskraft fehlete.

11) Ad Leges Voconiam, Falcidiam, Juliam,
Papiam, Poppaeam, Rhodiam, Aquiliam Commentarius. Basileæ 1559 in 8.

12) Disputationes duac de Jure Civili, ex Papi-
niano, cum Papiniani vita. Heidelbergæ 1561
in 8.

13) De Pignoribus et Hypothecis. Coloniæ
1569 in 8. *)

14) Ad Leges Majestatis, sive perduellionis
Commentarius. Paris. 1563 in 8.

15) Relatio ad Henricum, Andium Ducem.
Latini Pacati Panegyricus ad Theodosium Au-
gustum. Eumenii Oratio de Scholis. Francisci
Balduini Annotationes in utramque Orationem.
Ejusdem explicatio L. si pacto C. de Pactis. Pa-
ris. 1570 in 4.

So weit gehen seine juristische Schriften.

16) De Institutione Historiae universae, et
ejus cum Jurisprudentia conjunctione Prolego-
menon, libri duo. Paris. 1561 in 4. It. Argentorati 1608 in 12. It. In dem ersten Theil der
Samlung, welche die Aufschrift führet: Penus
Artis Historicæ. Basileæ 1579 in 8.

Dieses Werk enthält sehr viel gutes, und die
Mannigfaltigkeit der Sachen, die man darin findet,
machet die Lesung desselben angenehm.

17) S.

---

*) Diese Abhandlung ist ein sehr brauchbares und nützli-
ches Werk.

17) S. Optati libri sex de Schismate Donatistarum, cum Fr. Balduini Praefatione. Paris 1563
in 8. Jt. Unter diesem Titel: Delibatio Africa-
nae Historiae Ecclesiasticae, seu Optati libri sex
de Schismate Donatistarum et Victoris Uticen-
sis libri III. de Persecutione Vandalorum, cum
Franc. Balduini Annotationibus. Paris 1569 in 8.

Die gelehrte Vorrede, die Balduin vor dem
Werke des Optats gesetzet hat, ist ins französische
von Peter Viel, Canonicus zu Mans, übersetzet
worden, dessen Uebersetzung sich vor derjenigen, die
er von dem Werke des Optat zu Paris 1564 in
8 herausgegeben hat, befindet.

18) Historia Carthaginiensis Collationis inter
Catholicos et Donatistas, ex rerum Ecclesisti-
carum Commentariis Franc. Balduini. Paris 1566
in 8.

19) M. Minucii Felicis Octavius restitutus a
Fr. Balduino. Heidelbergæ 1560 in 8.

Balduin ist der erste, welcher wahrgenommen
hat, daß der Octavius des Minucius Felix,
den man gemeiniglich mit der Abhandlung des Ar-
nob contra Gentes druckte, von welcher man glaubte, daß sie das achte Buch ausmachte, ein besonderes Werk war, und einem andern Verfasser zuge-
hörete. Die Abhandlung, die er zum Beweise seiner Meinung zu dieser Ausgabe hinzugefüget hat,
ist öfters wieder aufgeleget worden.

20). Oratio de Legatione Polonica, nec non
variae Legatorum Polonorum et ad eos Orationes. Paris 1573 in 4.

21) Panegyrique sur le Mariage du Roi par Fr. Balduin. Angers. 1571 in 4.

Diese Lobrede auf die Vermählung des Königes Carl IX. wurde von Balduin zu Angers in Gegenwart des Magistrats gehalten.

22) Histoire des Rois et Princes de Poloigne, contenant l'origine, progrès et accroissement de ce Royaume depuis le premier fondateur d'icelui, jusques à Sigismond Roi dernier decedé. Avec les illustres faits desdits Rois et Princes. Divisée en vingt livres, et traduite du Latin de noble et magnifique Seigneur Jean Herburt de Fulstin, Castellan de Sanoc, Capitaine de Premislae, Conseiller du dit Royaume de Poloigne. Paris 1573 in 4.

Balduin hat sich bey dieser Uebersetzung, die er bey Gelegenheit der Wahl des Herzoges von Anjou verfertigte, nicht nennen wollen; du Verdier saget aber, daß er von dem Buchdrucker gehöret habe, daß sie von ihm wäre. Das Werk des Johan Herburt von Fulstin war zwey Jahre vorher unter folgendem Titel ans Licht getreten: Chronica, sive Historiae Polonicae compendiosa descriptio. Basileæ 1571 in 4.

23) De officio pii, ac publicae tranquillitatis vere amantis viri in hoc Religionis dissidio. (Basileæ) 1561 in 8.

Dieses Werk, dessen Verfasser sich nicht genennet hat, ist von Georg Cassander, und von Balduin herausgegeben worden, der es bey dem Colloquio zu Poissi austheilete; welches Calvin in der Meinung bestätigte, daß er ein wahrer Anhän-

ger von ihm wäre. Man muß sich also nicht wundern, daß er bey der Antwort auf den Vereinigungs-
project, der ihm mißfiel, dem Balduin übel begegnete, mit dem er nachher bey dieser Gelegenheit
grosse Streitigkeiten hatte. Die Antwort des Calvin führet die Aufschrift: Responsio ad verfipel-
lem quemdam Mediatorem, qui pacificandi specie
rectum Evangelii cursum in Gallia abrumpere mo-
litus est; und sie befindet sich unter seinen Werken
S. 351. Balduin vertheidigte sich in folgendem
Werke, für welches er ein Privilegium vom Jahre
1557 hatte, und das er damals verbesserte und einen
Appendicem hinzufügte.

24) Ad Leges de famosis libellis et de Ca-
lumniatoribus Commentarius. Paris 1562 in 4.

Die Gegenantwort des Calvin blieb nicht lange aus; es waren die Briefe, die Balduin
an ihn geschrieben hatte, und verschiedene von andern Personen ausgearbeitete Stücke angehänget.
Die Aufschrift derselben, woraus wir den Inhalt ersehen können, ist folgender: Joannis Calvini Responsio ad Balduini Convicia. Ad leges de Trans-
fugis, Desertoribus et Emansoribus, Fr Balduini
Epistolae quaedam ad Joannem Calvinum pro
Commentariis. Francisci Duareni J. C. ad alterum quemdam Jurisconsultum Epistola de Fran-
cisco Balduino. Antonii Contii J. C. admonitio
de falsis Constantini Legibus ad quemdam, qui se
hoc tempore Jurisconsultum Christianum profite-
tur. De Officio tum in Religione, tum in scripti-
onibus retinendo Epistola ad Fr. Balduinum J. C.
Ad L. III. C. Impp. de Apostatis Joannis Crispini

£ 2   Com-

Commentarius ad Jurisconsultos. 1562 in 4. pp. 117.
Balduin ſetzte ſogleich allen dieſen Piecen folgen⸗
de Schrift entgegen:

25) Reſponſio altera ad Joannem Calvinum.
Paris 1562 in 8.

Calvin ließ es dabey bewenden, und gab nur
ein Blat heraus, worin er erklärete, daß er dieſem
Gegner nicht mehr antworten wolte. Beza trat
an ſeine Stelle, und beantwortete dieſe zwote Schrift
des Balduin, der eine dritte Schutzſchrift unter
dieſem Titel herausgab:

26) Pro Franciſco Balduino Reſponſio ad
Calvinum et Bezam, cum refutatione Calvini de
Scriptura et Traditione. Coloniæ 1574 in 8.

27) Diſcours ſur le fait de la Reformation,
par François Balduin. 1564 in 8.

Dieſe Abhandlung iſt diejenige, von der Me⸗
nage in ſeinen Anmerkungen über das Leben des
Peter Ayrault redet, worinnen er ſaget, daß
Balduin auf Erſuchen des Prinzen von Conde
eine Abhandlung von den Mitteln zu einer
guten Reformation in Anſehung der Religi⸗
on zu gelangen, geſchrieben habe. Da dieſe Abhand⸗
lung, füget er hinzu, von einem verlaufenen Carme⸗
litermönche, der von dem ſeinigen noch vieles hinzu⸗
ſetzte, bekannt gemacht worden war, ſo beklagte ſich
Balduin bey dem Prinzen von Conde hierüber,
der den Mönch von ſeinem Hofe jagte, und Bal⸗
duin erlaubte, ſich zu vertheidigen. Dieſer Er⸗
laubniß zufolge ſchrieb er im Lateiniſchen eine Mei⸗
nung von der Reformation der Kirche; ich weiß
nicht, wenn dieſelbe in dieſer Sprache herausgekom⸗
men;

men; er überſetzte ſie aber nachher ins franzöſiſche, und ſo hat man ſie unter folgendem Titel:

28) Avis ſur le fait de la Reformation de l'Egliſe. Avec reponſe à un Predicant Calomnia-teur, lequel ſous un faux nom & titre d'un Prin-ce de France, s'oppoſa à l'Avis ſusdit, ecrit pre-mierement en Latin, puis mis en François par le meme Auteur. Paris 1578 in 16.

Man hat vermuthlich noch eine ältere Ausgabe.

29) Ich habe ſchon geſaget, daß er die Re-quete verfertiget hatte, welche die Herren der Niederlande den 3 April 1566 der Herzogin von **Parma** überreichten, um die freye proteſtantiſche Religionsübung zu erhalten.

30) Diſcours en forme d'Avis ſur le fait du trouble apparent pour le fait de la Religion.

Dieſe Abhandlung, die er in den Niederlanden ſchrieb, damit ſie an den König von Spanien ge-ſchickt werden ſolte, befindet ſich in des **Johann Franz le Petit** groſſer **Chronik** der **Nieder-lande,** die zu Dordrecht 1601 in zween Theilen in Fol. gedruckt wurde.

Man hat folgendes Buch unter dem Namen des **Franz Balduin** herausgegeben: Reſponſio ad Franciſci Duareni Commentarium de Miniſte-riis Eccleſiae et Beneficiis. Argentorati 1556 in 8. Er hat es aber für das ſeinige nicht erkannt.

Gesners Auszüge eignen ihm die Anmerkun-gen über die Pflichten des **Cicero** zu; ſie ſind aber nicht von ihm, ſondern, wie **Valerius Andreas** ſaget, von **Peter Balduin.**

S. Seine historische Lobschrift von Papirius Masson. Dieser Verfasser redet am weitläuftigsten und genauesten von ihm; es ist indessen zu bemerken, daß er seine Religionsveränderungen mit einem gänzlichen Stillschweigen übergangen, und daß es scheinet, als wenn er zu verstehen geben wolle, daß er beständig in dem Schooße der catholischen Kirche gelebet habe. Les Eloges de Scevole de Sainte Marthe. Ob man gleich darin nicht viel von ihm findet, so hat er doch besondere Umstände angeführet, die in dem Papirius Masson nicht sind. Valerii Andreæ Bibliotheca Belgica. Der Artikel, den der Verfasser vom Balduin giebet, ist lesenswürdig. Menage, notes sur la vie de Pierre Ayrault. Swcertii Athenae Belgicae. Auberti Miraei Elogia Belgica. Die französischen Bibliotheken des du Verdier und des la Croix du Maine. Bayle Dictionaire.

Carl Bernhard.

Carl Bernhard wurde zu Paris den 25 December 1571 geboren. Sein Vater hatte sich seit langer Zeit in dieser Stadt niedergelassen; seine Voreltern waren theils in Champagne, theils in Burgundien geblieben, wo sie die ersten Gerichtsstellen bekleidet hatten.

Die Unruhen, die in seiner Jugend in Frankreich entstunden, verhinderten seine Eltern nicht, ihn studiren zu lassen. Nach Erlernung der lateinischen Sprache, wolte er sich auch das Spanische bekannt

bekannt machen, und er erwarb sich von der Ge=
schichte, Erdebeschreibung und der Zeitrechnung ei=
ne grosse Kentniß.

Der Präsident Jeannin, der ihn liebte, brach=
te ihn an den Hof, und verschafte ihm die Stelle
eines **ordentlichen Lesers der königlichen
Kammer,** einige Zeit nachher, da Ludewig XIII.
majorenn geworden war. Dieser Prinz, der gegen
ihn eine grosse Zuneigung faßte, gebrauchte ihn
nicht nur als seinen Leser, sondern er vertrauete ihm
auch einige schwere und wichtige Geschäfte an.

Nach dem Tode Peter Matthieu, der 1621
erfolgte, wurde Bernhard in einem Brevet vom
15 October dieses Jahres zum **Historiographus
von Frankreich** an seine Stelle ernennet. Die=
ses Brevet nennet ihn einen Staatsrath, welchen
Titel er auch nachher jederzeit beybehalten hat.

Gegen sein 65 Jahr wurde er von einer sehr
starken Gicht angegriffen, die ihn verhinderte, die
Geschichte des Königes Ludewig XIII. zu vollen=
det. Er legte um diese Zeit seine Stelle des Hi=
storiographus von Frankreich zum Besten seines
Neveu, **Carl Sorels,** nieder.

Er lebte nachher noch vier Jahre, und starb den
24 Junius 1640 in seinem 69 Jahre.

Verzeichniß seiner Schriften.

1) Discours sur la Jonction des Mers 1613
in 4.

Man findet in dieser Abhandlung sehr gute Vor=
schläge zur Handlung.

2) Di=

2) Discours sur l'Etat des Finances. Paris 1614 in 4.

3) Histoire des Guerres de Louis XIII. contre les Religionnaires rebelles. Paris 1633 in fol.

Sorel saget in seiner französischen Bibliothek S. 356, daß man nur zwey bis drey Dußend Exemplarien dieser Geschichte abgedruckt, und sie dem Könige und seinen Ministern überreicht hätte. Sie befindet sich volständig in der Historie, welche Bernhard von der Regierung Ludewigs XIII. herausgegeben hat. Eben dieser Sorel setzet in der Lebensbeschreibung seines Oncle die Anzahl der Exemplarien auf zwölf, und saget, „daß vielleicht „ein Minister sein Exemplar einem Geschichtschrei- „ber gab, der sich desselben sehr wohl zu bedienen „wuste, indem er seine Materie, die er nur nach sei- „ner Art in Ordnung bringen durfte, völlig bereit „fand, und alles zum Vortheil desjenigen, dem er „sich verbindlich machen wolte, nemlich des Cardi- „nals Richelieu, einrichtete. Man darf nicht zweifeln, daß Sorel nicht hier von Dupleix habe reden wollen.

4) Carte Generale de la Maison de Bourbon: par Charles Bernard. Paris 1634 in fol.

Diese Charte ist von Carl Sorel fortgesetzet worden, welcher S. 413 seiner französischen Biblio- thek gestehet, daß er nach seinem Gutdünken darin verändert und hinzugefüget habe. Seine Ausgabe führet den Titel: Genealogie de la Maison Roya- le de Bourbon, avec les Portraits et eloges des Princes, qui en sont sortis, et les remarques histo- riques de leurs illustres actions, depuis S. Louis
jus-

jusqu'à Louis XIII. Paris 1634. 1646 in fol. zween Theile.

5) Histoire du Roi Louis XIII. composée par M. Charles Bernard. Paris 1646 in fol.

Diese Geschichte erstrecket sich nur bis auf das Jahr 1635. Carl Sorel hat sie geendiget, und dieselbe bis auf den Tod des Königes 1643 fortgesetzet. Dieser Fortsetzung ist das Leben Bernhards und eine aus den Memoirs dieses Geschichtschreibers genommene Rede von der Würde eines Historiographus von Frankreich beygefüget worden. „Die Schreibart Carl Bernhards, saget der „Abt le Gendre, ist eben so schlecht, als sein Ge„schmack; er samlet mit vieler Mühe Kleinigkei„ten; er macht zu viel Lobeserhebungen, zu viel „Ausschweifungen, und zu weitläuftige Beschreibun„gen der Gebäude; er fügt zu diesem allem sehr „gemeine Anmerkungen hinzu. Alle diese Fehler „machen die Lesung seines Werkes verdrießlich. Er „beschreibet indessen die Schlachten sehr umständ„lich, und führet wichtige Umstände an, besonders „viele Intriguen des Hofes, die er am besten wissen „konte, da er seine meiste Lebenszeit beym Lude„wig XIII. zugebracht hatte.

6) Lettre d'Etat à la Reine Mere, Marie de Medicis.

Wenn ehe dieser Brief und das folgende Stück ans Licht getreten, ist mir unbekannt.

7) Cleobule ou l'Homme d'Etat.

Sorel, der in dem Leben Bernhards von diesen beyden Stücken redet, füget hinzu, „daß er „noch einige andre dergleichen Schriften gemacht

L 5   habe,

„habe, die besonders gedruckt worden, die sehr nütz-
„liche Lehren enthielten, und die nicht allzu weitläuf-
„tig wären.

S. Sein Leben von Carl Sorel vor der
Geschichte Ludwigs XIII.

✽✦✽✦✽✦✽✦✽✦✽✦✽✦✽✦✽

Jacob Sadolet.

Jacob Sadolet erblickte zu Modena den 12
Jul. 1477 das Licht der Welt. Sein Vater
war Johann Sadolet, ein geschickter
Rechtsgelehrter in dieser Stadt, welcher, da er zu
Ferrara Professor des Rechts geworden war, seinen Sohn mit sich nahm, und ihn mit vieler Sorgfalt erziehen ließ.

Der junge Sadolet, der alle Anlage und alle
Neigung, die man nur wünschen konte, zu den Wissenschaften hatte, erlernete in kurzer Zeit die griechische und lateinische Sprache vollkommen, und
machte in der Weltweisheit unter Nicolaus Leo-
nicenus grosse Progressen.

Sein Vater, welcher wünschte, daß er sich der
Rechtsgelehrsamkeit befleissigen möchte, wolte, daß
er diese Wissenschaften flüchtig übergienge, um be-
sto geschwinder zu jener zu kommen; der besondere
Geschmack Sadolets aber erlaubte ihm nicht, die
Weltweisheit und Beredtsamkeit, an denen er sein
gröstes Vergnügen fand, zu verlassen, und da er sie
beyde gründlich besitzen wolte, so las er den Cicero
und Aristoteles, die er als die ersten Meister in
diesen beyden Wissenschaften ansah, mit vielem Fleisse.

se. Er überließ sich auch der Dichtkunst, und verfertigte damals poetische Stücke, die von seiner Fähigkeit ein vortheilhaftes Urtheil fällen ließen.

Als er in seinem 22 Jahre unter dem Papst
Alexander VI. nach Rom gegangen war, so
nahm ihn der Cardinal Olivier Caraffe, der die
Gelehrten liebte, zu sich, und ließ ihn in seinem
Pallaste logiren. Sadolet fuhr hier fort, sich
seinen Favoritstudien zu widmen. Der Ruhm, den
er sich durch seine Gelehrtamkeit und durch seine besondere Verdienste erwarb, brachte ihm die Bekanntschaft und Freundschaft vieler Prälaten zuwege, unter andern des Friedrich Fregosa, Erzbischofes von Salerno, der ihn nach dem Tode
des Cardinals Caraffe, welcher den 20 Jänner
1511 erfolget war, bey sich zu haben verlangte. Bey
diesem Prälaten hatte er Gelegenheit, Peter Bembo kennen zu lernen, der sich hieselbst auch einige
Zeit aufhielt, und mit dem er eine sehr genaue
Freundschaft errichtete.

Der Papst Leo X. war kaum den 11 März
1513 erwählet worden, als er ihn mit Peter Bembo zu seinem Secretair machte. Sadolet erwarb sich bey dieser Bedienung viele Ehre; denn
niemand schrieb zu dieser Zeit mit mehrerer Annehmlichkeit und Geschwindigkeit, als er. Die Zuneigung, die dieser Papst gegen ihn hatte, würde
ihm Beneficia und Ehrenstellen haben verschaffen
können, wenn er ein Verlangen darnach gehabt
hätte; allein er besaß so wenig Ehrgeitz und so viel
Uneigennützigkeit, daß er wider Willen das Bisthum
von Carpentras annahm, welches ihm Leo X,

ohne

ohne daß er ihn darum gebeten hatte, und während
seiner Wallfahrtsreise nach Loretto gab. Seine
erste Sorge in seinem bischöflichen Amte war diese,
daß er tüchtige Personen suchte, die über seine Kirche so lange die Aufsicht führen sollten, so lange ihn
sein Secretariat beym Papste nöthigen würde, in
Rom zu bleiben. Als aber der Papst Leo X. den
2 December 1521 gestorben war, so begab er sich ei-
ligst nach seiner Diöces, und führete nunmehr selbst
die Aufsicht. Er blieb zu Carpentras, so lange
Hadrian VI. Papst war; so bald aber Clemens
VII. zu seinem Nachfolger ernennet worden war, so
rief er ihn nach Rom zurück, um einer von seinen
Räthen zu werden. Sadolet begab sich dahin,
doch mit dem Beding, wenn er die Freyheit haben
solte, nach Verlauf dreyer Jahre in seine Diöces
zurück zu kehren; dieses brachte er mit Pünctlichkeit
zur Ausübung: und er war hierin glücklich; denn
Rom wurde ohngefehr 20 Tage nach seiner Abreise
1527 von der Armee Carls V. eingenommen und
geplündert. Er hatte indessen bey dieser Gelegenheit den größten Verdruß, den nur ein Gelehrter
haben kann. Er hatte seine Bibliothek in dieser
Stadt zurückgelassen, und man hatte das Glück gehabt, sie der Plünderung zu entreißen, und sie in
ein Schif zu bringen, das sie nach Frankreich überführen solte; da sich aber die Pest in das Schif,
worauf dieselbe war, eingedrungen hatte, und sowol
seine Bediente, die sich auf demselben befanden, als
auch die Piloten davon angestecket worden, so wolte
man sie nicht ans Land steigen lassen, wo sie gelan-
det waren; sie sahen sich deshalb genöthiget, sich
anders-

anderswo hinzubegeben, und man hörete nachher
nicht das geringste mehr von ihnen reden.

Er war schon einige Zeit in seiner Diöces, als
der König Franz I. nach Lion gieng. Sadolet
wartete ihm in dieser Stadt auf, und dieser Prinz
gab ihm Merkmale einer ganz besondern Gewogenheit.

Paul III, der Clemens VII. 1534 folgte, war
kaum erwählet worden, als er ihn nach Rom zu-
rückrief, um ihn in eine Congregation zu bringen,
welche zur Reformation, die sein Vorgänger angefangen hatte, bestimt war. Sadolet muste dem
Papste gehorsamen. Da er aber sah, daß alle Versamlungen, die man deshalb hielt, zu nichts diene-
ten, wie er es vorhergesehen hatte; so bat er den
Papst inständigst um die Erlaubniß, sich in seine
Diöces wieder begeben zu dürfen. Allein Paul
III. hatte besondre Absichten auf ihn, und um desto
mehr seine Person zu fesseln, so ernannte er ihn
den 22 December 1536 zum Cardinal. Er nahm
ihn 1538 nach Nizza in Piemont mit sich, wohin
er den Kayser Carl V. und Franz I. gebeten hatte zu kommen, um unter ihnen den Frieden zu vermitteln. Alles was er damals von ihnen erhalten
konte, war ein Waffenstillstand von zehn Jahren,
der aber 1542 schon wieder gebrochen wurde. Dieses Verhalten nöthigte den Papst, Legaten an diese
beyden Prinzen zu schicken, um sie alle beyde zum
Frieden zu bewegen. Sadolet, der, nachdem er
einigemal Carpentras besuchet hatte, nach Rom
zurückgekehret war, wurde zum Legaten nach Frankreich erwählet, und er begab sich in Geschwindigkeit
nach

nach diesem Königreich. Er wurde hieselbst vom
Könige Franz I. sehr wohl aufgenommen, und dieser Prinz bezeigte sich zu allem bereitwillig: der Cardinal Contarini aber, der nach Spanien zum Kayser gegangen war, war nicht so glücklich, und machte dadurch alle Bemühungen, die sich Sadolet gegeben hatte, fruchtlos.

Man merket bey dieser Reise die Uneigennützigkeit Sadolets an. Denn da er sich nach Endigung seiner Legation nach Carpentras begeben
hatte, und daselbst zehn Tage vor dem Ende des
Monats angekommen war, die ihm der päpstliche
Schatzmeister, der ihm seine Unkosten auszahlen
muste, noch angerechnet hatte; so gab er ihm dasjenige von dem Gelde, was er wegen der zehn Tage
bekommen hatte, wieder zurück, und behielt nur das,
was ihm nach dem Rechte zukam. Er hatte auch
schon bey andern Gelegenheiten seine wenige Liebe
zum Gelde von sich blicken lassen, besonders da er
den Gehalt von hundert Ducaten ausschlug, den
ihm der Papst geben wolte, und den noch andre Cardinäle, die eben so arm wie er waren, bekamen;
und da er eine grosse Geldsumme, die ihm der Papst
zuschickte, da er ihn zum Cardinal gemacht hatte,
nicht annehmen wolte. Sadolet begab sich nach
seiner zurückgelegten Reise nach Carpentras, und
blieb den Winter hindurch hieselbst, um sich von seinen Beschwerlichkeiten auszuruhen. Da er nachher im folgenden Jahre nach Italien zurückgekommen war, so war er bey der Unterredung, die der
Papst Paul III. mit dem Kayser in dem Gebiete
von Parma hielt, zugegen.

Da

Da er endlich fah, daß fein Aufenthalt in Jtalien und fein Alter ihm nicht mehr erlaubeten, fich
den Verrichtungen feines bifchöflichen Amtes zu unterziehen, fo bat er den Papft Paul, daß er feinen Neveu, Sadolet, ihm zum Coadjutor geben
möchte; welches auch gefchah.

Von diefer Zeit an verließ er Rom nicht mehr;
er lebte hiefelbft in Ruhe, und befchäftigte fich einzig und allein mit feinen Studien.

Er ftarb den 18 October 1547, nachdem er 70
Jahr, drey Monate und fechs Tage alt geworden
war, und wurde ohne Pracht, wie er es befohlen
hatte, in der Kirche zu St. Petri Kettenfeyer, welche in feiner Diöces lag, mit diefer Grabfchrift begraben:

D. O. M. S.

Jacobo Sadoleto, Epifcopo Carpentoractis S.
R. E. Presbyt. Cardinali, viro morum gravitate,
prudentia, et vitae integritate praeftantiffimo, doctrina et eloquentia cum iis quos mirata eft Anti-
quitas comparando. Paulus Sadoletus, Epifcopus
Carpentoractis, et Camillus Sadoletus, fratrum filii, moeftiffimi multis cum Lacrymis patruo B. M.
pofuerunt.

Vixit annos 70. Mens. 3. Dies 6.

Einige haben geglaubet, daß er vergiftet worden wäre, weil er mit den Proteftanten in einer genauen Verbindung ftand, und einige von ihren Lehrern fehr hochfchätzte; allein dies ift eine ganz unge-
gründete und faft unwahrfcheinliche Muthmaffung.
Es ift wahr, daß er von einem mäßigen, fanften und
billigen Gemüthe war, das den Frieden liebte und

die

die Reformation der Kirche wünschte, und daß er
mit einigen P otestanten in Freundschaft stand; allein sein Glaube hat niemals einige Veränderung
gelitten, er ist jederzeit der catholischen Kirche treu
geblieben, und niemand hat ihn in dem Verdacht
einer Ketzerey gehabt. Er wuste in den Personen
die persönlichen Verdienste von den Irrthümern zu
unterscheiden, und das eine hoch schätzen, das andre
hingegen misbilligen. Er hatte überdem bey dieser Correspondenz einen sehr lobenswürdigen Endzweck, wie er es uns selbst berichtet, wenn er also
redet: Alterum ego cum experiri conatus sim, lit-
terasque ad eorum nonnullos dederim humane,
ac satis etiam honorifice scriptas, sentio quam male sim a nonnullis exceptus, qui me aut scripsisse
ad hæreticos homines, aut illo modo scripsisse ar-
guunt, ac reprehendunt. In quo ego si consilio
lapsus sum, studio certe et pietate erga Deum non
sum lapsus. Quid enim aliud ego quaesivi, quam
dum honorifice et comiter ad illos scribo, ut ipsi
quoque ad parem moderationem, et quandam etiam
benevolentiam mei inflecterent se atque adducerent-
tur? quod si essem adeptus, speravi majora me multo, et commodiora ad spem concordiae et rationem publicae utilitatis esse facturum.

Man weiß, daß er die Schreibart des **Cicero,**
der er auch ziemlich nahe kömt, nachgeahmet hat.
Er dachte und schrieb vortreflich; seine Urtheile sind
aber öfters zu lang, zu subtil und zu dunkel.

Er hatte in seiner Jugend die Wollüste **Roms,**
einer unter **Alexander** VI. **Julius** II. und **Leo** X.
sehr schwelgerischen Stadt, genossen. Obgleich sein

äusser-

äusserliches Ansehen sehr ernsthaft war, so machte er
doch zu dieser Zeit dem Julius von Medicis, der
nachher Clemens VII. wurde, durch seine Scherze
diese vergnügte Stunden.   Philip Beroald berichtet uns dieses in dem 1 Buche seiner Gedichte in
einer Ode an diesen Julius von Medicis in folgenden Ausdrücken:

Minimum sapit mihi, qui
Contendit sapere anxie.
Face lucem hanc hilaremque et genialem,
Lepidosque combibones
Acciri jubeas tibi
Sadoletum, Marianum, Imperiamque.

Sadolet befindet sich hier in einer artigen Ge-
selschaft.   Fra Mariano war ein geistlicher Hof-
narre und Schmarotzer, und eigentlich ein Barbier
des Laurentius von Medicis, des Vaters Leo
X. und Imperia die berühmteste und schönste Hu-
re, die sich damals in Rom aufhielt.   Es scheinet,
daß Sadolet, seines ernsthaften Wesens ohngeachtet, in ihr verliebt wurde, und ihr Geschenke machte.   Sie rühmet es sich zum wenigsten in einer andern Ode des Beroald, die als ein Gespräch zwischen ihr und Beroald eingerichtet ist, und worin
dieser zu ihr saget, daß er nicht glaubte, daß sie von
andern so reichlich beschenket worden wäre, als von
ihm; sie antwortet ihm aber darauf:

Vellutae hae manicae ergo unde, et hic an-
nulus?
Haec donat Sadoleti gravitas tui.

Sadolet besserte in der Folge seine Sitten. Sein
Leben wurde erbaulich, und alle aufrichtige Schrift-

ſteller, und ſelbſt die Proteſtanten, ſtimmen darin
überein, daß er ein Prälat von einer exemplariſchen
Tugend wurde. (Menagi tom. 2. p. 128.)

. Seine Werke ſind zuſammen unter dieſem Titel
gedruckt worden:

Jacobi Sadoleti, Cardinalis et Epiſcopi Carpen-
toraĉenſis, viri diſertiſſimi, Opera quae extant
omnia, ad Eloquentiam, Philoſophiam, ac Theo-
logiam pertinentia. Nunc primum e variis Bibli-
otheçis ſimul edita et aucta. Ad haec Antonii
Florebelli Mutinenſis Orationes tres. Moguntiæ
1607 in 8. pp. 1336. Vor dieſer Samlung iſt das
Leben Sadolets von Antonius Florebelli, der
im Morery auf eine lächerliche Art Florebeau
genennet wird. Die in dieſer Samlung befindlichen Schriften ſind folgende:

· 1) Epiſtolarum Libri XVI. et ad Paulum Sa-
·doletum Epiſcopum liber unus.

Dieſe ſiebzehn Bücher wurden anfänglich mit
dem Leben Sadolets vom Antonius Florebelli
zu Lion bey Sebaſtian Gryphius 1550 in 8.
gedruckt. Zu Cöln geſchahe 1564. 1572. und 1590
in 8. desgleichen. Es iſt in den Briefen Sadolets viel merkwürdiges enthalten; ſie ſind aber öfters zu weitläuftig und folglich verdrießlich zu leſen.
Es iſt Schade, daß man ſie nicht in eine Zeitordnung gebracht hat; welches doch bey ſolchen Arten
von Schriften etwas weſentliches iſt.

2) Philoſophicae Conſolationes et Meditatio-
nes in adverſis.

Dieſes Werk iſt von Rom den 26 October
1502 datirt. Es war nebſt einer Abhandlung von
                                              Joas

Joachim Camerarius über eben diese Materie zu Frankfurt 1577 in 8 gedruckt worden.

3) Epiſtola ad Senatum Populumque Genevenſem, qua in obedientiam ſummi Pontificis eos reducere conatur.

Dieſer Brief, der zu Carpentras den 18 März 1539 geſchrieben iſt, hat in den Ausdrücken etwas beſonders. Sadolet redet darin mit den Calviniſten zu Genev als ein Apoſtel, und hält ſie für ſeine lieben Brüder in Chriſto. Chariſſimi in Chriſto fratres, pax vobis et nobiscum, huc eſt cum Catholica Ecclefia. Und weiter unten: Viſum eſt Spiritui Sancto, et mihi, ſcribere aliquid ad vos. Calvin antwortete ihm den 1 September dieſes Jahres von Strasburg aus, und machte ihm den Vorwurf, daß er ſich mehr als einen guten Redner, als einen guten Gottesgelehrten gezeiget habe. Die Proteſtanten machten ſogleich dieſe beyde Briefe bekannt, und lieſſen ſie in dieſem Jahre 1539 in 8 zu Strasburg drucken. Sie ſind nachher zu Genev mit den theologiſchen Schriften des Calvin wieder aufgeleget worden.

4) De liberis recte inſtituendis liber ad Guilielmum Bellaium Langeum. Lugduni 1533 in 8. It. Pariſ. 1534 in 8. Dieſes Buch iſt nachher noch öfters gedruckt worden.

5) Phaedrus, ſive de laudibus Philoſophiae libri duo. Lugduni 1538 in 4. It. Venetiis 1539 in 8. It. Baſilex 1541 in 8. It. Lugduni 1543 in 8.

Das erſte Buch iſt wider die Weltweisheit, das zweyte enthält die Vertheidigung derſelben.

M 2   6) De

6) De Pace ad Imperatorem Carolum Cae-
farem Auguſtum.

Er verfertigte dieſe Abhandlung, nachdem der
Friede zwiſchen Carl V. und Franz I. geſchloſſen
war. Man hat eine 1561 in 4 zu Venedig herausgekommene Ausgabe, und vermuthlich noch andre
ältere.

7) De Bello ſuſcipiendo contra Turcas ad
Ludovicum Chriſtianiſſimum Gallorum Regem
Oratio. Baſileæ 1538 in 8. It. In folgender von
Nicolaus Reusner herausgegebenen Samlung: De Bello Turcico Selectiſſimarum Orationum et Conſultationum variorum Auctorum Volumina quatuor. Lipſiæ 1596 in 4. Tom. 3. p. 33.

8) Ad Principes, Populosque Germaniae exhortatio graviſſima, ut deſertis et abjectis peſti-
lentiſſimarum haereſium infamiis in gremium
Catholicae et Apoſtolicae Chriſti Eccleſiae re-
deant. Dilingæ 1560 in 8.

9) Poemata I. de Lacoontis Statua, quae Romae in Vaticano ſpectatur. II. De Cajo Curtio
et Curtio Lacu. III. Ad Octavium et Frideri-
cum Fregoſos, Genuenſes. Lipſiæ 1548 in 8.
It. In der Samlung des P. Labbe, die den
Titel führet: Heroicae Poeſeos deliciae. Paris
1646 in 8. Das Gedicht des Curtius iſt mit
einem andern de Raptu Helenae von Franz
Sfondrat zu Venedig 1559 in 4 beſonders gedruckt worden.

Sadolet legte ſich in ſeiner Jugend auf die
Dichtkunſt; er verließ dieſelbe aber bald wieder,
um ſich ernſthafteren Studien zu widmen. Durch
das

das wenige, das er in dieser Art verfertiget hat, ist er von Gyraldi in die Zahl der grösten Dichter seiner Zeit gesetzet worden. Der P. Rapin behauptet aber, daß er die Redensarten aus dem *Virgil* entlehnet habe, ohne das sinnreiche derselben beyzubehalten, und daß ihm bey seinen Bemühungen einer sclavischen Nachahmung von Zeit zu Zeit Züge seines eigenen Verstandes entwischt wären.

10) Interpretatio in Psalmum *Miserere mei Deus*. Romæ 1525 in 4.

11) In Psalmum 93. *Deus ultionum Dominus*, Interpretatio. Lugduni 1528. et 1530 in 8.

Sadolet erkläret in diesen beyden kleinen Werken den buchstäblichen Verstand des Textes, und lässet die moralischen Gedanken in aller ihrer Schönheit sehen.

12) In Pauli Epistolam ad Romanos Commentariorum libri tres. Venetiis 1536 in 8. It. Lugduni 1536 in fol.

Dieser in Form eines Gesprächs eingerichtete Commentarius rühret mehr von einem Redner, als von einem Gottesgelehrten her, obgleich Sadolet viele theologische Materien, besonders von der Vorherbestimmung und dem freyen Willen abhandelt. Es scheinet, daß er keine andre Absicht gehabt, als sich einigen neuen Meinungen von diesen beyden Artikeln zu widersetzen. Er führet den Text Pauli völlig an, dessen gemeine Uebersetzung er verbessert hat, theils um reiner zu reden, theils sie deutlicher und dem griechischen Texte ähnlicher zu machen. Seine Theologie ist von des heiligen Augustins seiner weit entfernet; er vereiniget, so viel er kann,

M 3 die

die Vernunft mit dem Glauben, und nimt die alten griechischen Kirchenväter zu Gewährsmännern an. Sein drittes Buch betrift hauptsächlich die Sittenlehre, und er handelt darin viele Fragen von den Ceremonien der Kirche, von den Festen, dem Fasten und den geistlichen Orden ab. Von den Festen gestehet er, daß derselben zu viel wären, und daß es gut seyn würde, viele abzuschaffen. Die Frage, die er von dem Fasten aufwirft, ist diese, ob man mit Vernunft und mit Recht über das Fasten und die Enthaltsamkeit Gesetze gemacht habe, welche bey Strafe des Todes verpflichten? Er führet hiebey ein Gespräch zwischen Thomas Cajetan, Aegidius von Viterbo, und Laurentius Campegus an. Der erste behauptete, daß das Gesetz vom Fasten bey Strafe des Todes nicht verbinde, ausser wenn man es aus Muthwillen überträte; Campegus war eben der Meinung; Aegidius von Viterbo aber vertheidigte das Gegentheil. Sie kamen indessen alle drey darinnen überein, daß es gut seyn würde, wenn der Papst die Verbindlichkeit, das Fasten und die Enthaltsamkeit bey Todesstrafe auszuüben, aufhöbe. Sadolet scheinet der Meinung Cajetans zugethan zu seyn, und er lässet sich hierüber beym Osterfasten noch mehr aus, als welches er nach der alten Gewohnheit der römischen Kirche auf drey Wochen zu setzen den Vorschlag thut. Bey den geistlichen Orden führet der Cardinal Augustin Trivulcius, den Sadolet reden lässet, ein anderes Gespräch zwischen dem Cardinal Olivier Caraffe, und Nicolaus Flisque an. Dieser letzte behauptete, daß die grosse Mannig-

nigfaltigkeit der geistlichen Orden, die sich in den
Namen und Kleidungen unterscheideten, unerträglich wäre, und daß die freywillige Armuth, von der
viele Profession machten, sehr üble Folgen hätte;
daß sie die Schamhaftigkeit vertriebe; daß sie die
Religion verächtlich machte, und daß sie die Mönchen verhinderte, sich des Gottesdienstes zu befleißigen; daß es sehr nützlich seyn würde, alle Orden auf
dreye zu bringen, einen für die Mönche, die ihr Leben in der Einsamkeit und in der Stille zubringen
solten, um GOtt zu suchen, und zween andere, deren
Beschäftigung das Predigen, Unterrichten, und den
Staat dienen, seyn solte. Trivulcius billiget
diese Meinung, und glaubet noch überdies, daß es
sehr zuträglich seyn würde, die Armuth unter den
Mönchen abzuschaffen.

Dies sind alle Schriften, die in der Samlung
von Maynz vom Jahre 1607 enthalten sind. Es
sind aber noch einige andre, die sich nicht in derselben befinden, und deren wir Erwehnung thun müssen.

13) Epistola ad Joannem Sturmium. Argentorati 1539 in 8.

Sadolet hatte mit Caspar Contarini und
einigen andern an einer kleinen Schrift Antheil, die
den Titel führte: Consilium de emendanda Eccle-
sia Paulo III. jubenti oblatum anno 1538. Johann
Sturm beantwortete dieselbe in zween Briefen, wovon der eine überhaupt an die Cardinäle und
an andre Prälaten, die an dieser Schrift einigen Antheil gehabt hatten, und der andre besonders an
Sadolet gerichtet war. Sadolet wurde hiedurch genöthiget, dem Sturm zu antworten, und

er that es mit vieler Gelindigkeit und Höflichkeit,
obgleich Sturm von der catholischen Kirche sehr
übel geredet hatte.   Sturm machte eine Gegenantwort, und alle diese Briefe mit des Jacob
Omphalius seiner über eben diese Materie wurden zu gleicher Zeit zusammen gedruckt.   Sie befinden sich auch in einer Samlung, welche die Aufschrift hat: Discursus Epistolares Politici, Theologici de statu Reipublicae Christianae degenerantis;
item de reformandis moribus et abusibus Ecclesiae.
Francofurti 1610 in 4.

   14) Homiliae duae, altera de morte Friderici
Fregosii Cardinalis, altera de Hungaria a Turcis
capta. Lugduni 1536 in 8.   Die letzte ist auch
bey dem Coran gedruckt worden, der zu Basel
1593 in Fol. herauskam.

   S. Sein Leben von Antonius Florebelli vor der Samlung seiner Briefe.   Es ist
sehr weitläuftig und genau; es fehlen aber in demselben die Jahrszahlen. Georgii Josephi Eggs Pur-
pura docta. Lib. 4. p. 509.   Dieser Verfasser hat
den Florebelli abgeschrieben.   Seine historische Lobschrift in dem ersten Theil der Memoirs von Wilhelm Ribier. S. 107.   Der
Verfasser hat dieses Leben gröstentheils aus dem
Florebelli genommen; er hat aber vieles hinzugefüget, und sich auch zugleich öfters geirret.   Les E-
loges de M. de Thou et les additions de Teissier.
La Bibliotheque des Auteurs Ecclesiastiques de M.
du Pin.   Der Auszug des du Pin aus dem Commentarius Sadolets über den Brief an die Römer

mer ist sehr gut; das Leben aber, das er vorgesetzet hat, ist nicht genau.

Franz Petrarch.

Franz Petrarch wurde den 20 Julius 1304 zu Arezzo von Petrarco di Parenzo, und von Eletta de' Canigiani, beyde aus ansehnlichen florentinischen Familien geboren. Sein Vater war Notarius in Florenz; und da er der Parthey der Weissen anhieng, so wurde er 1300 mit seiner Familie von der Parthey der Schwarzen, die damals die Oberhand behielt, aus derselben vertrieben. Dieser Unglücksfall nöthigte sie, sich nach Arezzo zu begeben, wo sie einige Zeit blieben, und während ihres Aufenthaltes hieselbst erblickte Petrarch das Licht der Welt, der sich indessen beständig als einen Florentiner angesehen hat.

Er hatte noch nicht das siebente Jahr erreichet, als seine Mutter von der Republik Florenz die Erlaubniß erhielt, zu Ancisa, einem unter Florenz stehenden Dorfe, zu bleiben, wo ihr Mann einige Güter hatte, und sie begab sich mit ihrem Sohne dahin; welches einige auf die Meynung gebracht hat, daß er an diesem Orte geboren wäre.

Sein Vater, der sich vergebens bemühet hatte, die Erlaubniß, in seine Vaterstadt zurückgehen zu dürfen, zu erhalten, rief seine Frau und seinen Sohn, der damals 7 Jahre alt war, zu sich, und führete sie nach Pisa, wo er sein Glück zu machen suchte. Da er aber auch hier nichts ausrichten konte, so begab er sich zwey Jah-

re

re nachher nach Avignon, wo sich damals der Papst aufhielt.

Der junge Petrarch hatte nunmehr das neunte Jahr erreichet, und der berühmte Barlaam, aus Calabrien gebürtig, und ein Mönch des heiligen Basilius, der nachher Bischof von Geraci wurde, hatte ihm schon bey seinem Aufenthalte zu Pisa einige Anweisung zum Briefschreiben gegeben.

Als sie sich zu Avignon niedergelassen hatten, schickte ihn sein Vater nach Carpentras, wo er sich vier Jahre hindurch auf die Sprachkunst, Redekunst und Weltweisheit legte. Er gieng hierauf nach Montpellier, und erlernete hieselbst vier andre Jahre hindurch unter Johann von Andreas, und unter Cino von Pistoie die Rechtsgelehrsamkeit. Es ist sehr wahrscheinlich, daß ihm dieser letzte, der in der italienischen Dichtkunst sehr geschickt war, einen Geschmack für diese Kunst einflößte, und ihm die Anfangsgründe derselben beybrachte.

Sein Vater schickte ihn nunmehr nach Bologna, um sich in der Rechtsgelehrsamkeit vollkommener zu machen, und er hatte darin Johann Calderino und Bartholomäus von Ossa zu seinen Lehrern. Alle diese Zeit, die er dieser Wissenschaft widmete, würde ihn zu einem geschickten Rechtsgelehrten haben machen können, wenn ihn sein Geschmack nicht anderswohin gezogen hätte. Die Erlernung des Rechts war für ihn ein gezwungenes Studium, und er legte sich nur aus Gefälligkeit gegen seinen Vater auf dasselbe. Die Dichtkunst, Beredtsamkeit, Geschichte und die philosophische Moral hatten für ihn so was anzügliches, daß er öfters

öfters seine Bestimmung vergaß, und sich einzig und
allein mit denselben beschäftigte. Sein Vater, der
ihn zu besuchen nach Bologna gieng, verurtheilete
alle lateinische Dichter und Redner, die er bey ihm
fand, außer dem Virgil und Cicero, welche er
ihm auf sein anhaltendes Bitten ließ, zum Feuer;
allein alles dieses war nicht vermögend, weder seine
Neigung zu ändern, noch ihm einen Geschmack an
der Rechtsgelehrsamkeit, welche ihm nach seinem eigenen Geständnisse überaus misfiel, einzuflößen.

Nach dem Tode seiner Mutter und seines Vaters gieng er nach Avignon, um seine häuslichen
Umstände in Ordnung zu bringen. Nachdem er dieses gethan hatte, kaufte er ein funfzehn Meilen von
dieser Stadt entlegenes Landhaus an einem sehr ein-
samen, doch angenehmen Orte, welches Vaucluse
hieß, und wo er nachher den größten Theil des Jahres zubrachte.

Die Liebe, die er 1327 in seinem 23 Jahre gegen
eine junge Dame, die in der Nachbarschaft wohnete, faßte, machte ihm diesen Ort noch weit angeneh-
mer. Dies war die schöne Laura, die ihn wegen
seiner auf sie gemachten Lobgedichte so berühmt gemacht hat. Jacob Philip Tomasini und andre
behaupten, daß sie die Tochter des Heinrich von
Chiabau, eines Herren von Cabrieres wäre;
Joseph Maria Suarez und einige andre wollen
aber, daß sie aus dem Sadischen Hause herkomme;
wenigstens ist gewiß, daß sie zu Avignon den 4 Junius 1314 geboren wurde, und daß sie ihre meiste
Lebenszeit zu Vaucluse zubrachte.

Petrarch

Petrarch verſichert, daß ſeine Liebe gegen ſie
ehrbar und gerecht geweſen; einige haben indeſſen
ſich bemühet, durch ſeine eigene Verſe das Gegentheil darzuthun; dem ſey aber, wie ihm wolle, ſo
hörete ſeine Zärtlichkeit gegen ſie, ſo lange ſie lebte,
nicht auf, und ſie dauerte noch lange Zeit nach ihrem Tode fort.

Sie ſtarb den 6 April 1348 in ihrem 34 Jahre, und wurde in der Franciſcanerkirche zu Avignon
begraben.   Petrarch verewigte ſeinen Schmerz
durch eine groſſe Anzahl Verſe, die er auf ſie gemacht hat, und welche hinreichend ſeyn würden,
uns zu überführen, daß ſie eine vollkommene Perſon geweſen, wenn man nicht wüſte, daß ein Dichter
und ein Verliebter redete.

Sein Aufenthalt zu Vaucluſe wurde öfters
durch Reiſen unterbrochen.   Da ihm 1327 der Ein-
tritt Ludwigs von Bayern in Italien die Hofnung machte, daß die von Florenz Vertriebene
würden dahin wieder gerufen werden, ſo gieng er
nach Meyland, um zu ſehen, worauf er ſich Staat
machen könte; da aber ſeine Hofnung vergebens
war, ſo ſah er ſich genöthiget, nach Avignon wieder
zurückzugehen.

Seine Reiſebegierde trieb ihn hierauf nach Paris, von da gieng er nach Flandern und Deutſchland.   Jacob Colonna, Biſchof von Lombez, mit
dem er am päpſtlichen Hofe Freundſchaft gemacht
hatte, und der um dieſe Zeit nach Rom gegangen
war, bat Petrarch, hieher zu kommen, und er
machte ſich dieſer Gelegenheit zu Nuße, um dieſe
Stadt zu ſehen.

Nach

Nach seiner Zurückkunft nach Avignon begab er sich auf Anhalten dieses Bischofes und des Cardinals Johann Colonna seines Bruders, in den Dienst des Papstes Johann XXII, der ihn in vielen wichtigen Affairen sowoi zu Rom, als in Frankreich gebrauchte. Er glaubte, hiedurch zu Ehrenstellen zu gelangen; da er aber sah, daß ihn alles dieses zu nichts beförderte, so gieng er wieder nach Vaucluse, wo er seinen Unwillen hierüber in dreyen Sonnets, die unter seinen Werken befindlich, und in einigen seiner lateinischen Briefe an den Tag legte.

Er verfertigte um diese Zeit seine meisten lateinischen Schriften, und unter andern sein Gedicht von Africa, welches in diesen Jahrhunderten der Unwissenheit für ein Wunder gehalten wurde, und das ihm in Italien und Frankreich einen so grossen Namen machte, daß er zu gleicher Zeit von dem Rath zu Rom, und von den Canzlern der Universität zu Paris gebeten wurde, sich die poetische Krone zu holen.

Er zog auf Anrathen seiner Freunde und aus vielen Ursachen Rom Paris vor. In dem Vorsatz, nach dieser ersten Stadt zu gehen, schifte er sich 1341 ein, und begab sich nach Neapolis, wo ihm der König Robert, der die Wissenschaften liebte, und die Gelehrten beschützte, von Rom zurückhalten und ihm selbst die Krone geben wolte. Allein Petrarch, der diese Gnade aufs höflichste von sich ablehnte, setzte unter einer grossen Bedeckung seine Reise fort, und er empfieng den 8 April 1341 in Gegenwart des Senats und des Volkes die Dichterkrone. Die Umstän-

ſtände bey dieſer Krönung, die lange Zeit nicht vor-
gefallen war, ſind ſo beſonders und ſo wenig bekannt,
daß ſie hier umſtändlich angeführt zu werden verdienen.

An dem Tage, der zu dieſer Krönung beſtimt
war, hielt der Vice-Legat, der von der Familie Colonna und Biſchof von Terracina war, vor dem
Altar des heiligen Petri eine muſicaliſche Meſſe;
man führete hierauf Petrarch in den Pallaſt Colonna, nahe bey St. Maria in via lata, wo
man ſpeiſete. Nach Endigung der Mahlzeit brachte der Unter-Ceremonien-Meiſter viele Werke vom
Petrarch vor, und hielt an die Verſamlung eine
Rede, worin er bat, daß Petrarch zum Dichter
gekrönet werden möchte, welches ihm auch einmü-
thig zugeſtanden wurde. Man zog alsdann dieſem
Dichter die bey dieſer Ceremonie nöthigen Kleidungs-
ſtücke an. Am rechten Fuſſe wurde ihm ein leder-
ner purpurfarbener Schuh, der die Geſtalt eines
Pantoffels hatte, und oben mit Bändern zugebunden war, angezogen; dies iſt der Schuh, der den
tragiſchen Dichtern zukömt. Am linken Fuß kam
hierauf eine andre Art von Schuh von violetter Far-
be, der wie ein halber Stiefel gemacht war, und der
mit einem blauen Bande am Fuſſe und um die
Wade zugebunden wurde; dies iſt der Schuh der
comiſchen Dichter. Ueber ſeinen Bruſtlatz, der von
grauem Taffet war, legte man ihm einen langen
Rock von Violet-Samt an, der am Halſe gefältet,
mit Ermeln verſehen, mit grünem Taffet doppelt ein-
gefaßt, und mit einem von Gold gewebten Bande
umſetzet war. Mit einer Demantſchnur umgürte-
te

te man ihn. Ueber diesen Rock kam ein anderer
von weissem Atlas, der auf den Seiten offen war.
Man setzte ihm hierauf eine Bischofsmütze von einem geblümten Goldstücke auf, woran sich hinten
Bänder befanden; man hieng ihm um den Hals
eine Violine mit einer von Drachenfiguren zusam-
mengesetzten Kette; und man gab ihm ein paar neue
Handschuhe in die Hände, wovon der linke von
Fischotterfell und der rechte von Hermelinfell war.
Nachdem man ihn auf diese Art angekleidet hatte,
ließ man ein Mädchen mit ungeflochtenen Haaren,
mit blossen Füssen, mit einer Bärshaut bedecket und
mit einem in der Hand haltenden angezündeten Lich-
te kommen, die den Schweif seines Rockes, der sehr
lang war, tragen muste. In diesem Aufzuge begab
er sich in den Hof, wo er einen Wagen fand, der
mit Sinnbildern gezieret, mit Lorbeerblättern, E-
pheu und Myrthen bedecket und mit einem goldenen
Zeuge umzogen war, worauf der Berg Parnas-
sus, Apollo, und die Musen vorgestellet waren.
Auf diesem Wagen befand sich ein Stuhl, worauf
unser Dichter gesetzet wurde, der viele Bücher und
alle Sinnbilder der freyen Künste um sich hatte,
und auf seinen Knien eine helfenbeinerne Violine
trug. Von den vier Füssen, die den Stuhl unterstützten, war der eine ein Löwe, der andre ein Ele-
phant, der dritte ein Raubvogel, und der vierte
ein Pantherthier. Verschiedene Personen, welche
die alten Gottheiten vorstelleten, giengen bey dem
Wagen, worauf sich mit dem Petrarch nur die
drey Grazien und Bacchus befanden, der die Geduld
zur Seite hatte. Vier Pferde zogen ihn, und vor
dem-

demselben gieng eine mit groben Zeuge bekleidete
Frauensperson, die mit einer Ruthe einen wohlge-
kleideten Menschen vor sich hertrieb, welcher in einer von zween Pferden getragenen Sänfte ganz be-
quem saß. Eine Person, die den Neid vorstellete
und in der Hand einen Armbrust hielt, gieng hinten,
und ihr folgten tanzende Satyren, Waldgötter und
Nymphen. Als die Musik aufhörete, sprungen
junge Knaben allenthalben herum, und sungen zur
Ehre Petrarchs und der Stadt Rom Gesänge.
Man kam in dieser Ordnung aufs Capitolium, wo
Petrarch eine lateinische Rede hielt und um die
Dichterkrone bat; sie wurde ihm bewilliget, und
man setzte auf seine Mütze drey Kronen; die eine
von Epheu, die andre von Lorbeer und die dritte von
Myrthen. Der Rathsherr, der ihn gekrönet hatte, beschenkte ihn mit einem Rubin, der fünfhundert Ducaten hochgeschätzet wurde, und das römi-
sche Volk gab ihm fünfhundert andre Ducaten, und
alles, was zu seiner Krönung nöthig gewesen war.
Er stieg wieder auf seinen Wagen, und es gieng in
der vorigen Ordnung nach der St. Peterskirche.
Er warf unterweges Geld unter das Volk, das er
von der colonnischen Familie bekommen hatte, und
sich auf vierhundert Gulden belief. Als er in der
St. Peterskirche angekommen war, verrichtete er
vor dem hohen Altar sein Gebet, und opferte seine
drey Kronen. Er kehrete hierauf nach dem colonnischen Pallast zurück, wo eine grosse Abendmahlzeit
gegeben, und nach derselben ein Ball gehalten wurde.
Alle diese Umstände sind aus einem Briefe von
Senuccio del Bene, einem Florentiner und Dichter.

ter, der mit Petrarch zu gleicher Zeit lebte, oder
beſſer aus einem neuern Schriftſteller dem Hieronymus Marcatelli, einem Canonicus zu Padua,
der dieſen Brief nach dem Vorgeben der Journaliſten zu Venedig 1549 zuerſt bekannt machte, genommen. Der Verfaſſer dieſes Briefes, von welchem man eine franzöſiſche Ueberſetzung hat, die zu
Paris 1565 in 4 herauskam, verſichert, daß er bey
dieſer Ceremonie zugegen geweſen, und die vielen
Umſtände, die er hiebey erzählet, können uns auch
hievon ziemlich überführen; er irret ſich indeſſen bey
dem Ceremonientage, den er auf den 22 May am
Himmelfahrtstage ſetzet; auſſer daß ſich dieſes Datum widerſpricht, weil der Himmelfahrtstag in dieſem Jahre am 17 und nicht am 22 May war, ſo
giebet ſich der Verfaſſer des Briefes auch viele
Mühe, von dem, was bey dieſer Ceremonie, worin
alles auf den Character und das Genie eines Dichters eine Anſpielung war, geſchah, Urſachen anzu-
geben.

Von Rom gieng Petrarch nach Parma, wo
er von den Herren von Coreggio viele Ehre genoß; die Liebe zur Einſamkeit aber zog ihn nach einem ſehr angenehmen Ort, Namens Selva Pia-
na, in dem Gebiete von Reggio, wo er den gröſten
Theil der Zeit, in welcher er in dieſem Lande blieb,
zubrachte.

Um dieſe Zeit ſchrieben ſeine Freunde von Florenz an ihn, welche ſeine Rückkehr in dieſe Stadt
zu bewirken, und ihn in den Beſitz ſeiner Güter wieder zu ſetzen hofften. Er begab ſich auf dieſe Nachricht nach Arezzo, um bey der Betreibung dieſer

Sache desto näher zu seyn; alle Einwohner kamen ihm aus dieser Stadt entgegen, und erwiesen ihm viele Eh-re; er war aber in seinem Vorhaben nicht glücklich. Da er also sah, daß sich die Sachen in die Länge zo-gen, so kehrete er nach Parma und einige Zeit dar-auf nach Vaucluse zurück. Er blieb indessen nicht lange in Provence; der Papst Clemens VI. schick-te ihn einige Zeit nachher nach Neapolis, um der Königin Johanna, die dem Robert gefolget war, zur Thronbesteigung Glück zu wünschen.

Er gieng 1348 von neuen nach Italien, um zu Verona die Herren von la Scala, und zu Padua Jacob von Carrara, welche ihn in ihren Brie-fen aufs angelegentlichste zu sich gebeten hatten, zu besuchen. Er befand sich zu Verona, als er den Tod seiner werthen Laura vernahm, der ihm viel Betrübniß verursachte. Von Avignon, wohin er 1349 zurückgekommen war, gieng er 1350 bey Ge-legenheit des Jubiläi nochmals nach Rom, und be-gab sich hierauf nach seiner Einsamkeit zu Vauclu-sa, wo er bis 1352 blieb. Als ihm dieser Aufent-halt verdrießlich wurde, und ihn die Liebe, die er zu Italien hatte, in dieses Land rief, so verließ er gänzlich Provence, und gieng nach Meyland, wo er sich in den Dienst der Visconti begab, die ihm alle Merkmale der Hochachtung und des Wohlwol-lens gaben, und die ihn zehn Jahre hindurch bey wichtigen Affairen, und bey verschiedenen Ambassa-den gebrauchten.

Seine übrige Lebenszeit war eine beständige Rei-se, und er befand sich bald zu Parma, bald zu Pa-dua, bald zu Ferrara, oder zu Venedig. Er war

1364

1364 in dieser letzten Stadt; als Johann Boccacius von Seiten der Republik Florenz an ihn geschickt wurde, und ihn benachrichtigte, daß man ihn
in alle seine Güter wieder eingesetzet; und daß
er die Freyheit hätte, in diese Stadt wieder zurück
zu kehren. Diese Nachricht verursachte ihm viel Vergnügen; er war aber nicht im Stande, sich dieser
Gnade, die man ihm erwies, zu Nuße zu machen;
denn er war damals so hinfällig und kränklich, daß
er daran nicht denken konte, sich an einen von Venedig so weit entlegenen Orte niederzulassen: er war
in der That so verdrießlichen Zufällen unterworfen,
daß man ihn einsmal zu Verrara dreyßig Stunden
lang für todt hielt. Er begab sich also lieber nach
Padua, um daselbst bey Franz von Carrara,
einem Herrn von dieser Stadt, seine Tage zu endigen, welcher ihm ein sehr angenehmes und zehn
Meilen von dieser Stadt entlegenes Landhaus in einem Orte, Namens Arqua, gab.

Er that nochmals 1373 mit einem Sohne des
Franz von Carrara eine Reise nach Venedig, um
in seinem Namen bey der Republik wegen einiger
Beschimpfungen, die er ihr angethan hatte, um Vergebung zu bitten. Sie kamen in dieser Stadt den
27 September an, und wurden des folgenden Tages in den Rathssaal geführet, wo Petrarch seine Rede zu halten anfieng; kaum hatte er aber einige Worte vorgebracht, als er auf eine solche Art
in Verwirrung gerieth, daß er nicht das geringste
mehr sagen konte. Die Audienz muste also bis auf
den folgenden Tag verschoben werden, an welchem
er mit so vieler Beredtsamkeit und Stärke redete,

daß

daß ihm der Senat dasjenige zugestand, was er verlangte. Dies berichten uns einige zu dieser Zeit
geschriebene Historien.

Nach dieser Begebenheit lebte er nicht mehr
lange; denn nachdem er nach Arqua zurückgekehret
war, starb er den 18 Julius 1374 in seinem 70 Jahre daselbst. Bey seinem Leichenbegängnisse waren
der Herr von Padua, der Bischof und die Clerisey
dieser Stadt zugegen, und seine Trauerrede hielt
Bonaventura Badoaro von Peraga, von dem
Einsiedlerorden, sein Freund, und der nachher Cardinal wurde. Er wurde zu Arqua begraben, wie
er es in seinem zu Padua 1370 gemachten Testamente verordnet hatte, und man setzte ihm diese
von ihm selbst verfertigte Grabschrift:

Frigida Francisci lapis hic tegit ossa Petrarcae;
Suscipe, virgo parens, animam; sate virgine
parce;
Fessaque jam terris caeli requiescat in arce.
Anno Domini 1374. 18 Julii.
Man fügte unten diese Worte hinzu: Viro insigni
P. P. Laureato Franciscolus de Brosano Mediola-
nensis, Gener, individua conversatione, amore, pro-
pinquitate, et successione, memoria.

Dieser **Franciscolus von Brosano** hatte eine natürliche Tochter geheyrathet, welche **Petrarch**
mit einem Frauenzimmer gezeuget hatte, die aus
einer guten Familie abstammete, und in dem nahe
bey Meyland gelegenen Dorfe **Linterno**, das nachher unrichtig l'Inferno genennet wurde, wohnete;
und dieser Dichter hatte ihn zu seinem Universalle-
gatarius gemacht.

Pe-

Petrarch hatte eine gute Leibesbeschaffenheit, und seine Mäßigkeit trug vieles zu seiner Gesundheit bey. Er sehnte sich nach keinen Reichthümern; er verachtete sie aber auch nicht. Er liebte die Ehre, doch ohne sie mit vieler Mühe zu suchen. Er hatte einen vortreflichen Verstand; jederman weiß, wie glücklich er in der italienischen Dichtkunst gewesen; in der lateinischen ist in Vergleichung mit der italienischen alles mittelmäßig. Seine andre Schriften sind nicht sonderlich merkwürdig, ob sie gleich mit aller Fruchtbarkeit und Fertigkeit, die man nur von einem so barbarischen Jahrhundert, als das seine war, erwarten kann, geschrieben sind.

Er war in den geistlichen Stand getreten, und trug die Kleidung desselben; er giebet sich selbst den Titel eines Geistlichen; ein Titel, der ihm ein Canonicat von Cavaillon, und ein anderes von Combez, das Archidiaconat bey der Kirche zu Parma, und endlich ein gutes Canonicat bey der Cathedralkirche zu Padua zuwege gebracht hatte; er hat aber niemals den Priesterorden bekommen. Ausserdem gaben ihm Robert, König von Neapolis und die Königin Johanna den Titel ihres Hofcapellans, wie man es aus den öffentlichen Briefen, die er deshalb von ihnen bekam, und wovon der erste von 1341, und der zweete von 1343 ist, ersiehet.

Verzeichniß seiner Schriften.

Francisci Petrarchae Opera quae extant omnia. Basileæ 1581 in fol. Vier Theile.

Man findet hier die lateinischen und italienischen Schriften Petrarchs. Die lateinischen waren

ren

ren schon vorher zu Basel 1496 in Fol. und zu Venedig 1501 in Fol. gedruckt worden. Sie sind aber hier vollständiger. Die Stücke, die sich in dieser letzten Ausgabe befinden, sind folgende:

In dem ersten Theile.

1) De Remediis utriusque Fortunae libri duo. Luguduni 1577 in 8. It. Genevæ 1613 in 24. It. Roterod. 1649 in 8. It. Ins Italienische übersetzt: Opera di Franc. Petrarca de' Rimedi dell' una e l'altra Fortuna, tradotta per Remigio Fiorentino. In Venetia 1549 in 8. It. Ins Französische: Messire François Petrarque des Remedes de l'une & l'autre fortune translaté du Latin par Nicole Oresme. Paris 1534 in fol. Man findet in dem Verzeichniß von der Dauphine, die 1723 starb, hinterlassenen Handschriften, eine andre französische Uebersetzung, die nicht gedruckt worden und betitelt ist: Petrarcha de Remediis utriusque Fortunae, traduit en François par Jean d'Augin, Chanoine de la Sainte Chapelle de Paris in fol. Grenaille, Herr von Chateauniers hat eine neue Uebersetzung gemacht, bey welcher er die Form eines Gespräches und die verdrießlichen Wiederholungen im Lateinischen weggelassen hat; sie ist unter diesem Titel ans Licht getreten: Le sage resolu contre la Fortune & la Mort, ou Petrarque mis en François. Rouen 1662 in 12. Zwey Theile. Ich finde noch eine weit neuere Uebersetzung unter dieser Aufschrift: Entretiens de Petrarque sur la bonne & mauvaise fortune, ou l'art de vivre heureux.

reux. Paris 1673 in 12. zween Theile *). Aller
dieser Uebersetzungen ohngeachtet ist jetzt dieses
Werk in eine gänzliche Vergessenheit gerathen.
Die Lesung desselben sowol, als aller prosaischer
Werke Petrarchs ist höchst verdrießlich.

2) De vita solitaria libri duo.

3) De Otio Religiosorum libri duo.

4) De vera sapientia Dialogi duo.

5) De Contemtu Mundi, sive Secretorum
Dialogi tres. Diese Abhandlung ist unter diesem Titel besonders gedruckt worden: De Secre-
to Curarum conflictu. Regii Lepidi 1501 in 4.

6) Psalmi Poenitentiales septem.
Es sind vom Petrarch verfertigte Psalmen.

7) De Republica optime administranda liber.
Diese und die folgende Schrift sind zu Bern
1602 in 12 besonders gedruckt worden.

8) De officio & virtutibus Imperatoriis liber.

9) Rerum Memorabilium libri IV.
Es sind verschiedene Stücke aus der römischen
und griechischen Geschichte, die unter einen Titel gebracht sind. Man hat sie zu Bern 1604 in 12 besonders gedruckt. Wir haben von diesem Werke
N 4 eine

(*) Wir haben auch zwo alte deutsche Uebersetzungen, wovon die eine den Titel führet: Hülfe, Trost und Rath
in allen Anliegen. Francisc. Petrarchæ. Frankfurt
1559. in Fol. und die andre: Trostspiegel im Glück
und Unglück. Francisci Petrarchæ, des hochweisen
und berühmten Oratorn zwey Bücher, männiglich,
zuförderst denen, welchen es nicht allwege nach ihrem Sinne gehet, nütz und nöthig zu wissen. Lüneburg gedruckt und verlegt bey Johann und Heinrich Sternen, Buchführern daselbst 1637.

eine alte Ueberſetzung, welche die Aufſchrift hat:
Les paroles joyeuſes & dits memorables des nobles
& ſages hommes anciens, redigez par François
Petrarque, & traduits en François. Lyon 1531
in 8.

10) Vitarum Illuſtrium Virorum Epitome.

Es ſind hiſtoriſche Lobſchriften auf vierzehn alte Römer. Sie ſind bey den vier Büchern der Rerum Memorabilium nebſt einem Supplement von
Lorbardus von Siricho, worin ein und zwanzig anderer berühmter Römer und Griechen gedacht
wird, zu Baſel 1563 in Fol. gedruckt worden.

11) De pacificanda Italia exhortatio.

12) Ad veteres Romanae Reipubl. defenſores
Oratio.

13) De Libertate capeſſenda hortatoria.

14) De Obedientia & fide uxoria.

Dieſe lateiniſche Ueberſetzung aus des Boccacius ſeinem Decameron, von der Gebuld der
Griſelidis kam auch unter dieſem Titel heraus:
Hiſtoria de vera patientia, ſive Hiſtoria Griſelidis
ex vernacula lingua latine a Petrarcha, edita a Franciſco Perroneo. Paris in 4.

15) De Avaritia vitanda Oratio.

16) Itinerarium Syriacum.

Michael Poccianti hat in ſeinem Verzeichniß der florentiniſchen Schriftſteller dieſes Werk
von einem andern, das er für ein Manuſcript aus-
giebet, unrichtig unterſchieben. Anton Poſſevin
begehet in ſeiner Bibliothek eben dieſen Fehler. Es
iſt eine Reiſebeſchreibung von dem gelobten Lande,
oder vielmehr eine Beſchreibung, die Petrarch
einem

einem seiner Freunde von den Oertern machte, die er auf einer Reise sehen würde, welche er nach dem gelobten Lande vornehmen wolte. Reusner hat sie seiner Samlung von Reisen einverleibet.

In dem zweeten Theile.

17) Epistolarum de rebus familiaribus libri octo.

Alle Briefe Petrarchs sind in einer weitläuftigen und verdrießlichen Schreibart abgefasset und enthalten nichts merkwürdiges.

18) Epistolarum ad quosdam ex veteribus illustriores liber unus.

19) Epistolarum sine titulo liber unus.

20) Epistolarum de rebus senilibus libri XVI.

21) Epistolarum variarum liber unus.

Alle diese Briefe sind zu Genev 1601 in 8. zusammen gedruckt worden.

22) De sui ipsius & aliorum ignorantia liber. Genevæ 1609 in 12.

23) Apologia contra Gallum.

24) Quatuor libri invectivarum contra quemdam Medicum.

Man hat einige Schriften beygefüget, die aber vom Petrarch gar nicht herrühren.

In dem dritten Theile.

25) Epistolae de sumenda atque recepta laurea quinque.

Auf diesen Briefen folget das Privilegium, das ihm bey seiner Krönung gegeben wurde.

26) Bucolicorum Eclogae X.

27) Africa, hoc est, de bello Punico libri IX.

An

An dlesem Gedichte ist nicht viel, ob wol Pe⸗
trarch und einige Schriftsteller seiner Zeit viel
Rühmens von demselben gemacht haben; es herr⸗
schen sehr grobe Fehler nicht nur wider das Silben⸗
Maaß, sondern auch wider die wesentlichen Regeln der
Dichtkunst darinnen.

28) Epistolarum libri tres. Diese Briefe sind
in Versen abgefaßt.

Der vierte Theil enthält die italienischen Schrif⸗
ten, von denen man eine grosse Anzahl Ausgaben
aufzuzeigen hat. Wir müssen hier die vornehmsten
derselben bemerken.

Opere di Francesco Petrarca, cioè le Rime. In
Venetia 1473 in fol. Dies ist die erste Ausgabe,
die überaus rar ist; sie wurde bey Verkaufung der
Bibliothek des Herrn Du Fay für 241 Livres er⸗
standen. It. Con li Comenti di M. Francesco Fi⸗
lelfo, Antonio da Tempo, Girolamo Alessandri⸗
no sopra i Sonetti e le Canzoni; e di Bernardo Li⸗
cinio sopra i Trionfi. In Bologna 1475 in fol. It.
Con l'esposizione di Alessandro Velutello. In Ve⸗
netia 1538 in 4. It. Con l'Esposizione di Aldo Ma⸗
nuzio. In Venetia 1533 in 8. It. Con l'Esposizio⸗
ne di Bernardino Daniello. In Venetia 1541 in 4.
It. Con nuove e brevi dichiarazioni. In Venetia
1548 in 8. Diese Erläuterungen rühren von An⸗
ton Bruccioli her. It. Con l'Esposizione di M.
Gio. Andrea Gesualdo. In Venetia 1553. in 4. It.
Col Commento di Silvano da Venafro. In Roma
1626 in 4. Item Corrette da Girolamo Ruscelli.
In Venezia 1554 in 8. It. Corrette da Lodovico
Dolce, con alcuni Avertimenti di Giulio Cammillo.

In

In Venetia 1557 in 12. & 1559 in 8. It. Con nuq-
ve Efpofizioni. In Lione 1574 in 16. Diefe Erklärungen find vom Bembo. Die Academie della Crusca führet diefe Ausgabe nur in ihrem Dictionaire an. It. Brevemente fpofte da Lodovico
Caftelvetro. In Bafilea 1582 in 4. It. Le Riue di
Francefco Petrarca, rifcontrate co'i Tefti a penna
della Libreria Eftenfe, è co'i fragmenti dell'Originale d'effo Poeta. S'aggiungono le Confiderazio-
ni rivedute e ampliate d'Aleffandro Taffoni, le An-
notazioni di Girolamo Muzio, e le Ofservazioni di
Lodovico Antonio Muratori. In Modena 1711 in 4.
Die italienifche Gedichte Petrarchs beftehen aus
folgenden Stücken.

30) Sonetti & Canzoni.

Dies find die Gedichte, die er auf die fchöne
Laura gemacht hat. Sie führen den allgemeinen
Namen Gedichte, und find in zween Theile abgetheilet, wovon der erfte diejenigen enthält, die er bey
ihrem Leben verfertiget, und der andre diejenigen,
welche er nach ihrem Tode gemacht hat.

31) Fragmenti.

Sie befinden fich nur in einer fehr raren Ausgabe, die Friedrich Ubaldini von einem Theile
der Gedichte Petrarchs zu Rom 1642 in Fol. be-
forget hat.

32) Trionfi d'Amore, della Caftita, della
Morte, della Fama, del Tempo, della Divinita.

Die Canzoni des Petrarchs, verdienen nach
dem Urtheil des Muratori, unter allen feinen
Schriften, und auch vor feinen Sonetti, unter denen doch viele vortrefliche find, den Vorzug. Was
seine

seine Triumphe anbetrift, so gestehen die besten
Kenner, daß sie schlechter als seine andre Gedichte
sind, ob man wohl Erfindung, schöne Beschreibungen, erhabene Gedanken und vortrefliche Verse darinnen antrift.

Man hat einige französische Ueberseßungen von
den italienischen Gedichten Petrarchs. Es sind
folgende:

Les Triomphes de Messire François Petrarque,
traduits de Rime Toscane en Prose Françoise.
Avec l'exposition au long de toutes les histoires
y contenues. Paris 1520 in fol. und nachher in 8
und in 16. Man weiß den Namen dieses Ueber-
seßers nicht, es sey denn, daß sie von Georg de
la Force herrühre, von dem man eine handschrift-
liche Ueberseßung von diesen Triumphen S. 11. in
dem 1724 gedruckten Verzeichnisse der Handschriften der Dauphine siehet.

Les six Triomphes de Petrarque traduits en Rime Françoise, par Jean Amayner, Baron d' Opede.
Lyon in 16. ohne Jahrszahl.

Toutes les oeuvres vulgaires de François Petrarque, contenant quatre livres de Madame Laure
d'Avignon sa Maitresse, en Sonnets & Chants; les
Triumphes d'Amour, de Châteté, de Mort, de
Renommée, du Temps & de la Divinité, tradui-
tes du Tuscan en vers François par Vasquin Phi-
lieul, de Carpentras, Docteur en Droits, & Chanoine de Notre Dame des Doms. Avignon 1548
in 8.

Septante Sonnets traduits de Petrarque par E-
tienne du Tronchet, Foresien. Paris 1575 und 1581
in

in 16. Nebst einigen andern Piecen des Uebersetzers.

Le Petrarque traduits en Rime Françoise avec
les Commentaires par Philippe de Maldeghem.
Bruxelles 1600 in 8.

Les oeuvres amoureuses de Petrarque, tradui-
tes en François avec l' Italien a coté. Par le sieur
Placide Catanusi, Docteur & Professeur en Droit
& Advocat en Parlament. Paris 1669 in 12. Man
findet hier nur die Sonnets des Petrarchs und
seine Triumphe; die Canzoni sind ausgelassen
worden.

Du Verdier hat in seiner französischen Bibliothek einen grossen Fehler in Ansehung eines von
Bernhard Jllicinio, oder **Licinio** verfertigten
Commentarii über die Triumphe Petrarchs begangen. S. 117 redet er von demselben folgender-
massen: „**Bernhard Jllicinius** hat den Com-
„mentarius über den italiänischen Text der Trium-
„phe **Petrarchs,** der nicht gedruckt worden, und
„den ich in der Buchhandlung des Grafen von Ur-
„se geschrieben gesehen habe, ins französische über-
„setzt„. Der Irrthum des **Du Verdier** rühret
vermuthlich daher, weil er auf dem Manuscripte
den Namen des **Jllicinius** nicht gesehen, und sich
deshalb eingebildet hat, daß er der französische Ue-
bersetzer sey. Der P. Labbe hat in seiner Nova
Bibliotheca Manuscriptorum S. 315 aus einem andern Irrthum geglaubet, daß **Jllicinius** diesen
Commentarius nicht übersetzt, sondern im französischen geschrieben habe; denn bey Anführung desselben redet er so: **die Triumphe Petrarchs in**
italie-

italienischer Sprache, nebst den französischen Commentarien von Bernhard Illi-
cinius.

33) Chronica delle vite de' Pontefici et Imperatori Romani, in sino a suoi tempi; alla qua-
le sono state aggiunte quelle da tempi del Petrarca sino a Pio III. In Firenza 1477 in fol. It.
In Venetia 1507 in 4. und 1534 in 8. It. in Ge-
neva 1515 in 4.

Nicolaus Franco machte zu Venedig 1543
in 8. ein Werk unter dem Titel Petrarchista bekannt,
in welchem er saget, daß er, da er sich zu Avignon
bey einem gewissen Robert aufgehalten, viele Origi-
nalstücke vom Petrarch gesehen habe, die noch
nicht ans Licht getreten wären, und unter andern
einige Elegien, von denen er S. 26. eine Pro-
be liefert.　Man müste aber in dem Petrarch
sehr wenig gelesen haben, wenn man nicht leicht
einsehen wolte, daß er Unwissende habe betrügen
wollen, weil das Stück, welches er anführet, ein
Gedicht ist, das aus den schon gedruckten Versen
dieses Dichters zusammengesetzet ist.

Man hat über die Gedichte Petrarchs eine
unzählige Menge Commentarien verfertiget; die
meisten von seinen Sonnets haben der Kritik der
italienischen Gelehrten zur Uebung gedienet. Man
kann hieraus die Hochachtung, die man gegen diesen Schriftsteller heget, ersehen.　In der Notizia
de' libri rari von Hayen S. 212. u. f. findet man
einige von diesen Commentarien angezeiget.

Mehr als fünf und zwanzig Schriftsteller haben sein Leben weitläuftig beschrieben; sie widerspre-

chen

chen sich aber unter einander, sowol in Ansehung
der Zeit, als der Begebenheiten. Dasjenige, das
Muratori vor den italienischen Gedichten Petrarchs in der Ausgabe vor 1711 gesetzet hat, ist
das genaueste, dem ich auch gefolget bin, und nur
einige Zusätze hinzugefüget habe, welche die Jour-
nalisten von Venedig in dem achten Theil ihres
Journals S. 186. gemacht haben. Wir müssen
indessen das Verzeichniß derer, die vor diesem gelehrten Verfasser daran gearbeitet haben, hier mittheilen.

Paul Vergerio hat in lateinischer Sprache
eines herausgegeben, und Philip Jacob Tomasini hat es seinem Petrarcha redivivo, der zu Pa-
tavia 1650 in 4 aus Licht trat, einverleibet.

Xicco oder Siccone Polentone von Padua
hat ein anderes in lateinischer Sprache verfertiget,
welches Tomasini unter dem Namen eines Ano-
nymus aus einer Handschrift des Jacob Gaffa-
rel in seinem Petrarcha redivivo eingerücket. Gian-
nozzo (im Lateinischen Jannoctius) Manetti hat
eines in lateinischer Sprache zurückgelassen, das sich
gleichfals in des Tomasini seinem Buche befindet.

Leonhard Aretin und Ludewig Becca-
telli, Erzbischof von Ragusa, haben das seinige in
italienischer Sprache geschrieben, und man lieset es
in des Tomasini seinem Werke.

Rudolph Agricola hat nach dem Bericht des
Trithemius eines im Lateinischen geschrieben; ich
glaube aber, daß es niemals gedruckt worden ist.

Philip Villani hat in italienischer Sprache
eines zurückgelassen, das aber ein Manuscript geblie-

Hie-

Hieronymus Squarciafico hat in italienischer Sprache eines vor seinen Commentarius über
die italienischen Gedichte Petrarchs, der anfänglich zu Mayland 1494 in Fol. und, nachher noch
öfters gedruckt wurde, gesetzet.

Alexander Vellutello ist der neunte Verfasser, den ich hier anführen muß; das Leben, das er
von unserm Petrarch herausgegeben, findet man
vor seinem Commentarius über diesen Dichter, der
1538 in 4 zu Venedig und nachher noch öfters gedruckt worden ist.

Andreas Gesualdo hat zu seinem Commentarius über den Petrarch, der zu Venedig 1558
in 4 herausgekommen, eine Lebensbeschreibung Petrarchs hinzugefüget, die viel-weitläuftiger als alle andre ist.

Anton da Tempo, von Padua, hat gleichfals eine vor seinen zu Bologna 1475 in Fol. herausgekommenen Commentarius gesetzet.

Bernhardin Daniello, von Lucca. hat in
eben dieser Sprache seinem zu Venedig 1541 in 4
gedruckten Commentarius eine einverleibet.

Papirius Masson hat in lateinischer Sprache das Leben des Dante, des Petrarchs und des
Boccacius zu Paris 1587 in 8 herausgegeben,
und diese Lebensbeschreibungen befinden sich auch in
der Samlung seiner Elogen.

Paul Jovius hat ihm in seinen historischen
Lobsprüchen eine Stelle eingeräumet.

Jacobi Philippi Tomasini Petrarcha redivivus,
integram Poetæ vitam Iconibus aere caelatis exhibens. Accessit nobilissimae fœminae Laurae brevis

Histo-

Hiſtoria, Editio altera correcta et aucta. Patavii
1650 in 4. Der Verfaſſer hat einen Brief von
Fortunio Liceti hinzugefüget, dem er wegen der
Rechtſchreibung des Namens Petrarchs um Rath
gefraget hatte.

Michael Poccianti redet in ſeinem Catalogo Scriptorum Florentinorum ſehr weitläuftig von
ihm.

Julius Negri hat in ſeiner Iſtoria de Fio-
rentini Scrittori einen groſſen, aber unordentlichen
und fehlerhaften Artikel von ihm gemacht.

Placidus Catanuſi hat ſeiner franzöſiſchen
Ueberſetzung eine ziemlich weitläuftige Lebensbeſchreibung vorangeſetzet, worin er ſich beſonders bey ſeiner Krönung aufhält; es befinden ſich aber viele
Irrthümer darin.

* *

Melchior Inchofer.

Melchior Inchofer, der zu Wien in Oeſter-
reich das Licht der Welt erblickte, wurde im
Jahre 1605 in dem 23 Jahre ſeines Alters
ein Jeſuit. Er befand ſich damals zu Rom, wo
er einige Jahre ſtudiret, und ſich mit gutem Erfolg
auf die Rechtsgelahrheit geleget hatte.

Nach den beyden Probejahren wurde er nach
Meſſina geſchickt, wo er lange Zeit die Philoſophie, die Mathematik, die theologiſche Moral und
die ſcholaſtiſche Theologie lehrete. Man ſiehet aus
einem ſeiner Briefe, daß er 1629 zu gleicher Zeit
eine Profeſſorſtelle in der Theologie und in der Ma-

thematik bekleidete. Er merket in demselben an,
daß, seit dem 1575 erfolgten Tode des berühmten
Mathematikers, Franz Maurolico, niemand die
Mathematik zu Messina gelehret hätte, und er füget hinzu, daß er an astronomischen Tabellen arbeitete, und daß er die Lehrgebäude verschiedener alten
und neuen Sternkundigen untersuchte.

Diese Beschäftigungen verhinderten ihn nicht,
ein ziemlich weitläuftiges Werk zur Erbauung der
Messiner über den von der heiligen Jungfrau an
ihre Vorfahren vorgegebenen geschriebenen Brief,
und über die Ankunft und Predigt des heiligen Pauli zu Messina, zu verfertigen. Es kam 1630 heraus, es wurde aber sogleich der Congregation, die
über die verbotenen Bücher gesetzet, überschicket und
der Verfasser zur Verantwortung vorgefordert.

Inchofer begab sich sogleich nach Rom, stel-
te sich der Congregation dar, und erwarb sich durch
seine geschickte Vertheidigung die Achtung und Wohl-
gewogenheit seiner Richter. Inzwischen blieb das
Buch noch unterdrucket: doch erlaubte man ihm eine neue Auflage davon zu machen, wenn er den Titel sowol, als auch das Werk selbst in etwas verändern würde. Nachdem diese neue Ausgabe zu Stande gekommen war, kehrete er zu Ende des Jahres
1634 nach Sicilien zurück. Zwey Jahre nachher
rief man ihn abermals nach Rom. Seine Vor-
gesetzten wolten ihm Zeit und Muße lassen, sein
wichtiges Vorhaben, das er zur Bekanntmachung
einer Märtyrergeschichte gefaßt hatte, und das ihm
die alten Handschriften, die er zu Messina in der
Abtey zu St. Sauveur gesehen, eingeflösset hatten,

ten, auszuführen. Er konte sich unterdessen damals
dieser Arbeit nicht gänzlich unterziehen. **Georg
Jacositb**, Bischof von Vesprim und nachher von
Agria, trug ihm auf, eine Kirchengeschichte von
Ungarn zu schreiben, und er arbeitete an diesem
neuen Werke. Der erste Theil desselben war schon
im Monat December 1641 fertig und censiret gewesen; er trat aber erst 1644 ans Licht. Dieser Ver-
zug, saget **Jnchofer**, rührete von denen her, die in
Rom über den Buchhandel gesetzet sind. Man
sahe das Werk beständig von neuen durch. Die Cen-
sores löseten sich unter einander ab. Dieses wun-
derlichen Betragens wegen wurde **Jnchofer** seines
Aufenthaltes zu **Rom** ganz überdrüßig. Folgende zwey Umstände trugen hiezu auch noch vieles bey.
Es hatte **Zacharias Pasqualigo** in seinen moralischen Entscheidungen die in **Jtalien** und vornemlich in **Rom** herrschende Gewohnheit, Cästra-
ten zu Sängern zu haben, zu vertheidigen gesuchet.
Jnchofer widerlegte ihn in einer sehr hitzigen
Schrift, die in **Rom** bald bekannt wurde. Er
brachte hiedurch nicht nur alle Anhänger des **Pasqualigo**, deren Anzahl sehr groß war, sondern auch
die Sänger und die Liebhaber der Musik wider sich
auf; und an einem solchen Orte, wo man mit feind-
schaftlichen Augen angesehen wird, läßt man sich
freylich nicht gerne sehen. Er wurde ferner in die
über die Censur der Bücher gesetzte Congregation,
und zugleich als ein Mitglied der Jnquisition aufgenommen. Die Bemühungen, die ihm diese Stellen verursachten, waren ihm höchstunangenehm, weil
er so viele Zeit bey Durchsehung fremder Schriften

O 2   zubrin-

zubringen muſte, die er lieber zur Endigung ſeiner
eigenen Werke angewendet hätte.   Da er alſo zu
Rom alles geſamlet hatte, was er zu ſeiner Mär-
tyrergeſchichte bedurfte; ſo bat er, daß man ihn
in ein Collegium bringen möchte, wo er mit weniger
Zerſtreuung arbeiten könte, und man wies ihm Macerata dazu an.   Er blieb indeſſen noch bis in den
Monat December des Jahres 1646 zu Rom.

Zu Macerata vernahm er, daß unter den
Handſchriften in des Ambroſii Bibliothek zu
Mayland ſich ſowol Lebensbeſchreibungen verſchie-
dener Heiligen, als auch Kirchenbücher zum Gebrauche der griechiſchen Kirche befänden. Er glaubte, darinnen vieles zu finden, und er wünſchte deshalb, nach Mayland gehen zu dürfen.   Er bekam
die Erlaubniß hiezu.   Sein beſtändig anhaltender
Fleiß aber zog ihm ein Fieber zu, woran er den 28
September 1648 in ſeinem ohngefehr 64ſten Jahre
ſtarb.

In ſeinen Schriften trift man viel Kentniß und
Gelehrſamkeit, aber auch viel Leichtgläubigkeit, wenig Wahl und Kritik an.   Leo Allatius, der lieber was böſes als gutes ſagte, redet öfters vom Inchofer, und allezeit mit vielem Lobe.

Verzeichniß ſeiner Schriften.

1) Epiſtola ad Leonem Allatium.
Dieſer Brief, der von Meſſina den 1 Julius
1629 datirt iſt, befindet ſich in des Allatius ſeinem
Werke, das den Titel führet: Apes Urbanae.

2) Epi-

2) Epiftolae B. Mariae Virginis ad Meſſa-
nenſes Veritas vindicata, ac plurimis graviſſimo-
rum ſcriptorum teſtimoniis et rationibus erudite
illuſtrata. Meſſanæ, Petr. Brea 1629 in fol.

Die Exemplare von dieſer Ausgabe haben ſich
ſehr rar gemachet, weil ſie gleich anfänglich unter-
druckt wurde. Man nahm es in **Rom** übel auf,
daß der Verfaſſer von einer zweifelhaften Sache zu
zuverläßig gewiß geredet hatte. In den Naudæa-
nis lieſet man von dieſem Werke eine kleine Erzählung, welche zur Beſtätigung deſſen, was man in
dem Artikel des **Gabriel Naude** geſaget hat, daß
nemlich die Naudæana nichts anders als zuſammen-
geſchmierte Lügen und Irrthümer enthalten, ſehr
geſchickt iſt. Man läſſet darin dem **Inchofer** ſagen, daß alles, was er in ſeinem Buche geſaget hätte, ſo eingerichtet wäre, um ſeinen
**Vorgeſetzten, die die Verfertigung deſſel-
ben von ihm verlanget, zu gefallen und ge-
horſam zu ſeyn.** Der Verfaſſer redet in einem
Briefe an **Allatius** nicht ſo; ſondern er druckt die
Urſache, die ihn zur Bekanntmachung dieſes Buches angetrieben, folgendermaſſen aus: Volumen
bene magnum, quod pietati Meſſanenſium dedi.
Und wenn man dieſes Werk lieſet, ſo nimt man
nichts wahr, daß er es mit Widerwillen geſchrieben
haben ſolte.

3) De Epiſtola B. Virginis Mariae ad Meſ-
ſanenſes conjectatio, plurimis rationibus et ve-
riſimilitudinibus locuples. Viterbii, Lud. Grignani 1632 in fol.

Es

Es wurde dieses Buch zu Rom gedruckt, und man findet auch noch einige Exemplaria, obwol sehr wenige, in welchen Rom als der Druckort angegeben wird. Da aber die über die verbotenen Bücher gesetzte Congregation nicht für dienlich hielt, diese Schrift zu approbiren und ihr eine schriftliche Erlaubniß zu geben, und man auch nicht gerne sahe, daß ein Buch, welches weder Approbation noch Erlaubniß aufweisen konte, zu Rom gedruckt seyn solte, so ließ man Viterbii darunter setzen.

4) Tractatus Syllepticus, in quo, quid de Terrae Solisque motu vel statione, secundum Sacram Scripturam et SS. Patres sentiendum, quave certitudine alterutra sententia tenenda sit, ostenditur. Romae, Lud. Grignani 1633 in 4.

Die Streitigkeit von der Bewegung der Erde und von der Unbeweglichkeit der Sonne wurde damals in Rom stark getrieben, wo die Inquisition das Gespräch des Galileo Galilei, sopra e qui massimi sistemi del Mundo, Tolemaico e Copernicano untersuchte. Inchofer widersetzet sich hier dem Copernicus aufs äusserste. Wir müssen unsern Lesern eine Anecdote vom Galilei, die aus einem von Lucas Holstenius an Herrn von Peiresc geschriebenen Brief genommen ist, mittheilen. Galilaeus Florentia evocatus media hieme ad Urbem venit, ut se sacrae Inquisitionis Officio sisteret, ubi nunc in vinculis detinetur. . . Omnis haec tempestas ex odio particulari unius Monachi orta creditur, quem Galilaeus pro Mathematicorum principe agnoscere noluit. Is nunc est S. Officii Commissarius. Sein Brief ist von Rom den 7 May

May 1633 datirt. Er befindet sich in einer hand-
schriftlichen Samlung einiger Briefe von Lucas
Holstenius, die zu Dijon in der zahlreichen und
schönen Bibliothek des Herrn Bauhier, des Gelehrten so bekannten und von ihnen hochgeschätzten
Präsidenten der französischen Academie aufbehalten
wird.

5) Historia Sacrae Latinitatis, hoc est, de
variis linguae latinae mysteriis, ex origine, pro-
gressu, fine, caeteraque instituti sui ratione, ad
Evangelii praedicationem, latinae ecclesiae exaltationem, Romanique imperii Majestatem spe-
ctantibus libri sex. Messanae. Placid. Reyn 1635
in 4. It. Monachii 1638 in 8.

Morhof lobet dieses Werk als ein solches, das
voll schöner Beobachtungen über den Ursprung,
Fortgang, Gebrauch und die Verderbniß der lateinischen Sprache ist. Er billiget aber dasjenige
gar nicht, was der Verfasser, der für sie gar zu sehr
eingenommen ist, behauptet, daß nemlich die Seeli-
gen im Himmel öfters die lateinische Sprache reden
werden.

6) Epistola ad Leonem Allatium de Epistola
B. Virginis ad Messanenses.

Dieses Schreiben, das von Messina den 1 May
1636 datirt ist, ist eine Antwort an L. Allatius,
der seinen Freund wegen der Beschaffenheit dieses
Briefes der heiligen Jungfrau an die Messiner, an
dessen Gewißheit Allatius nicht zweifelte, befraget
hatte. Es befindet sich diese Antwort in den A-
nimadversionibus Leonis Allatii in Antiquitatum

Etru-

Etruſcarum fragmenta. Pariſ. Seb. Cramoiſy in 4. pp. 94. et Romae Maſcardi 1642 in 12. p. 116.

7) Grammaticus Paedicus, ſive Puerilis; hoc eſt in Pædiam divinarum humanarumque litterarum Gaſparis Scioppii, Patavii editam, ſcholia et notationes. Auctore Eugenio Lavanda. 1638 in 12.

8) Grammaticus Palaephatius, ſive Nuvigendus; hoc eſt, in tres conſultationes Gaſparis Scioppii de ratione ſtudiorum ſcholia et notationes. Auctore Eugenio Lavanda 1639 in 12.

Dieſer Eugenius Lavanda iſt kein anderer als Melchior Inchofer. Man darf ſich nicht wundern, daß man einen Jeſuiten, und zwar einen deutſchen Jeſuiten, unter einem verſtellten Namen wider Scioppius ſchreiben ſiehet. Scioppius hatte ſie unter einem verdeckten Namen angegriffen, und ſie antworteten ihm auf eben die Art. Er war niemals ein Freund der Jeſuiten geweſen; ſeit 1630 aber überließ er ſich einem ausſchweifenden Haſſe wider die deutſchen Jeſuiten. In dieſem Jahre hatte er auf dem Reichstage zu Regenſpurg eine Supplik übergeben, worin er um einen Gehalt wegen ſeiner dem Reiche geleiſteten Dienſte bat. Da er nichts erhalten konte, ſo glaubte er, daß die Jeſuiten daran Schuld wären, daß man ſeine Bitte nicht habe ſtatt finden laſſen: Und hieraus entſprungen ſo viele Schmähungen.

9) Tres Magi Evangelici. Romæ. Ludov. Grignani 1639 in 4.

Ob gleich dieſes Werk keinen alzuſtarken Band ausmachet, ſo iſt es doch an ſich zu weitläuftig.

10) Ora-

10) Oratio funebris R. P. E. Nicolao Richardjo Ordinis Præedicatorum S. P. A. Magiſtro. Romæ Lud. Grignani 1639 in 4.

Der P. Riccolaus Riccardi ſtarb den 30 May 1639. Dieſe Trauerrede wird in der Biblioktef der Dominicaner Th. 2. S. 503 gelobet: In ejus exequiis et funere peroravit elegantiſſime Melchior Inchofer S. I. vir apud eruditos nominatiſſimus.

11) Eugenii Lavandae Ninevenſis, Notae Aſtrum inextinctum F. Romani Hay ſuis radiis interſtinguentes, Coloniæ, Kalckoven (Amſtelod. Joan. Blaeu) 1641 in 8.

Ninevenſis iſt das Anagramma von Viennénſis. Das Aſtrum inextinctum iſt von Scioppius ſehr gelobet, und nach ſeiner Art vertheidiget worden.

12) Annales Eccleſiaſtici Regni Hungariae Tomus I. Romæ Lud. Grignani 1644 in fol.

Dieſer erſte Theil, auf den keiner mehr gefolget iſt, endiget ſich mit dem Jahre JEſu Chriſti 1059. Die Nachricht des Herrn Bourgeois, von dem ich weiter unten reden werde, beſaget, daß Melchior Jnchofer die Kirchengeſchichte mit zween Theilen in Fol. bereichert habe, welche den Titel führen: Hiſtoria Eccleſiaſtica Hungarica. Dies iſt aber ein Jrrthum.

13) Epiſtola ad Leonem Allatium, circa quaeſtionem e Galliis allatam, de aequali primatu, et individua auctoritate Apoſtolorum Petri et Pauli.

Dieser Brief befindet sich in folgendem Werke des **Allatius** S. 136 - 152: De Ecclesiae Orientalis et Occidentalis perpetua consensione. Coloniæ. Jodoc. Kalca (Amsterdam Blaeu) 1648 in 4. Zu der Zeit, da man zu **Rom** den berühmten Vorschlag von zween Häuptern der Kirche untersuchte, hat sich **Allatius** vom **Inchofer** seine Gedanken hierüber aus. **Inchofer** schrieb diesen langen Brief, der dasjenige nicht bestätiget, was von ihm S. 91 in der Nachricht des Herrn **Bourgeois** gesaget wird. Denn nachdem er den Vorschlag und eine Erklärung, welche die Vertheidiger derselben für geschickt hielten, denselben von der Censur zu befreyen, untersuchet hatte, so schliesset er, daß dieser Vorschlag ketzerisch sey; was die Erklärung betrift, so saget er: illam declarationem plusquam fatuam judico. Wenn die jetzt angeführte Stelle aus der Nachricht des Herrn **Bourgeois** kein Roman ist, so muß sich der französische Doctor von dem deutschen Jesuiten haben hintergehen lassen.

14) Epistola ad Leonem Allatium de Templorum denudatione, sive quibus de causis Ecclesiae res erogare liceat.

Allatius hat diesen Brief seinem Georgio Acropalitae einverleibet. Der Verfasser saget, daß es die Fortsetzung einer Abhandlung de immunitate rerum Sacrarum sey, die er ausgearbeitet und die **Allatius** genehm gehalten hätte. Die Abhandlung ist nicht gedruckt worden.

15) De Eunuchismo Dissertatio ad Leonem Allatium.

Diese

Diese Abhandlung befindet sich in den Symmictis des Allatius. Pasqualigo wird in derselben widerleget. Die gute Aufnahme derselben war dem Theophilus Raynaud sehr unangenehm, welcher sich damals zu Rom befand, und der über eben diese Materie sein Buch geschrieben hatte, das den Titel führete: Eunuchi nati etc. So dreust er auch war, so unterstand er sich doch nicht, es zu Rom, oder anderswo unter seinem Namen bekannt zu machen.

16) Examen Thematum Caelestium variorum Astronomorum usque ad Tyconem.

17) Ratio supputandi Eclipses.

18) Theorica Planetarum.

Sotwel, der beynahe dreyßig Jahre nach dem Tode Inchofers sein Verzeichniß der jesuitischen Schriftsteller herausgegeben hat, hat diese drey Schriften unter den zurückgelassenen Handschriften seines Mitbruders gesetzet. Riccioli versichert aber, daß sie noch bey Lebzeiten des Verfassers, und zwar 1633, ans Licht getreten wären. Edidit, saget er, anno 1633. Tractatum Syllepticum. . . Examen Thematum Caelestium. . . Rationem supputandi Ecclipses, Theoricam Planetarum. Sed haec tria sub alieno nomine Academici Vertumnii. Man weiß, daß in Italien ein jedes Mitglied der Academie sich einen Namen von der Academie beyleget, und daß es nichts ungewöhnliches ist, vor einem Buche den academischen Namen des Verfassers, oder der Academie ihren, von welcher er ein Mitglied ist, zu sehen.

19) Poe-

19) Poema in laudem Medicinae et contra malos Medicos.

Alegambe, der mit Melchior Inchofer zu Rom bekannt gewesen war, saget bey diesem Gedichte: sub nomine Academici Vertumnii, adjectum Praelectionibus Joannis Baptistae Cortesii. In dem Verzeichniß, das van der Linden in seinem Buche de scriptis Medicis von den Schriften dieses Cortesius herausgegeben hat, befindet sich indessen keine, die den Titel Praelectiones führen solte. Sie sind vielleicht in den Decadibus denis Miscellaneorum Medicinalium, die zu Messina 1625 in Fol. gedruckt worden.

Lenglet glaubet in seinem Verzeichnisse der Geschichtschreiber, daß das folgende Werk entweder vom Allatius, oder vom Inchofer seinem Freunde herrühre. Beanonis Durkhundurkhi Slavi examen in Spenti Academici sepulti Epistolam pro antiquitatibus Etruscis Inghiramii adversus Leonis Allatii contra easdem animadversiones. Coloniae Georg. Genselin. (Amsterdam, Joh. Blaeu) 1642 in 12. Das von dem gelehrten Fontanini verfertigte Verzeichniß der Bibliothek des Cardinals Imperiali eignet dieses Buch dem Allatius zu, und man muß dieser Meynung mehr beypflichten, weil Inchofer 1642 mit andern Dingen beschäftiget war.

Er hinterließ viele andre Werke, die theils entworfen, theils angefangen, theils fertig waren, ans Licht zu treten. Die Apes Urbanae des Allatius und die Bibliothek der jesuitischen Schriftsteller lehren uns dieselbe kennen. Alle diese Werke haben
nicht

nicht so viel beygetragen, ihn uns bekannt zu machen,
als eine Piece in 12. von 144 Seiten, welche nicht
von ihm ist, und die man ihm doch ohne die geringste Ursache zuschreiben will.   Diese Schrift ist betitelt: Lucii Cornelii Europaei Monarchia Solipsorum ad Virum Clariffimum Leonem Allatium.
Venetiis 1645. Superiorum permiffu. Ohne Namen des Verlegers und folglich ohne Erlaubniß.

Der wahre Name des Verfassers ist Julius
Clemens Scoti, von dem sich in des Alegambe
seiner Bibliothek ein eigener Artikel befindet, und
dessen Begebenheiten von dem Cardinal Pallavicini und von Theophilus Raynaud beschrieben
worden sind. Die Jesuiten zu Wien machten sich
kein Bedenken daraus, einer vornehmen Person zu
gestehen, daß die Monarchia Solipsorum von einem
ihrer Ordensbrüder herrührete, der von Geburt ein
Italiener sey, und aus einem berühmten Hause ab-
stamme, und der aus Misvergnügen, weil man ihm
dasjenige nicht bewilliget, was man ihm seiner Meynung nach schuldig gewesen, den Orden verlassen und
aus Rache diese Satyre gemacht hätte.   Die deutschen Jesuiten hielten ihn für einen Venetianer, weil
sich Julius Scoti, der sehr unzufrieden war, weil
er keine Professorstelle der scholastischen Theologie
erhalten konte, wornach er sich doch so lange gesehn-
net, nach Venedig begeben hatte.   Der Name
Europäus, den er vor seiner Schrift angenommen
hat, bezeichnet den Namen seiner Familie, und bedeutet auch zu gleicher Zeit, daß er sich auf die Flucht
begeben habe.   Man sehe den Hesychius bey dem
Worte Ευρωπον nach. Die Namen Lucius und Cornelius

nelius haben gleichfals ihren Grund, wie man es
aus seinem Artikel ersehen kann. Wir müssen nunmehr zeigen, daß man die Satyre, von der die Rede ist, dem Inchofer ohne Ursach zuschreibe.

So bald sie ans Licht trat, warf man die Augen auf Scioppius, und man hielt ihn für den
Verfasser derselben. Er hatte einige Jahre hindurch nichts anders gethan, als wider die Jesuiten
geschrieben, und er glaubte hiedurch den Verdruß,
den ihm sein Alter und sein Aufenthalt, den er in
Padua haben muste, zu stillen. Man wurde aber
bald gewahr, daß diese Schmähschrift von keinem
andern herrühren konte, als der in der Gesellschaft
gelebet hatte. Scioppius und der Verfasser des
Astri inextincti machten sich dieser Gelegenheit zu
Nuße, um sich an Inchofer, der ihnen unter dem
Namen Eugenius Lavanda übel begegnet war,
zu rächen, und hielten ihn in Verdacht. Sie überredeten dieses so vielen Personen, daß das Gerücht
davon bis zum Papste Innocentius X. kam. Der
Papst, der sich von dieser Sache hinlänglich unterrichten lassen wolte, befahl, daß die Papiere Inchofers untersuchet und er selbst befraget werden solte.
Angelico Aprosis, der mehr auf der Seite der
Kläger als des Beklagten ist, gestehet, daß nichts
gefunden worden, welches ihm zur Last hätte geleget
werden können, und daß er nur habe sagen hören,
daß man unter den Papieren Inchofers einige
Briefe von Julius Clemens Scoti, und eine
kleine Anmerkung, die diese Sache betroffen, gefunden hätte. Nachdem man endlich einige Jahre hindurch zu Rom, und anderswo die genauesten Unter-

suchun-

suchungen angestellet hatte, so bekannte man 1678, daß man keine Ursache habe zu glauben, daß dieses Buch vom Inchofer herrühre. Dieses Mangels an Beweisen ohnerachtet unterließ man nicht, den Namen Inchofers vor eine Ausgabe dieses Buches, die zu Venedig 1652 besorget wurde, zu setzen. Er war nicht mehr im Stande, sich dagegen aufzulehnen, weil er schon vier Jahre vorher gestorben war. Der Zweifel, den man bis jetzt wegen des Verfassers dieser Schrift gehabt hatte, verschwand. Man schrieb ihm die Monarchia Solipsorum zu, und man suchte dieses wahrscheinlich zu machen.

Nachdem er in Deutschland sein Buch hatte drucken lassen, saget **Christoph Pellerus**, gieng er nach Rom, und kam nicht wieder zurück. Er starb im Gefängnisse, saget **Valerio Magni** in seiner unter dem Namen **Theophilus** bekannt gemachten Apologie. Die Jesuiten, saget ein anderer, wolten ihn in pace setzen; er wurde aber von den Cardinälen, die ihn liebten, beschützet. **Bourgeois** erzählet die Sache anders: er wurde, saget er, an einem gewissen Abend von Rom entführet und auf der Post nach Tivoli gebracht, um von da an einen Ort, den man nicht nennet, den aber einige Personen für weit entlegen halten, geschickt zu werden. Der Papst war aber hiemit so übel zufrieden, daß Inchofer des andern Morgens früh in das Collegium der Deutschen, von welchem er Rector war, wieder zurückgebracht wurde. Er war mit den Jesuiten nicht zufrieden, saget **Bayle**, und diese Schrift war die Frucht seines Misvergnügens. Der Verfasser der

Ueber-

Ueberſetzung, die zu Holland 1722 gedruckt worden, behauptet hingegen, daß weder Rachſucht noch Misvergnügen zu derſelben Anlaß gegeben habe. Bourgeois ſaget nur, daß man Inchofer in Verdacht gehalten; er waget es aber nicht zu behaupten, daß dieſer Verdacht gegründet ſey. Allein Arnold gehet weiter: es iſt gewiß, ſaget er, daß dieſe *Monarchia Soliploͤrum* von einem deutſchen Jeſuiten, Namens Melchior Inchofer, herruͤhre; und man weiß, wo das Original von einem Briefe eines ſpaniſchen Jeſuiten iſt, der ihn fuͤr den Verfaſſer derſelben hält, und der darüber groſſe Klagen anſtellet.

Bayle urtheilet recht, wenn er ſaget, daß dieſe Schmähſchrift von keinem andern als von einem misvergnügten Menſchen herrühren könne. Julius Clemens Scoti war es in der That. Daß es aber Inchofer geweſen ſeyn ſolte, dies hat Bayle nicht zu beweiſen geſuchet, und er würde auch hierin nicht glücklich geweſen ſeyn. Denn jedermann lobet Inchofers ſeine Klugheit, Aufrichtigkeit, Gottesfurcht und beſtändige Liebe gegen ſeinen Orden, und man läßt ihm hierin Gerechtigkeit wiederfahren. Wie widerſprechend iſt es aber, ihm dieſe Eigenſchaften zuzuſchreiben, und ihn zu gleicher Zeit zum Verfaſſer einer Satyre zu machen, worin der Stifter ſeines Ordens auf eine ſehr unanſtändige Art gemishandelt wird?

Seine bey der Nacht geſchehene Wegnehmung iſt eine kleine romanenmäßige Begebenheit, wobey die Wahrſcheinlichkeit nicht einmal iſt beobachtet worden. Man hatte Inchofer nach Tivoli geführet,

ret, um ihn daselbst umzubringen; denn die Ausdrücke des Herrn Bourgeois können keinen andern
Verstand haben. Man brachte ihn in der Nacht ei-
ligst wieder zurück. Er gieng ganz gelassen in sein
Collegium, und blieb daselbst ohne Furcht, ohne
Mistrauen und voll beständiger Zuneigung gegen
die Jesuiten. Der heilige Benedict verhielt sich
bey einer fast ähnlichen Begebenheit ganz anders:
er verließ die Mönche, die ihn hatten vergiften wollen. Noch nicht genung. Der Papst, dessen Freund
er war, wie die Geschichte saget, hatte viele Mühe
angewendet, ihn aus den Händen der Jesuiten zu
ziehen. Und dennoch überläßt ihn der Papst ihrem
freyen Willen. Er konte ihn zum Bischof, zum
wenigsten in partibus machen, ihm eine Prälatur,
oder eine Bedienung in dem apostolischen Pallaste
geben, ihn in einen andern Orden setzen, und ihn auf
diese Art in seinen Schutz nehmen. Allein erlau-
ben, daß man ihn nach Macerata und nach Mayland bringen darf, dies würde kein vernünftiger
Mann und kein aufrichtiger Freund bey der Gelegenheit, worin der Roman den Inchofer versetzet,
gethan haben. Ich weiß, daß es wahre Begebenheiten giebet, die nicht wahrscheinlich zu seyn scheinen;
wenn man aber solche historisch anführet, so muß
man mit Gewehrsmännern versehen seyn. Der
Verfasser des Supplements zum Moreri hat dieses
eingesehen, und deshalb nur blos gesaget, daß Inchofer seine übrige Lebenszeit zu Rom in
dem Collegio der Deutschen zugebracht
habe.

Mit Arnold zu sagen: Es ist gewiß ... Man weiß, wo der Brief ist, welcher ihn für den Verfasser der Monarchie hält; dies heißt, nichts beweisen; dies heißt gestehen, daß man keine Beweise habe. Man hat also **Melchior Inchofer** die Monarchia Solipsorum ohne Grund zugeschrieben.

Bourgeois eignet ihm noch ein anderes Werk zu. Es ist eine Schrift von 29 Artikeln, in denen er die Einrichtung und die Regierung seines Ordens zu verbessern suchet. Des **Bourgeois** seine Nachricht saget, daß diese Schrift dem Papst übergeben, und auf die Generalcongregation, welche die Jesuiten 1645 und 1646 hielten, geschicket wurde, und daß die Congregation auf einen der wichtigsten Artikel, welche die Beständigkeit des Generalats, die inskünftige abgeschaffet werden solte, betroffen hätte, achtsam gewesen wäre. Es ist alles dieses bekanntermaßen falsch.

Eben dieser **Bourgeois** schreibet ihm auch noch folgendes Buch zu: Julii Clementis Placentini, ex illustrissima Scotorum familia, de potestate pontificia in Societatem Jesu, etc. qui in octo partes distribuitur liber. Ad Innocentium X. Summum Pontif. Paris. Apud Barthol. Macæum 1646 in 4. **Julius Scoti** ist aber der wahre Verfasser desselben, welcher darin verschiedene Puncte in der Einrichtung und der Regierung der Gesellschaft, die er verlassen hatte, zu verändern suchet. Der Druck ist nicht zu Paris, sondern zu Venedig besorget worden. Der Papst **Innocentius** X. ließ dieses Buch verdammen, bestätigte von neuen die Einrichtung der Gesellschaft, und vornemlich die Beständigkeit

des

des Generalats, und bat die Republik Venedig, daß sie den Verfasser nicht länger bey sich dulden möchte.

S. Die Schriften Inchofers und des Allatius. Alegambe et Sotwel Bibliotheca Scriptorum Soc. Jesu. Palavicini Vindicationes Soc. Jesu c. 22. Theophilus Raynaud in seinen beyden Schriften, Clemens Scotus Virbius, et Syntagma de libris proprijs, No. 65 etc. Placcius de Pseudonymis. No. 739. 971. Joan. Bapt. Riccioli Chronicon Astron. von dem ersten Theile des Almagesti novi. Bayle Dictionaire. Supplement zum Moreri. 1735. Relation de M. Bourgeois. p. 93. Lettres d'Ant. Arnauld tom. 5. p. 253. Let. 377. Alph. Huylembroucq Vindicationes adversus Tubam alteram. Aprosio, Viziera Alzata.

* * * * * * * * * * * * *

Samuel Clarke.

Samuel Clarke wurde den 11 October 1675 zu Norwich, der Hauptstadt in der Grafschaft Norfolk in England geboren. Sein Vater, der Aldermand, oder Rathsherr in dieser Stadt war, erzog ihn mit grosser Sorgfalt, und schickte ihn, so bald er das sechzehnte Jahr erreichet hatte, auf die Universität Cambridge, wo er sich bald auf eine ganz vorzügliche Art hervorthat.

Man lehrete damals auf dieser Universität nur die cartesianische Philosophie; da aber Newtons Buch, das betitelt ist, Principia Mathematica, in die Hände des jungen Clarke gerathen war, so hatte er kaum in demselben zu lesen angefangen, als er

Ge-

Geschmack daran fand, und durch sein Studiren sich bald in den Stand setzte, es zu verstehen. Er begrif die Meinungen dieses Verfassers so wohl, daß er, als er Baccalaureus wurde, eine öffentliche lateinische Rede über eine aus seinem Buche genommene Streitfrage hielt, welche allen Zuhörern sowol wegen der Gründlichkeit und Richtigkeit der Urtheile, als wegen ihrer Beredtsamkeit gefiel.

Bald nachher, nemlich ohngefehr in seinem zwanzigsten Jahre, gab er eine lateinische Uebersetzung von der Naturlehre des Rohault heraus, wodurch er sich viele Ehre erwarb.

Nachdem er hierauf den Entschluß gefaßt hatte, sich in das Predigtamt zu begeben, so widmete er alle seine Studien der Gottesgelahrheit. Der berühmte Doctor Moore, damaliger Bischof von Norwich, diente ihm hiebey theils durch seine Rathschläge, theils durch seine prächtige Bibliothek zu einer grossen Stütze. Diesem Bischofe waren kaum die guten Eigenschaften dieses jungen Menschen bekannt geworden, als er darauf bedacht war, ihn empor zu bringen, und ihn deshalb zu seinem Capellan zu machen, so bald er das gehörige Alter, um in den geistlichen Stand treten zu können, würde erreichet haben. Einige Zeit nachher, nemlich 1698, kam Clarke wirklich an die Stelle Whistons, mit dem er in genauer Freundschaft gestanden hatte, und die zwölf Jahre hindurch, in welchen er dieselbe bekleidete, hatte der Prälat jederzeit so viel Achtung und Zutrauen gegen ihn, daß er ihn zu seinem einzigen Volzieher seines Testamentes machte.

Clar-

Clarke muste sich des vortheilhaften Zustandes, worin er sich damals in Ansehung seiner Studien befand, sehr wohl zu bedienen. Er legte sich anfänglich gänzlich auf die Lesung des alten und neuen Testamentes in den Originalsprachen, und nachher auf die Lesung der Kirchenväter. Er zauderte nicht, seine Progressen durch verschiedene Werke, die er damals herausgab, und von denen ich in der Folge reden werde, bekannt zu machen.

Der Bischof von Norwich wurde durch seine vortreflichen Gemüthsgaben und guten Eigenschaften zu dem Vorsatz gebracht, ihm eine vortheilhafte Stelle in der Hauptstadt des Königreiches zu verschaffen; während der Zeit aber, daß er auf eine Gelegenheit dazu wartete, gab er ihm zwey kleine Beneficia in seiner Diöces. Clarke fieng damals an, seine Predigten, ohne sich vorher zu denselben vorbereitet zu haben, zu halten. Er besaß eine so bewundernswürdige Gegenwart des Geistes, eine so grosse Fertigkeit sich auszudrücken, daß er sogleich die schwersten Materien auf eine für seine Zuhörer hinlängliche Art abhandeln konte.

Nachdem er von St. Benedict zu London durch Vermittelung des Bischofes von Norwich zum Pfarrer ernennet worden war, begab er sich nach dieser Stadt, und stand dieser Kirche, die gröstentheils aus Richtern und Advocaten der geistlichen Gerichte bestehet, mit vieler Sorgfalt vor. Er blieb aber nicht lange Zeit an derselben; denn da ihn die Königin Anna auf Fürsprache des Bischofes seines Gönners zu ihrem ordentlichen Capellan gemacht, und diese Prinzessin seine Verdienste bald ein-

eingesehen hatte, so ernannte sie ihn 1709 zum Pfarrer von St. James, welches eine der beträchtlich-
sten Predigerstellen ist, theils wegen der Einkünfte,
theils wegen Nähe des Hofes und wegen der grossen Anzahl Standespersonen, die in diesem Kirch-
spiele wohnen.

So bald Clarke diese Stelle bekommen hatte,
unterließ er seine bisherige Art zu predigen; er arbeitete seine Predigten aus und schrieb sie auf; nicht
aus der Ursache, weil er vielleicht nach seiner ersten
Lehrart seinen ansehnlichen Zuhörern nicht würde haben Genüge leisten können, sondern weil er befürchtete, nicht jederzeit eben die Fertigkeit zu haben, und
weil er entschlossen war, seine Predigten einstens der
Welt mitzutheilen.

Er glaubte damals, daß es ihm zuträglich seyn
würde, wenn er die Doctorwürde in der Gottesgelahrheit annähme. Er gieng deshalb nach Cambridge, wo er öffentlich zween Sätze behauptete, deren Inhalt war: Nullum fidei Christianae dogma,
in S. Scripturis traditum, est rectae rationi dissen-
taneum. Sine actionum humanarum libertate,
nulla potest esse Religio.

Die Schrift, die er 1712 von der Dreyeinigkeit
herausgab, verursachte ihm viele Unruhen. Sie
misfiel denen sehr, die von dieser Materie orthodo-
rische Meinungen hatten, weil er darin dem Aria-
nismus das Wort zu reden schien, und die Arianer
waren selbst mit derselben nicht zufrieden, weil sich
der Verfasser sehr schwacher und dunkler Ausdrücke
bedienet hatte, und weil sie glaubten, daß er ihre
wahre Meinungen verändert hätte. Er wurde von
vielen

vielen Personen auf eine lebhafte Art angegriffen,
und Clarke antwortete ihnen, so gut er konte, ohne
sich vieler Gefahr auszusetzen, und als ein Mann,
der das Ungewitter, welches sich über ihn zusammen-
ziehen wolte, von weitem gewahr wurde.

Er that indessen keinen Wiederruf, und er unternahm 1713 etwas, woraus man deutlich schliessen
konte, daß er noch beständig in seinen Meinungen
beharrete. Um nicht verbunden zu seyn, die Colle-
cte am Sontage der heiligen Dreyeinigkeit, welche
ausdrücklich diese Lehre enthält, und die bey dem
Abendmahle, welches an diesem Tage in allen Kir-
chen gehalten zu werden pfleget, abgelesen wird, zu
lesen; so unterließ er, das Abendmahl in seiner Kirche zu halten, und verschob es bis auf einen andern
Sontag. Dies erregte unter seiner Gemeinde ein
allgemeines Murren, und machte so vielen Aufstand,
daß ihn die Königin, die davon benachrichtiget worden war, seiner Capellanswürde entsetzte.

Im Jahr 1714 brachte die Unterkammer der
Geistlichkeit bey der Oberkammer ihre Klagen wider
ihn an, und beschuldigte ihn, daß er in seinem Buche von der Dreyeinigkeit den Arianismum gelehret, oder doch wenigstens demselben das Wort geredet habe. Die Oberkammer legte der Untern den
Beweis dieser Beschuldigung auf, und diese that es,
indem sie verschiedene Sätze aus dem Buche zog,
welche sie für ketzerisch ausgab. Clarke wurde zur
Verantwortung gezogen, allein seine Antwort wurde nicht für hinlänglich angenommen. Die Gemü-
ther wurden aufgebracht, und ob er gleich viele eifri-
ge Freunde, besonders in der Oberkammer hatte, so

redete

redete man nichtsdestoweniger von seiner Absetzung.
Endlich überredeten ihn seine Freunde, welche be-
fürchteten, daß die Sache zu weit getrieben werden
möchte, den Bischöfen eine Schrift zu übergeben,
in welcher er das Bekenntniß ablegte, daß er zuverläßig glaube, daß der Sohn GOttes von
Ewigkeit durch die Allmacht und durch den
ewigen und unbegreiflichen Willen GOttes
erzeuget worden wäre; und daß der heilige Geist von Ewigkeit vom Vater durch
den Sohn ausgienge. Er versprach darin überdies, fernerhin nicht mehr zu predigen, von der
Dreyeinigkeit nichts mehr zu schreiben, und sich aller Strafe, die ihm die Versamlung zuerkennen
würde, zu unterwerfen, wenn er etwas unternehmen
solte, das mit der Lehre der engländischen Kirche
streite. Er machte mit der Versicherung den Beschluß, daß es ihn sehr gereue, ein Aergerniß gegeben
zu haben, und daß er insfünftige sich so verhalten
würde, daß man keine Ursache haben solte, sich über
ihn zu beklagen.

Diese Schrift, die für nichts anders als für eine Wiederrufung angesehen werden konte, misfiel
den Arianern sehr; sie machten Clarke öffentlich
Vorwürfe, daß er sich der Ausdrücke Erzeugung
und Ausgehen von Ewigkeit bedienet habe, die
er doch bis jetzt auf eine so kluge Art vermieden hätte, und daß er in dieser Absicht das Wort ewig
ohne einige Einschränkung gebrauchet habe, gleich-
sam als wenn er es in eben dem Verstande genommen hätte, in welchem er es bey der Allmacht und
dem Willen des Vaters brauchte; welches doch der
Lehre,

Lehre, die er in seinem ganzen Buche festgesetzet hätte, ganz und gar zuwider wäre. Sie fügten hinzu,
daß, wenn er dieses Wort in einem andern Verstande genommen hätte, er seine Richter und das ganze
Publicum nur aus der Absicht hintergangen, um
sich vor der Verfolgung in Sicherheit zu setzen.
Clarke wurde durch diese Vorwürfe sehr empfindlich gerühret, und um seine Ehre bey ihnen wieder
herzustellen, ließ er dem Bischofe von Londen eine
Erklärung der vorhergehenden Schrift übergeben,
welche so beschaffen war, als es seine Anhänger nur
wünschen konten. Er bat zugleich den Bischof
aufs inständigste, sie der Oberkammer der Geistlichkeit mitzutheilen. Allein entweder dieser Prälat hielt es nicht für dienlich, oder die Oberkammer, dessen meiste Glieder diese Sache geendiget zu
sehen wünschten, hatten auf diese Erklärung keine
Acht; dem sey wie ihm wolle, so wurde von derselben nicht geredet, und man hielt sich an der ersten
Schrift des Clarke.

Die Oberkammer machte durch eine Acte vom
5 Jul. bekannt, daß sie durch diese erste Schrift befriediget worden wäre, und sie that allen Verfolgun-
gen Einhalt, der Widersetzungen der Unterkammer
ohnerachtet, welche einen weitläuftigern und weniger zweydeutigen Wiederruf haben wolte. So endigte sich diese Sache.

Einer von seinen Freunden ließ indessen einige
Zeit nachher seine Schutzschrift drucken, in welcher
er sich bemühete, zu beweisen, daß er nicht wieder-
rufen habe; Clarke selbst vergaß nichts, um hievon das Publicum zu überführen. Er vertheidig-

P 5 te

te öffentlich seine erſten Meinungen wider drey oder
vier Gegner, die ihn faſt zu gleicher Zeit angriffen.
In einer zwoten Ausgabe, die er einige Jahre darauf von ſeinem Buche über die Dreyeinigkeit herausgab, ließ er nicht nur alles dasjenige mit Fleiß
aus, was er zur Rechtfertigung oder Entſchuldi-
gung der Gewohnheit, die Glaubensbekenntniſſe und
Liturgien zu unterſchreiben, geſaget hatte, ſondern
er veränderte auch die Erklärung, die er von dem
athanaſianiſchen Glaubensbekenntniſſe gemacht hatte, und richtete ſie nach ſeinem Lehrgebäude ein.
Er gieng noch weiter, er wolte nachher niemals ein
Beneficium annehmen, das von ihm eine neue Unterſchrift verlangte.

Im Jahre 1718 entſchloß er ſich, in der zu ſeinem Kirchſpiel gehörigen Armenſchule die Doxolo-
gie, welche ſich am Ende eines jeden Pſalmen befindet, und die man gemeiniglich in der engländiſchen
Kirche ſinget, zu ändern; und anſtatt der Worte:
**Ehre ſey GOtt dem Vater, dem Sohne und
dem heiligen Geiſte,** u. ſ. w. ſetzte er dieſe: **Ehre ſey GOtt, durch JEſum Chriſtum ſeinen
Sohn unſern Herrn,** u. ſ. w. Allein der Biſchof wurde hiedurch ſehr aufgebracht, und nachdem
er ihn gezwungen hatte, alles auf den alten Fuß
wieder herzuſtellen, ließ er an alle Pfarrer ſeiner
Diöces ein Circularſchreiben ergehen, worin er
ihnen verbot, in dieſem Stücke die geringſte
Veränderung zu unternehmen. Hiedurch entſtand
ein neuer hitziger Streit. Es wurden von beyden
Seiten viele Schriften gewechſelt, und **Whiſton**
war einer der vornehmſten Gegner.

Um

Um diese Zeit gab der Mylord **Lechmere,** Canzler des Herzogthums Leicester, dem **Clarke** die Stelle eines Oberaufsehers über das Hospital zu Leicester, der Hauptstadt dieses Herzogthums, die er auch mit Vergnügen annahm, weil sie ihm zu keiner Unterschrift noch einigem Dienste nöthigte, welcher seinen Meinungen zuwider seyn solte.

Im folgenden Jahre 1719 entschlossen sich viele gelehrte Arianer, oder halbe Arianer, deren Haupt **Whiston** war, dem Parlamente eine Bittschrift zu übergeben, worin sie um die Abschaffung der Unterschriften, und um eine uneingeschränkte Toleranz für alle Protestanten, von was für einer Secte sie auch seyn möchten, und was für Meynungen sie auch hätten, anhalten wolten. Sie thaten dagegen den Vorschlag, daß sie den Testeid abschwören, und das apostolische Glaubensbekenntniß, oder eine Erklärung, deren Inhalt seyn solte, daß man die christliche Religion, so wie sie in der heiligen Schrift enthalten sey, glaube, unterschreiben solte. Sie fragten hierüber **Clarke** um Rath, der ihr Vorhaben sehr billigte, und ihnen einen glücklichen Erfolg wünschte. Allein sie trafen so grosse Hindernisse an, daß das Project bald zu Grunde gieng.

Clarke, der für seine Gesundheit grosse Sorge trug, und von seiner Jugend an keine andre Krankheit, als die Pocken, gehabt hatte, versprach sich ein langes Leben. Allein da er an einem Sontage den 11 May 1729 vor den Richtern des Königreiches in ihrer Kapelle predigen wolte, bekam er auf einmal ein so heftiges Seitenstechen, das ihn

auſſer

auſſer Stand ſetzte, ſein Amt zu verrichten; und
ihn in kurzer Zeit zum Grabe führte.

Er ſtarb den 17 May 1729 in ſeinem 54ſten
Jahre.

Er hatte **Catharina Lokwood**, die Tochter
eines Predigers zu Klein-Maſſingham in der Graf-
ſchaft Norfolk, geheyrathet, mit der er in einer be-
ſtändigen Einigkeit gelebet und mit ihr ſieben Kinder erzeuget hat, von denen zwey vor ihm geſtorben ſind.

Er war einer von denen groſſen Geiſtern, die
fähig ſind, ſich in allen Wiſſenſchaften hervorzuthun.
Es war in denſelben wenig, wovon er nicht eine
ſolche Kenntniß hatte, die ihm Ehre machte. Nebſt
einer gründlichen Beurtheilungskraft beſaß er ein
überaus glückliches Gedächtniß und einen groſſen
Verſtand, die ſchwereſten Materien zu entwickeln.
Diejenigen, die ſich ſeines Raths bedieneten, nahm
er jederzeit mit vieler Freundlichkeit und Gütigkeit
auf. Er hatte ſogar anfänglich allen denen geantwortet, die ſich ſchriftlich ſeine Meynung über die
verdrießlichſten Materien ausgebeten hatten; da
er aber ſah, daß man ſeine Gefälligkeit misbrauch-
te, indem man ſeine Briefe drucken ließ, ſo entſchloß er ſich, von dieſer Gewohnheit abzugehen,
und nicht anders als mündlich ſeine Meynungen zu
ſagen. Sein Umgang war ſowol angenehm, als
lehrreich; er druckte ſich mit einer ſolchen Fertigkeit,
und auf eine ſo deutliche und natürliche Art aus,
daß man ihn ſogleich verſtand, und daß ſich die
eingeſchränkteſten Köpfe deſſen zu Nutze machen konten, was er von den abſtracteſten Materien ſagte.

Dieſer

Dieser Vorzug hatte ihn indeſſen ſo wenig eingenommen, daß er niemals der erſte war, der von
gelehrten Sachen zu reden anfieng; die Unterredung
muſte hierauf kommen, oder man nöthigte ihn durch
Fragen hiezu, auf welche er aus Klugheit antworten muſte. Die Eigenſchaften ſeines Hertzens kamen mit ſeinen Gemüthsgaben überein; ſelbſt ſeine
Feinde haben ihm jederzeit in dieſem Stücke Gerechtigkeit wiederfahren laſſen. Alles, was man
ihm vorwerfen kann, iſt ſein Buch von der Dreyeinigkeit und ſeine Auffführung hieben.

Verzeichniß ſeiner Schriften.

1) Jacobi Rohaulti Phyſica. Latine vertit, recenſuit, Annotationibus ex Ill. Iſaaci Newtoni
Philoſophia maximam partem hauſtis, amplifi-
cavit S. Clarke. Cantabrigiae 1697 in 8. It. Accedunt in hac editione novae aliquot tabulae aeri inciſae. Londini 1702 in 8. It. Editio tertia,
in qua Annotationes ſunt dimidia parte auctiores, additaeque octo tabulae aeri inciſae. Londini
1701 in 8. It. Editio quarta auctior 1718 in 8.
Dieſe Ueberſetzung iſt weit genauer und ſchöner
als diejenige, welche zuvor ans Licht getreten war;
und man iſt in England mit derſelben ſo wohl zufrieden geweſen, daß man ſich nachher derſelben jederzeit mit gutem Erfolg in den öffentlichen und
Privatvorleſungen bedienet hat. Johann Clarke hat die Anmerkungen des Samuel Clarke ins
engländiſche überſetzt, und ſie in der engländiſchen
Ausgabe, die er von dieſem Werke zu London 1723
in 8 beſorget hat, mit eingerücket.

2) Drey

2) Drey practische Versuche über die
Taufe, Confirmation und Buße, worinnen
weitläuftige Lehren und dringende Er-
mahnungen an die Jugend zur Führung
eines heiligen Lebens enthalten sind. (engländisch) Londen 1699 in 8.
Man hat von diesem Buche vier Ausgaben.

3) Anmerkungen über ein Buch, das
betitelt ist: Amyntor, und welches die
Schriften der Väter der ersten Kirche
und den Canon des neuen Testamentes betrift (engländisch) Londen 1699 in 8. ohne Namen des Verfassers.

Man hat nachher diesem kleinen Tractat den
Brief des Clarke an Dodwel beygefüget.

4) Erklärung der vier Evangelisten;
worin man zur bessern Einsicht in die heilige Geschichte den Text auf einer und die
Erklärung auf der andern Seite gegen-
über mit kritischen Noten über die schwersten Stellen gesetzet hat. (engländisch) in 8.
Zween Theile.

Der erste Theil dieser Erklärung trat anfänglich 1701 und der zweete 1702 ans Licht. Bald nachher wurden sie aber zusammen gedruckt. Man hat
vier Ausgaben davon. Es wäre zu wünschen gewesen, daß Clarke den übrigen Theil des neuen Testamentes eben so, wie die Evangelia, ausgearbeitet hätte; allein verschiedene Zufälle verhinderten
ihn, seine Arbeit weiter fortzusetzen, und in der Folge wolte er sich derselben nicht unterziehen.

5) Von

5) Von dem Daseyn und den Eigenschaften GOttes, von den Pflichten der
natürlichen Religion und von der Wahrheit der christlichen Religion; Abhandlungen, die zu Londen in sechzehn Predigten vorgetragen worden, und worinnen man den Hobbes, Spinoza, den Verfasser der Wunderwerke der Vernunft,
und alle diejenigen widerleget, welche
Feinde der natürlichen und geoffenbarten Religion sind, (engländisch) Londen 1704
und 1705 in 8. Zween Theile. Jt. Zwote Ausgabe. Ibid. 1706 in 8. Jt. Ins französische
übersezt von Ricotier. Amsterdam 1717 in 8.
Zween Theile. Jt. Zwote und nach der sech-
ten engländischen vermehrte Ausgabe.
Amsterdam 1727 in 12. Drey Theile. Jt. Ins
Deutsche übersezt. Braunschweig 1756 in 8.
Clarke, der 1704 zur Haltung der von Boyle
gestifteten Reden erwählet worden war, nahm zur
Materie den acht Predigten, die er das Jahr hindurch halten muste, das Daseyn und die Eigenschaften GOttes, welche er wider die Jrrthümer des
Spinoza und Hobbes a priori zu erweisen sich
vorsezte. Mit so vielen Schwierigkeiten auch diese Unternehmung verknüpfet war, so richtete er sie
doch auf eine solche Art aus, welche alle Hofnung
derer, die ihn am besten kannten, übertraf. Da er
im folgenden Jahre sich auf vieles Anhalten dieser
Arbeit wieder unterziehen muste, so that er es mit
eben dem glücklichen Erfolg, und er sezte nunmehr
durch Schlüsse, die aus seinen vorhergehenden Beweisen

weifen nothwendig folgten, und durch einige andre
Beweife die moralifchen Verbindlichkeiten der natürlichen Religion, und die Wahrheit der chriftli-
chen Religion feft.   Er machte bald nachher alle
diefe Predigten als Abhandlungen bekannt, und der
Druck erhob die vortheilhafte Meynung von denfel-
ben bis zu einem bewundernswürdigen Grad.   Es
find im engländifchen fieben Ausgaben davon beſorget worden.   In der vierten hat Clarke einige
Briefe, die man an ihn über feinen Tractat von
dem Dafeyn und den Eigenfchaften GOttes gefchrieben hatte, mit den Beantwortungen derfelben eingerücket.   In der fiebenten fügte er noch feine Abhandlung, von der Verbindung, die zwi-
fchen den Weiffagungen des alten Teſtamentes ift, und von der Zueignung, die die
Schriftfteller des neuen daraus auf JEfum
machen; nebft einem fiebenten Briefe über den
Beweis a priori, deffen er fich in feinem Tractat
bedienet hatte, hinzu.   Diefes Werk ift in die lateinifche Sprache überfezet worden.   Praemiſſa A-
theismi Hiftoria, Jenkino Thomafio Interprete;
cum Praefatione Chriftiani Gottlieb Schwarzii.
Altorf. 1713 in 8.   Man hat auch eine holländifche
Ueberfezung davon, die zu Leyden 1718 in 8 gedruckt
worden.

6) Optice, five de Reflexionibus, Refractio-
nibus, et Coloribus Lucis, Libri tres. Auctore
Ifaaco Newton.   Latine reddidit Samuel Clarke. Accedunt tractatus duo ejusdem Auctoris
de fpeciebus et magnitudine figurarum Curvilline-
arum, Latine fcripti. Londini 1706 in 4. It. Ibid. 1719
in 8.   **Die**

Die grossen Progressen, die Clarke in allen Theilen der Weltweisheit gemacht hatte, und seine persönliche Eigenschaften brachten ihm die Freundschaft des Ritters Newton zuwege, der ihm anlag, seine Optik in die lateinische Sprache zu übersetzen. Er that es auf eine sehr schöne und deutliche Art. Diese Uebersetzung gefiel Newton so sehr, daß er einem jeden von seinen Kindern, deren fünfe waren, hundert Pfund Sterling schenkte.

7). Schreiben an Herrn Dodwel, worin man alle Beweise, die er in seinem Briefe über die Unsterblichkeit der Seele gebrauchet hat, umständlich widerleget, und die Meynung der Kirchenväter über diese Materie aufrichtig vorträget. (engländisch)

Man hat von diesem Werke sechs Ausgaben besorget, und die folgenden Stücke, die von eben dieser Materie handeln, und die Anmerkungen über den Amyntor, dessen ich schon Nr. 3. gedacht habe, hinzugefüget.

8). Vertheidigung eines Beweises, dessen man sich in dem Briefe an Herrn Dodwel bedienet hat, um die Immaterialität und natürliche Unsterblichkeit der Seele zu beweisen. (engländisch) London 1707 in 8. pp. 32.

Das vorhergehende Schreiben war kaum ans Licht getreten, als Collins, der sich dessen zu Nutze machte, was Locke in seinem Versuche über den menschlichen Verstand B. 4. Cap. 3. behauptet hatte, daß es nemlich möglich wäre, daß die Materie denken könte, in einer kleinen Schrift

die Parthey des Dodwel von dem Artikel der natürlichen Sterblichkeit ergrif, und alles anführte,
was man nur scheinbares sowol wider ihre Immaterialität als wider die Freyheit der menschlichen
Handlungen sagen konte. Diese Piece führet die
Aufschrift: Schreiben an Henrich Dodwel,
worin einige Anmerkungen über einen in einer Antwort des Herrn Clarke auf seinen
Brief angeführten Beweis von der Immaterialität und natürlichen Unsterblichkeit
der Seele enthalten sind. (engländisch) Londen
1707 in 8. pp. 16. Clarke widerlegte die Irrthümer dieses Verfassers in der Vertheidigung, von
der hier die Rede ist, mit vieler Gründlichkeit.
Collins grif ihn in einer neuen Schrift an, die er
betitelte: Gegenantwort auf die Vertheidigung des Briefes des Herrn Clarke an Herrn
Dodwel, nebst einem Anhange über die Antwort des Herrn Milles auf das Schreiben
des Herrn Dodwel (engländisch) Londen 1707
in 8. pp. 48. Clarke widerlegte diese Gegenantwort durch die folgende Vertheidigung.

9) Zwote Vertheidigung eines Beweises, dessen man sich in dem Briefe an Herrn
Dodwel bedienet hat, um die Immaterialität und natürliche Unsterblichkeit der
Seele zu beweisen. (engländisch) Londen 1707
in 8. pp. 54.

Dieser zwoten Vertheidigung folgte bald eine
neue Antwort des Collins, welche den Titel führte: Betrachtungen über die zwote Vertheidigung des Briefes von Herrn Clarke an
Herrn

Herrn Dodwel. (engländifch) Londen 1707 in 8. Dies gab zu einer dritten Vertheidigung Gelegen. heit.

10) Dritte Vertheidigung eines Bewei. fes, u. f. w. (engländifch) Londen 1708 in 8. pp. 94.

11) Vierte Vertheidigung eines Bewei. fes, u. f. w. (engländifch) Londen 1708 in 8.

Diefe vier Briefe find in den nachher beforgten Ausgaben demjenigen Briefe angehänget, zu deffen Vertheidigung fie gefchrieben worden. Clarke ift darin dem Collins in allen feinen Ausflüchten nachgegangen, und hat die Beweife von der Imma. terialität unferer Seele in ein fehr helles Licht ge. fetzet.

12) C. Julii Caefaris quae extant, accuratiffi- mè cum Libris editis et Mff. optimis collata, re- cognita et correêta; Accefferunt annotationes S. Clarke. Londini 1712 in fol.

An der Schönheit diefer Ausgabe, welche mit fechs geographifchen Karten, mit mehr als vierzig Vignetten, und mit 87 Kupfern, von denen 40 nach denen geftochen find, welche Palladio der zu Venedig 1575 in 4 herausgekommenen Ausgabe ein. verleibet hat, bereichert ift; an der Schönheit die. fer Ausgabe, fage ich, fehlet nicht das geringfte. Es wurde diefes Werk 1720 in 8. zum Gebrauch der Schule und zum Beften derer, die nicht im Stan. de waren, die erfte Ausgabe deffelben zu kaufen, wie. der aufgeleget.

13) Lehre der heiligen Schrift von der Dreyeinigkeit. In drey Büchern, worin. nen alle Texte des neuen Teftamentes und

Q 2 die

die vornehmsten Stellen der engländischen Liturgie, die sich auf diese Lehre beziehen, zusammengetragen, mit einander
verglichen und erkläret sind. (engländisch)
Londen 1712 in 8. It. Zwote verbesserte Ausgabe. Londen 1719 in 8.

Der Verfasser hat in dieser letzten Ausgabe vieles verändert, und es ist nachher noch eine dritte
herausgekommen, die aber mit der zwoten übereinkömmt. Dieses Werk, worin Clarke den Meynungen der Arianer folget, wurde bald von allen Seiten
angegriffen, und es gab dieses zu den folgenden
Schriften Anlaß.

14) In einer 1714 gedruckten kleinen Schrift,
welche die Aufschrift hat: Vertheidigung des
Doctor Clarke, findet man drey Schriften, die
er bey Gelegenheit der Klage, welche die Unterkammer der Geistlichkeit gegen das vorhergehende Buch
führete, verfertiget hat; nemlich eine Gegenantwort auf den von dieser Kammer gemachten Auszug, ein den Bischöfen übergebenes
Schreiben, und eine dem Bischofe von Londen überreichte Erklärung dieses Schrei-
bens.

15) Schreiben an Doctor Wells, Rector zu Cotesbach in der Grafschaft Leicester, zur Beantwortung seiner Anmerkungen über das Buch, welches die Aufschrift hat: Lehre der heiligen Schrift
von der Dreyeinigkeit. (engländisch) Londen
1714 in 8. pp. 82.

Das

Das Werk des Wells war im vorhergehenden Jahre zu Oxford in 8 gedruckt worden.

16) Beantwortung der Einwürfe des Robert Nelson und eines unbekannten Verfassers wider das Buch des Doctor Clarke, das betitelt ist: Lehre der heiligen Schrift von der Dreyeinigkeit; als ein Commentarius über vierzig Stellen aus der heiligen Schrift. Nebst einer Antwort auf die Anmerkungen des unbekannten Verfassers der Betrachtungen über die heilige Dreyeinigkeit und der Art, diese Streitigkeit abzuhandeln. (engländisch) Londen 1714 in 8.

17) Antwort des Doctor Clarke auf drey Briefe, welche ein Dorfpfarrer wegen seines Buches von der Dreyeinigkeit an ihn geschrieben hat. (engländisch) Londen 1714 in 8.

18) Samlung verschiedener Schriften, welche vom Herrn von Leibniz und dem Doctor Clarke 1715 und 1716 über die Grundsätze der Weltweisheit und der natürlichen Religion verfertiget worden; nebst einem Anhange. Man hat einige andre Briefe über die Freyheit und Nothwendigkeit, die von einem Mitgliede der Universität Cambridge an D. Clarke geschrieben worden, und die Beantwortungen dieses Doctors, wie auch Anmerkungen über ein Buch hinzugefüget, welches die Aufschrift hat: Philosophische Ab-

Q 3 hands

handlung von der Freyheit des Menschen.
(engländisch) Londen 1717 in 8. pp. 492.
Man siehet hier zuerst fünf Schriften von
Leibnitz in französischer Sprache, und die mit einer engländischen Uebersetzung begleitet sind, nebst
eben so viel Antworten von Clarke in engländischer und französischer Sprache. Auf alles dieses
folget ein Anhang, der eine Samlung von Stellen
ist, die aus den Werken des Leibnitz, von denen
Clarke in seinen Antworten zu reden Gelegenheit
gehabt hatte, genommen sind. Der Verfasser der
Briefe über die Freyheit und Nothwendigkeit nennet sich Bulkeley, und starb im Monate
September 1718 ohngefehr in seinem 24sten Jahre.
Die philosophische Abhandlung von der
Freyheit rühret von Collins her. Alle diese Stücke, die sich in dieser Samlung befinden, sind von
des Maizeaur ins französische übersetzet, und in
den ersten Theil des Buches eingerücket worden,
das betitelt ist: Recueil de diverses pieces sur la
Philosophie, la Religion naturelle, l'Histoire, les
Mathematiques etc. par MM. Leibnitz, Clarke,
Newton, et autres Auteurs celebres. Amsterdam
1720 in 12. Die Schriften des Leibnitz und Clarke sind von Heinrich Köhler ins Deutsche übersetzet worden, und er hat eine Antwort von Ludwig
Philip Thümmig auf des Clarke seine fünfte
Schrift als eine Gegenantwort, an dessen Ausarbeitung der Tod den Herrn von Leibnitz verhindert
hatte, hinzugefüget. Diese Uebersetzung ist mit einer
Vorrede von Christian Wolf zu Frankfurt 1720
in 8 gedruckt worden.

19) Schrei-

19) Schreiben an den verstorbenen M. R. M. (Mayo) wegen seines Buches, das die Aufschrift führet: Deutlicher und aus der heiligen Schrift genommener Beweis für die Lehre von der Dreyeinigkeit. (engländisch) Londen 1718 in 8.

20) Schreiben an den Verfasser eines Buches, das betitelt ist: Fortsetzung und Vertheidigung der wahren Lehre der heiligen Schrift von der heiligen und untheilbaren Dreyeinigkeit, und das anfänglich von Herrn Nelson, und nachher von dem Vaterland empfohlen worden. Dieses Schreiben und das Buch sind zu Ende eines Tractats gedruckt worden, der von einem Freunde des Clarke herrühret, und welcher die Aufschrift hat: Bescheidene Vertheidigung der Lehre der heiligen Schrift von der Dreyeinigkeit, worin man die Lehrgebäude des Herrn Bennet und des Herrn Clarke mit einander vergleichet. (engländisch) Londen 1719 in 8.

21) Bescheidene und fortgesetzte Vertheidigung, oder kurze und deutliche Antwort auf die Fragen des Doctor Waterland über die Lehre von der Dreyeinigkeit. (engländisch) Londen 1720 in 8.

Der Verfasser hat weder vor diese, noch vor die folgende Schrift seinen Namen gesetzet.

22) Anmerkungen über die zwote Vertheidigung der Fragen des Doctor Waterland. (engländisch) Londen 1724 in 8.

Q 4　　　23) Sieb-

23) Siebzehn Predigten über verschiedene Materien. (engländisch) Londen 1724
in 8.

Es ist nachher eine zwote Ausgabe derselben ans
licht getreten.

24) Predigt, gehalten in der Pfarrkir-
che zu St. James den 18 April 1725 bey
Gelegenheit der Errichtung einer Armen-
schule zum Unterricht der Dienstboten.
Londen 1724 in 8.

25) Abhandlung von der Verbindung,
die zwischen den Weissagungen des alten
Testamentes ist, und von der Zueignung,
die die Schriftsteller des neuen daraus
auf JEsum Christum machen. Man hat
einen Brief über den Beweis a priori hinzugefüget. (engländisch) Londen 1725 in 8. It.
In der siebenten Ausgabe der Abhandlung
von dem Daseyn und den Eigenschaften
GOttes.

26) Schreiben an Herrn Benjamin
Hoadley bey Gelegenheit des Streits, der
unter den Mathematikern wegen der Pro-
portion zwischen der Geschwindigkeit
und der Stärke in den Körpern, die in
Bewegung sind, entstanden ist.

Dieses Schreiben befindet sich in den philosophischen Transactionen vom Jahre 1728.

27) Homeri Ilias, Graece et Latine: Annotationes in usum Ser. Principis Guilielmi Augusti, Ducis de Cumberland, etc. Regio jussu scripsit
atque edidit S. Clarke. Volum.1.Londini 1729 in 4.

Homer

Homer war der Lieblingsdichter unsers Clarke. Diese Ausgabe, die die zwölf ersten Bücher
der Ilias in sich enthält, ist prächtig und hat den
Beyfall der Gelehrten verdienet. Der Tod hat ihn
aber verhindert, sie zu Stande zu bringen, und das
übrige ans Licht treten zu lassen. Samuel Clarke, sein Sohn, hat diesen Mangel ersetzet und 1732
den zweeten Theil, wiewol in einem ziemlich unvoll-
kommenen Zustande, herausgegeben.

28) Predigten über verschiedene Materien von Samuel Clarke; aus den Handschriften des Verfassers von J. Clarke,
Dechant zu Salisbury, bekannt gemacht.
Nebst einer Vorrede von Benjamin Hoad-
lay, Bischofe von Salisbury, worin von
dem Leben, Schriften und Character des
Verfassers geredet wird. (engländisch) Londen in 8. Zehn Theile.

Diese Theile sind anfänglich besonders zwey und
zwey, die ersten 1730 und die andern in den folgenden Jahren ans Licht getreten; man hat sie aber
nachher zusammen wieder aufgeleget. Die deutsche Uebersetzung dieser Predigten ist zu Leipzig in
zehen Theilen herausgekommen.

29) Erklärung des Catechismi der engländischen Kirche; aus den Handschriften des Verfassers von D. Johann Clarke herausgegeben. (engländisch) Londen 1732
in 8.

S. Seine historische Lobschrift von Benjamin Hoadley vor seinen nachgelassenen
Predigten. Das engländische Journal des Do-

ctor **Sykes**, welches betitelt ist: **Gegenwärti-**
ger Zustand der gelehrten Welt, Monat Ju-
lius 1729. **Historische Nachrichten von dem**
Leben des Sam. Clarke von Whiston. (engländisch) Londen 1730 in 8. **Lobschrift des Herrn**
Clarke in dem dritten **Theile der britanni-**
schen **Bibliothek.** S. 414. (französisch.) Dies ist ein
Auszug aus den vorhergehenden Werken.

Johann le Clerc.

Johann le Clerc erblickte den 19 März 1657
das Licht der Welt. Sein Vater war Stephan le Clerc, welcher erst Professor der
griechischen Sprache zu Genf, nachher aber Rath
der Republik war, und seine Mutter **Susanna**
Gallatin, eine Tochter des Raths **Marin Gal-**
latin.

Er ließ sehr frühzeitig eine besondere Neigung
zu den Wissenschaften von sich blicken. Von seinem achten bis zum funfzehnten Jahre, da man
ihn in das Collegium zu Genf schickte, that er es
allen seinen Mitschülern in fünf Classen am Fleiße
zuvor. Kaum hatte er das dreyzehnte Jahr seines
Alters erreichet, als er ein heftiges Verlangen bekam, gelehrte Schriftsteller zu lesen. Der französischen Uebersetzung des **Titus Livius** widmete er
damals seine ganze Aufmerksamkeit. Als er die
obersten Classen des Collegii zu Genf erreichet hatte, legte er sich mit größtem Fleiße auf die Erlernung
der lateinischen und griechischen Sprache. Sonderlich

derlich las er den Terenz und Plautus mit solcher Begierde, daß er zu seinem Privatgebrauche
einen kurzen Auszug aus den Anmerkungen der Com-
mentatoren machte. Er las den Homer und einige
prosaische griechische Schriftsteller, die am leichte-
sten waren, und hierin kam ihm die Sorgfalt seines
Vaters ungemein zu statten, dessen Büchervorrath
mit den besten, sonderlich den Stephanischen Ausgaben aller guten classischen Schriftsteller versehen
war.

Er verließ in seinem sechzehnten Jahre 1673
das Collegium, und legte sich auf die Philosophie
unter der Anführung des Herrn Robert Chouet,
der die cartesianische Weltweisheit zu Genf einfüh-
rete. Während der Zeit, da er zu Anfange des
1674 Jahres die Vernunftlehre hörete, wurde er
von einem heftigen Fieber befallen. Es verließ ihn
nicht eher als nach vierzig Tagen. Ungefehr um
diese Zeit fieng er an die critischen Briefe des Ta-
naquil le Fevre zu lesen, die ihm sehr wohl gefie-
len; er fand aber doch einige Anmerkungen darinnen, die ihm nicht zuverläßig genug zu seyn schienen.
Er verfertigte daher einige kleine Abhandlungen
darüber, die sogar sein Vater billigte. Und ob er
sie gleich bey reifern Jahren zerrissen hatte, so er-
innerte er sich doch nachher einiger Anmerkungen
aus denselben wieder, die er seiner Kritik beyfügte.

Indem er seine philosophischen Studien fortsetz-
te, vertheidigte er unter dem Vorsitze des Herrn
Chouet einige Sätze aus der Naturlehre von dem
Wesen der Materie. Nach Erlernung der philosophischen Wissenschaften wandte er sich nicht sogleich
zur

zur Gottesgelahrheit, welches der Hauptzweck seiner
Studien war, sondern er brachte zuvor ein ganzes
Jahr damit zu, um sich in den Sprachen fest zu setzen. Sonderlich trieb er unter der Anführung des
Jacob Gallatin, eines Predigers, die hebräische
Sprache mit gröstem Fleisse. Er las alle diejenigen Bücher, die mit seinen vornehmsten Studien,
nemlich mit den schönen Wissenschaften, mit der
Weltweisheit, Gottesgelahrheit und denen damit
verwandten Theilen der Gelehrsamkeit einiges Verhältniß hatten, mit ganz unermüdetem Eifer. Er
gewöhnte sich durch seinen anhaltenden Fleiß zur
Arbeit, so, daß es ihm gar nicht sauer wurde, beständig zu lesen und zu schreiben. Hiezu kam, daß
er nach der vorhin gedachten Krankheit eine so dau-
erhafte Gesundheit genoß, daß er bis in sein hohes
Alter sehr selten einige kleine Unpäßlichkeiten auszu-
stehen hatte. Im Jahre 1676 fieng er an, unter
der Anweisung der damaligen drey Professoren der
hohen Schule zu Genf, dem Philip Meftrezat,
Franz Turretin und Ludwig Tronchin die
Gottesgelahrheit zu studiren.

Sein Vater war zu Anfange seiner theologi-
schen Studien im Jahre 1676 gestorben. Im Jahre 1678 begab er sich nach Grenoble, zu dem Rathe
Sarazin de la Pierre, als Hofmeister seines
Sohnes. Er befand sich daselbst überaus wohl,
und weil er viel Zeit für sich übrig hatte, so las er
viel griechische und lateinische Schriftsteller, jedoch
ohne die Weltweisheit und Gottesgelahrheit zu ver-
absäumen. Er fand hier ausser dem Peter Lan-
ny, einem Priester des Oratorii, der sich durch viele

Schriften berühmt gemacht, wenig gelehrte Männer,
mit denen er einen nützlichen und angenehmen Umgang hätte unterhalten können.

Nachdem er sich ungefehr ein Jahr in dieser
Stadt aufgehalten, kam er nebst dem jungen Sarazin wieder nach Genf zurück, und brachte ein
überaus rühmliches Zeugniß von der reformirten
Kirche zu Grenoble mit sich. Er hatte damals Gelegenheit dem Predigtamte, wiewol ohne Bestimmung zu einer gewissen Gemeinde, gewidmet zu werden, und er bestand in den gewöhnlichen Prüfungen
ungemein wohl. Um diese Zeit gerieth ihm der
Quaternio des Stephan von Courcelles in die
Hände, und als er bald darauf nach Genf kam,
fügte es sich, daß er alle Werke dieses öffentlichen
Lehrers der Remonstranten käuflich an sich brachte,
die schon im Jahre 1674 durch Besorgung Philip
von Limborchs zum Vorscheine gekommen waren. Alle dergleichen Bücher waren zu Genf schwer-
lich anzutreffen. Ja selbst der Vater unseres Le
Clerc hatte niemals von den Schriften des Courcelles etwas gelesen, da er doch von mütterlicher
Seite sein naher Anverwandter war. Die lesung
dieser Schriften benahm ihm die Zweifel, die er in
den Materien hegte, worüber die Remonstranten
und die übrigen Protestanten streitig waren. Er
wurde überzeugt, daß die Meynungen der erstern
am gegründesten wären, und war ernstlich darauf
bedacht, Frankreich, ja sein Vaterland zu verlassen;
denn er sahe, daß die gegenseitigen Meynungen die
Oberhand darinnen hatten, und auf das hitzigste vertheidiget wurde.

Zu

Zu Ende des 1680 Jahres begab er sich mit seinem Untergebenen nach Saumur, um sich in der französischen Sprache vollkommener zu machen, die hieselbst besser als zu Genf gesprochen wurde. In dieser Stadt kamen ihm die Werke des Episcopius zu Gesichte, die er mit Verwunderung las. Er fieng auch an, das alte Testament in Biblia Polyglotta aufmerksam durchzugehen, und Anmerkungen über die Schrift zu machen, welche der Grund von den Materialien waren, die er nachher beständig samlete. Und aus diesen verfertigte er viele von seinen Werken, die wir jetzt haben.

Im Herbste des 1681 Jahres kam er von Saumur nach Grenoble wieder zurück. Hier setzte er seine Lebensart fort, wie er schon zuvor gethan hatte. Er hörete des Bischofes und nachherigen Cardinals, le Camus Predigten mit vielem Vergnügen; eines Prälaten, der wegen seiner schönen Gaben, seiner Aufrichtigkeit, seiner Gelindigkeit gegen die Protestanten, und wegen seines über den gemeinen Aberglauben erhabenen Geistes, für andern einen ungemeinen Vorzug verdienet. Er begab sich von hier nach Paris, und von Paris nach London, wo er zu Ende des Maymonats im Jahre 1682 anlangete. So bald er daselbst angekommen war, bemühete er sich die engländische Sprache in so weit zu erlernen, daß er ein Buch lesen und verstehen konte; er wurde auch derselben gar bald mächtig, so, daß er fast alles in das Lateinische übersetzen konte. Er predigte bisweilen zu London in der wallonischen Kirche in französischer Sprache. Hernach verrichtete er ungefehr sechs Monate den öffentlichen

Got

Gottesdienst in der Savoye, so, daß er alle Sontage entweder in dieser oder in der griechischen Kirche predigte. Die Londner Luft bekam ihm so übel,
daß er diese Stadt nach Verlauf eines Jahres verlassen muste. Zudem hatte er ein grosses Verlangen, Holland zu sehen, und sich selbst nach dem Zustande der Remonstranten zu erkundigen, deren Meynungen er in seinem Herzen zugethan war. Schon
von Saumur aus hatte er an den Professor **Lim-**
borch geschrieben, und ihm solches zu erkennen gegeben. **Limborch** antwortete ihm auf das ver-
bindlichste, und dies war der Anfang derjenigen
Freundschaft, die nachher beständig unter ihnen
herrschte. **Le Clerc** gieng mit dem berühmten
Gregorius Leti nach Holland über, welcher auf
Befehl **Carls** II. binnen zehen Tagen aus dem Königreiche entweichen muste, weil er in seinem Thea-
tro Britannico sehr frey geschrieben hatte. So bald
er zu Amsterdam angelanget war, vernahm er von
dem Herrn von **Limborch** solche Nachrichten, die
mit seinen Wünschen vollkommen übereinkamen.
Jedoch trat er noch nicht zu den Remonstranten-ü-
ber. Seine Anverwandten beschworen ihn gleich-
sam, daß er sie noch einmal besuchen möchte, ehe er
seinem Vaterlande gänzlich entsagte. Er ließ sich
endlich durch ihr anhaltendes Bitten überwinden,
und entschloß sich zu dieser Reise. Mitten im Som-
mer trat er seine Reise nach Genf an. Hier entdeckte er seinen Freunden und Anverwandten den
Entschluß, den er gefasset hatte. Er sagte ihnen,
daß er Willens sey, sich nach Holland zu wenden,
um daselbst einer völligen Gewissensfreyheit zu ge-
nießen.

niessen. Er kehrte auch wirklich im Herbste nach
Amsterdam zurück.

Zu Anfange des folgenden 1684 Jahres predigte er eine Zeitlang alle Freytage in der Kirche der
Remonstranten. Nachdem ihn aber diese Gesellschaft zum öffentlichen Lehrer der Weltweisheit, der
schönen Wissenschaften und der hebräischen Sprache
ernennet hatte, so unterließ er diese Beschäftigung.
Nach dem Tode des H. von Limborch wurde ihm die
öffentliche Lehrstelle der Kirchengeschichte anvertrauet.

Im Jahre 1691 verband er sich mit Maria
Leti, der Tochter des Gregorio Leti. Mit die-
ser zeugte er vier Kinder, die aber sogleich in der
Kindheit wieder verstarben. Ein einziger Sohn,
Namens Gregor, erreichte ein Alter von 8 Jahren.

Der unglückliche Zeitpunct nahete heran, da
le Clerc der Welt zwar noch nicht entrissen, aber
doch in der Republik der Gelehrten ein unbrauchba-
res und erstorbenes Glied wurde.

Als er eines Tages im Maymonat des 1728sten
Jahres seine öffentlichen Vorlesungen hielt, verlor
er auf einmal die Sprache. Es fand sich zwar solche bald darauf wieder; allein ein Fieber, und andre heftige Zufälle zogen die traurigsten und unver-
änderlichsten Folgen nach sich. Von der Zeit an
nahm sein Gedächtniß immer mehr und mehr ab.
Hierzu kam im Jahre 1732 ein Schlagfluß, welcher
ihm die Zunge dergestalt lähmete, daß er nicht ein
einziges Wort anders, als von ungefehr und mit
äusserster Mühe deutlich aussprechen konte. Auch
dieser Zufall verschlimmerte sich so sehr, daß man
endlich nicht mehr wuste, was er sagte, und ob er
noch einiges Bewustseyn hätte. Seine Ehegattin
ver-

verstarb am 4 November 1724 sehr plötzlich, und er
war bey diesem Verluste unempfindlich, ob er schon
über drey und vierzig Jahre die vergnügteste Ehe
mit ihr geführet hatte. Zu Anfange des 1736sten
Jahres muste er seine Wohnung räumen, und da
diejenige, die man für ihn gemiethet hatte, noch nicht
zu Stande war, so brachte man ihn zu dem Herrn
Gabriel von Normandie, der sich mit einer von
seinen Enkelinnen, der Tochter des **Daniel le Clerc**,
vermählet hatte. Hier entschlief er am 8 Jänner,
nachdem er das neun und siebenzigste Jahr seines
Alters fast zurückgeleget hatte. Herr **Werstein**
von Basel, den die Remonstranten zu seinem Nachfolger ernennet hatten, hielt ihm den 24 Febr. in der
Kirche der Remonstranten mit algemeinem Beyfall
eine Gedächtnißrede.

Zu einem so anhaltenden Fleisse sich auch unser
le Clerc gewöhnet hatte, so machte ihn doch dieses im geringsten nicht mürrisch: er ergötzte sich an
dem Umgange mit seinen Freunden, und nahm jedermann mit einer ungezwungenen Höflichkeit auf:
die seinem Character so anständige Ernsthaftigkeit
war mit einer sittsamen Munterkeit gemäßiget. E-
ben so wenig verhinderten ihn seine grossen Beschäftigungen, mit verschiedenen Gelehrten in Europa einen Briefwechsel zu unterhalten. Einige davon
kante er persönlich; andre bezeigten ihm ihre Hochachtung, ohne ihn persönlich zu kennen; viele aber be-
warben sich mit gröstem Eifer um seine Freundschaft.

Seine Werke geben durchgängig eine grosse
Liebe zur Wahrheit und Tugend; eine ungeheuchel-
te Gottseligkeit und eine aufrichtige Ueberzeugung

von der Wahrheit der christlichen Religion zu erkennen, welche von der sorgfältigsten und strengsten
Prüfung derselben herrührte. Eben diese Gesin-
nungen entdeckte man in allen seinen Reden, und
in seinem ganzen Betragen. Sein Leben war jederzeit so unsträflich, daß selbst Haß und Neid
nichts daran zu tadeln wusten. Er selbst hat sich
bey aller Gelegenheit wegen des ihm gemachten Vor-
wurfs der socinianischen Irrthümer vertheidiget.

Seine grosse Gelehrsamkeit in denjenigen Kün-
sten und Wissenschaften, die er eigentlich bearbeite-
te, ist bekannt genug, und wird es auch bleiben, so
lange seine Werke dauren werden. Man wird aber
darin allezeit einen besonders feinen Geschmack, eine seltene Beurtheilungskraft, einen ordentlich und
scharf denkenden Verstand, einen Witz, der, ohne
spitzfündig zu seyn, nur auf das gründliche siehet,
und das unnütze bey Seite setzet: der alles prüfet,
und jederzeit bereit ist, seine Begriffe zu ändern, so
bald er etwas besseres gewahr wird, bewundern müssen. Wenn er es gleich in den schönen Wissenschaften nicht so weit gebracht hatte, als diejenigen, welche sich in ihrem Leben lediglich damit beschäftigen,
dabey aber niemals in allen andern Theilen einer so
weitläuftigen Gelehrsamkeit es so weit bringen: so
hatte er doch in denselben einen solchen Grad der
Vollkommenheit erreichet, daß er von dem, was in
den Wissenschaften am brauchbarsten und nützlich-
sten ist, ein gründliches Urtheil fällen konte. Dies
war der Hauptzweck aller seiner gelehrten Bemühungen, den er auf eine vorzügliche Art erreichet
hat. Seine Werke sind nicht von allen Fehlern
                                                    frey.

frey. Die unvermeidlichen Wirkungen der Zerstreuungen, welche von einer ermüdeten Aufmerksamkeit
herrühren, sind die vornehmste Ursache der Fehler,
die man in seinen Schriften gewahr wird. Da er
zum öftern viele Werke auf einmal unter den Händen hatte: so ist es mehr zu verwundern, daß man
in denselben eine so besondre Ordnung und Gründlichkeit; hingegen aber so wenig Stellen antrist,
darin man dieselbe in etwas vermisset. In seinen
französischen Werken hat er die Regeln der Sprache nicht sorgfältig genug vor Augen gehabt. Seine ersten Schriften, die er in dieser Sprache aufgesetzet hat, sind vollkommen gut; allein der Gedanke,
daß die vornehmste Eigenschaft eines Schriftstellers
sey, daß er sich der Deutlichkeit befleißige, machte,
daß er in diesem Stücke unvermerkt nachlässig wurde. Daher kommt es, daß man sonderlich in den
letzten Bänden seiner Monatschriften, die er zu einer Zeit verfertigte, da seine Gesundheit abnahm,
die reine und fliessende Schreibart vermisset, welche man in den vorigen angetroffen hatte. Man
rechne aber auch dieses alles zusammen, so wird
man doch gestehen müssen, daß Kenner seine Werke, wenn man sie überhaupt betrachtet, allezeit hoch-
schätzen und als Muster des guten Geschmacks an-
preisen werden.

Verzeichniß seiner Schriften.

1). Liberi de Sancto Amore Epistolae Theo-
logicae, in quibus varii Scholasticorum errores
castigantur. Irenopoli 1679. Typis Philalethianis.

Dieſes Werk kam, wie man aus dem Titel ſiehet, unter einem falſchen Namen ſowol des Verfaſſers, als des Druckortes zu **Saumur** zum Vor-
ſcheine. Man trift darin verſchiedene Stücke der
Gottesgelahrheit an, die der Verfaſſer nach den
Begriffen der Remonſtranten erkläret und nach ſeiner Art aus einander ſetzet. Der Hauptzweck dieſer ganzen Schrift aber zielet auf die Gewiſſensfrey-
heit in der Religion. Der letzte Brief handelt von
dem Nutzen, den man aus der Kenntniß der Pro-
fan-Scribenten zu mehrerer Verſtändlichkeit der
heiligen Schrift haben kann, welches mit vielen
Exempeln beſtätiget wird, die zugleich von der Gelehrſamkeit des Verfaſſers einen Beweis abgeben.
Man bemühete ſich ſehr, ſolchen zu entdecken. Die
Muthmaſſungen fielen bald auf dieſen, bald auf je-
nen, jedoch ohne daß man einen gewiſſen Grund
dazu hatte. Einige hielten den le Clerc für den
Verfaſſer des Buches, und endlich hielt ihn jederman dafür. Er hat es aber niemals für das ſeine
erkannt; ſondern es auf eine ſolche Art von ſich ab-
zulehnen geſuchet, daß er blos der unbeſcheidenen
Neugierigkeit dererjenigen ein Stillſchweigen aufer-
legen möchte, welche öfters aus böſen Abſichten die
Geheimniſſe anderer zu offenbaren ſuchen. Weil
in dieſem Werke einige Dinge vorkamen, darinnen
le Clerc hernach ſeine Meinung änderte; ſo hielt
er es nicht für dienlich, ſolches öffentlich für ſeine
Arbeit zu erkennen: wiewol er ſelbſt nicht glaubte,
daß es ihm würde nachtheilig geweſen ſeyn, ſonderlich wenn man ſein Alter erwegt, darin er ſolches
verfertiget. Denn er hatte erſt ſein vier und zwan-
zigſtes

zigſtes Jahr erreichet, als das Buch zum Vorſchein kam. Die Briefe ſelbſt ſind zu Genf und zu Gre- noble aufgeſetzet, wie die Unterſchriften bemerken.

2) *Davidis Clerici*, in Geneſi Academia o- lim Linguarum Orientalium Profeſſoris, Quae- ſtiones Sacrae, in quibus multa Scripturae loca, variaque linguae ſanctae idiomata explicantur. Acceſſerunt ſingularis argumenti Diatribae *Ste- phani Clerici.* Edidit et Annotationes adjecit *Joannes Clericus*, St. F. Amſtelod. 1684 in 8.

Johann le Clerc hat dieſes Werk, das von ſeinem Vetter und von ſeinem Vater herrühret, zum Druck beſorget, und zu demſelben eine weitläuftige Vorrede gemachet, darin er die Lebensbeſchreibun- gen der zween Verfaſſer mittheilet. Die Anmer- kungen ſeines Vetters und Väters ſind mit einigen Kritiken begleitet, die gröſtentheils entweder eine Erläuterung oder einen Beweis ihrer Gedanken enthalten.

3) Entretiens ſur diverſes matieres de Theo- logie. Amſterdam 1685 in 12. Zween Theile.

Der erſte Theil, darin ſonderlich die Frage von der unmittelbaren Gnade, vom freyen Willen und von der Erbſünde geprüfet werden, hat Carl le Cene, einen franzöſiſchen Prediger zum Verfaſſer, welcher hernach zur Parthey der Remonſtranten übergieng. Er hatte ſeine Handſchrift le Clerc zugeſchickt. Weil dieſer nun ſahe, daß das Buch alzuklein werden würde, ſo fügte er einen zweeten Theil hinzu, welcher ebenfals, wie der erſte, fünf Unterredungen: Von der Ungewißheit der Metaphyſik und der Prädeſtination enthält.

R 3 Zur

Zur Erläuterung dieses letzten Stückes bringt er die Umschreibung des IX. X. und XI Kap. des Briefes an die Römer bey, die er aus dem Werke desjenigen engländischen Lehrers genommen hatte, mit dessen Uebersetzung er beschäftiget war. Die Veranlassung aber zu der erstern Abhandlung von der Methaphysik war folgende. Peter Papin, der sowol durch einige Schriften, als durch seine Religionsänderung bekannt ist, hatte in verschiedenen an ihn geschriebenen Briefen, gewisse überaus seltsame Meinungen geäussert, die le Clerc in seinen Antworten zu bestreiten suchte. Papin behauptete solche auf das hartnäckigste, und räumete dadurch solche Folgerungen ein, welche nach dem Urtheile des le Clerc alle Tugenden auf einmal aufhoben. Papin hatte sogar, anstatt einer Widerlegung der Beweise seines Freundes, eine kleine Abhandlung von den Grundsätzen der Methaphysik zu Papiere gebracht, die er ihm zu überschicken versprach. Ob er es wirklich gethan, und ob ihm le Clerc andre Gedanken beygebracht habe, wie er sich schmeichelte, ist uns unbekannt. Wenigstens hat der Erfolg gezeiget, auf was für Ausschweifungen ein so seltsamer Kopf, als Papin war, gerathen könne.

4) Sentimens de quelques Theologiens d'Hollande sur l'Histoire Critique du Vieux Testament, composée par le P. *Richard Simon*, de l'Oratoire. Ou, en remarquant les fautes de cet Auteur, on donne divers Principes utiles pour l'intelligence de l'Ecriture Sainte. Amsterdam 1686 in 8.

Le Clerc hatte auf einer Reise, die er von
Sau-

Saumur nach Lion that, dieses berühmte Werk
des P. Simon, welches erst an das Licht getreten
war, gelesen. Er traf darin viel gutes, aber auch
viele Dinge an, die nicht nach seinem Geschmacke
waren. Er fassete daher schon damals den Entschluß, alles sorgfältig zu prüfen, so bald Zeit und
Ort ihm solches gestatten würde. Sein Aufenthalt
in Holland, und die neue Auflage der critischen Geschichte, welche bald darauf zum Vorschein kam, gaben ihm Gelegenheit dazu. Hierzu kam noch
ein anderer Umstand. Der P. Simon hatte im
Jahre 1684 zu Utrecht eine Schrift unter dem Titel drucken lassen: Novorum Bibliorum Polyglottorum Synopsis. Er machte darin einen Vorschlag
zu einer Polyglotte nach dem Entwurfe bekannt, den
er davon bereits in seiner critischen Geschichte mit-
getheilet hatte. Und in einer kurzen Vorerinne-
rung bezeugte er den Gelehrten sein Verlangen, ihre Urtheile wegen seines Vorhabens zu erfahren.
Le Clerc glaubte in aller Unschuld, daß es dem
Verfasser ein wahres Vergnügen seyn würde, die
Gedanken anderer darüber zu vernehmen. Er gab
zu dem Ende einen Brief an ihn mit dieser Aufschrift heraus: Origeni Adamantio, Synopseos Bibliorum Polyglottorum Auctori S. P. D. Critobu-
lus Hieropolitanus. Die Unterschrift war, Hie-
rapolis, am 2 November 1684. Dieser Brief ist
überaus bescheiden geschrieben. Man lobet darin
den Entwurf des Verfassers, und seine critische Geschichte; aber auf eine solche Art, welche genugsam
zu erkennen gibt, daß man nicht alles billige. Und
die Anmerkungen, worinnen gezeiget wird, was

R 4

man bey einer weiteren Erklärung, oder eines fer-
nern Zusatzes für nöthig erachte, sind mit aller mög-
lichen Mässigung abgefasset. Der P. Simon antwortete darauf erst lange Zeit nachher in einem
schlechten Blatte, welches mit vieler Kaltsinnigkeit
und Verachtung abgefasset war. Le Clerc wolte
dem P. Simon zeigen, daß er sich sehr geirret, indem er geglaubet, er habe mit einem Manne zu
thun, der nicht im Stande sey, von seinen Werken
ein gründliches Urtheil zu fällen. Er brachte deshalb sein Werk zu Papiere, und theilte es in verschiedene Briefe ab, als ob es der endliche Entschluß
von gewissen Berathschlagungen wäre, die er mit
dreyen seiner vertrauten Freunde gehalten hatte.
In der That aber war er lediglich der Verfasser derselben. Er kleidete aber seine Abhandlung wegen
gewisser Fragen, über welche er seine Gedanken auf
eine dem Ansehen nach etwas freye Art entdeckte,
auf diese Weise ein. Doch war er so bescheiden, daß
er sie für blosse Muthmassungen ausgab, und sich
erklärete, daß er sie gleich wolte fahren lassen, so
bald man ihn eines bessern überzeugen würde. Der
P. Simon erzeigte le Clerc die Ehre, daß er ihm
den grösten Theil des Werkes zueignete; das übrige aber schrieb er dem Herrn Alliax, damaligem
Prediger zu Charenton, und einem gewissen Aubert
von Verser zu. Allein le Clerc erwies das Gegentheil, und berief sich sogar auf das Zeugniß dieser vorgegebenen Gehülfen, die es auch niemals in
Abrede gewesen sind. Und in der That trift man
in dem ganzen Buche nicht das geringste Merkmal
an, daraus man schliessen könte, daß es verschiedene

Ver-

Verfaſſer zu Urhebern habe. Der P. Simon blieb ſeine Antwort nicht lange ſchuldig, er gab ſie unter dieſer Aufſchrift heraus: Reponſe aux Senti-mens de quelques Theologiens de Hollande, ſur l'Hiſtoire Critique du Vieux Teſtament; par le Prieur de Bolleville. Rotterdam 1686. Die Ge-genantwort des le Clerc blieb aber auch nicht lan-ge auſſen; ſie trat unter der Aufſchrift ans Licht: Defenſe des ſentimens de quelques Theologiens d'Hollande &c. Der P. Simon trat in dem fol-genden 1687 Jahre mit einer neuen Schrift heraus, der er den Titel gab: De l'Inſpiration des Livres ſacrez, avec une reponſe du livre intitulé, Defen-ſe des Sentimens &c. und mit derſelben endigte ſich dieſer Streit.

5) Bibliotheque Univerſelle et Hiſtorique. Am-ſterdam 1686.

Dieſe Monatſchrift wurde von der gelehrten Welt überaus wohl aufgenommen. Man trift dar-in ausführliche und gründliche Auszüge von wichti-gen Büchern an. Le Clerc fügt zum öftern ſeine eigenen Anmerkungen hinzu, welche die Meinungen eines Schriftſtellers entweder bekräftigen oder wi-derlegen. Ja er ließ zuweilen ganze Abhandlungen über verſchiedene Materien einrücken, die lediglich aus ſeiner Feder waren. Er hatte anfänglich den Johann Cornand de la Croſe zum Gehülfen ei-ner ſo mühſamen Arbeit angenommen, deſſen Aus-züge er durchgieng. Und ſo waren ihre Arbeiten zuerſt unter einander vermiſcht. Cornand, der wenigen als ein Gehülfe dieſer Bibliothek bekannt war, wolte ſich gern bekannt machen. Er ſetzte da-

R 5　　　　her

her ohne Vorwissen des le Clerc zum Schluſſe der
Vorrede zum vierten Bande, unter das erſte Stück
seinen und seines Gehülfen Namen. Von der Zeit
an verfertigte ein jeder von ihnen die Hälfte eines
jeden Stückes; doch entdeckte man den Leſern noch
nicht, wo eines jeden Arbeit aufhörete. Weil aber
Cornand ſich je mehr und mehr den Maasregeln
des le Clerc entzog; ſo erachtete es dieſer für nöthig im IX Bande zu bemerken, welches eines jeden
Arbeit ſey. Le Clerc verfertigte den X Band alleine, und meldete ſolches öffentlich. Der ganze XXI
Band iſt des Cornand Arbeit, der ſeinen Namen
auf das Titelblatt ſetzte, und ſolchen der damaligen
Prinzeßin von Oranien und nachherigen Königin
von Engelland, Maria, zueignete. Weiter aber
hat er an dieſer Monatſchrift nichts gethan. Le
Clerc verfertigte den XII bis zu dem XIX Bande
ganz alleine; jedoch den XIII Band ausgenommen,
darin nur der 8 und 15 Artikel von ihm ſind. Der
gröſte Theil des XX Bandes, wie auch die folgenden bis zum XXV Band, womit dieſes Werk ſich
endigte, ſind von der Feder des Herrn Bernhard,
der, wie bekannt iſt, hernach viel Bände unter dem
Titel: Republique des Lettres, den Herr Bayle zuerſt ſeiner Monatſchrift gegeben hatte, an das Licht
treten ließ. Des le Clerc ſeine Bibliothek iſt öfters wieder aufgeleget worden. Der berühmte Chri-
ſtian Thomaſius hat eine Samlung einiger Abhandlungen aus dieſer algemeinen und hiſtoriſchen
Bibliothek veranſtaltet und mit einer Vorrede begleitet. Ihre Aufſchrift iſt: *Joannis Clerici* un-
partheyiſche Lebensbeſchreibung einiger
Kir-

Kirchenväter und Ketzer u. s. w. aus dessen *Biblioth. Univerſelle.* Halle 1721. 8.

6) Davidis Clerici Orationes, Computus Ec-
clefiaſticus, et Poemata. Accedunt Stephani Clerici Diſſertationes Philoſophicae. Amſtelod. 1687.

Er hat dieſe Schriften mit einer Vorrede begleitet, aber ſonſt weiter nichts hinzugefüget.

7) Critique du IX. Livre de l'Hiſtoire de Mr.
Varillas, ou il parle des Revolutions arrivées en
Angleterre, en matiere de Religion, par Mr. Burnet, Docteur en Theologie. Amſterdam 1686
in 8.

Es iſt eine Ueberſetzung eines von **Burnet** in
engländiſcher Sprache geſchriebenen Werkes. Der
Ueberſetzer widmete ſeine Ueberſetzung dem Verfaſſer ſelbſt, und verſahe ſie mit einer Vorrede. Er
gab auch zu Ende des 1687 Jahres zu **Amſterdam die Vertheidigung der Kritik** dieſes
neunten **Buches** und 1689 **drey Predigten** von
eben dieſem **Burnet** heraus. Die Ueberſetzung
der **Kritik** wurde 1688 wieder aufgeleget. **Die
Kritik des dritten und vierten Buches der
Hiſtorie des Varillas**, in Abſicht auf die engländiſchen Angelegenheiten, hat den le Clerc nicht
zum Verfaſſer.

8) *Thomae Stanleii*, Hiſtoria Philoſophiae
Orientalis. Recenſuit, ex Anglica Lingua in
Latinam transtulit, Notis in Oracula Chaldaica,
et Indice Philologico auxit, Joannes Clericus.
Amſtelod. 1690 in 8.

Le Clerc hatte aus des Stanley in engländiſcher Sprache geſchriebenen Hiſtorie der alten Philoſophie

losophie einen Auszug bekannt gemacht. Dieser wurde mit so gutem Beyfalle aufgenommen, daß viele sich nach einer lateinischen Uebersetzung desjenigen Theiles von diesem Werke sehneten, welcher von der Weltweisheit der Morgenländer handelt. Er übernahm diese Arbeit und machte diese Uebersetzung bekannt. Lange Zeit darnach trat das ganze Werk des Stanley durch die Bemühung des verstorbenen berühmten D. Gottfried Olearius in der lateinischen Sprache unter dem Titel ans Licht: Historia Philosophiae, resque gestas et dicta Philosophorum sectae cujusvis complexa auctore Thoma Stanleio etc. Lips. 1711 in 4. Er behielt die Uebersetzung des le Clerc ohne die geringste Aenderung bey, indem er selbige nur mit einigen Anmerkungen versahe; das übrige aber übersetzte er selbst.

9) Im Jahre 1690 ließ le Clerc einen Brief in 8 an den Herrn Jurieu drucken. Die Veranlassung dazu war, weil Jurieu in seinem Tableau du Socinianisme des Episcopius auf keine vortheilhafte Art gedachte. Denn er beschuldigte den Episcopius nicht allein der socinianischen Ketzerey, sondern erklärete ihn sogar für einen Feind der christlichen Religion. Le Clerc lehnete diese Beschuldigung durch solche Beweise ab, die er aus den Schriften des Episcopius genommen hatte. Allem Ansehen nach hat er auf Befehl der Gesellschaft der Remonstranten die Feder ergriffen, um einen öffentlichen Lehrer zu vertheidigen, der ihr so viel Ehre gemacht hatte.

10) Le

10) Le grand Dictionnaire Historique, ou le Melange curieux de l'Histoire Sacrée et Profane par Ms. Louis Moreri. Sixieme edition, ou l'on a mis le supplement dans la même ordre Alphabetique, corrigé un tres grand nombre de fautes, et ajouté quantité d'Articles et de remarques importantes. Amsterdam 1691 in fol. 4 Theile.

Le Clerc wurde von den holländischen Buchhändlern ersuchet, daß er dieses Buch, welches in Frankreich schon fünfmal aufgeleget worden war, übersehen, verbessern, und nach seinem eigenen Gutdünken mit einigen Zusätzen bereichern möchte. Er that es; allein er fand viel mehr daran zu thun, als er anfänglich vermuthet hatte. Denn er traf in demselben eine so grosse Menge von Fehlern und Unachtsamkeiten an, daß er mit sehr vielem Zeitverluste das ganze Buch hätte umschmelzen müssen, wenn etwas tüchtiges und zuverläßiges daraus hätte werden sollen. Er verbesserte viele tausend Fehler darin, die einem so gelehrten Manne, als er war, sogleich in die Augen fielen; wiewol er es nur flüchtig übersah. Er fügte viele Artikel und Anmerkungen hinzu, die man durch die gewöhnlichen Druckerzeichen unterscheidete. Diese verbesserte Ausgabe des Moreri verließ zu Anfange des 1691sten Jahres die Presse, und von der Zeit an bis 1698, da man eine dritte Auflage besorgete, hatte man beynahe 7000 Exemplare vergriffen. In dieser dritten holländischen Ausgabe hat sich le Clerc die Anmerkungen des Herrn Bayle zu Nutze gemacht, dessen Dictionaire damals zum erstenmal herausgekommen war;

war; er bemerkt aber zugleich verschiedene Stellen, wo sich Bayle seiner Meynung nach geirret hat. Er hat überdies noch viele kleine Zusätze hinzu gethan, und viele Fehler verbessert. Im Jahre 1702 trat eine neue Auflage an das Licht, welche alle die vorigen an Richtigkeit übertrift. Le Clerc hat solche mit 6 bis 700 neuen Artikeln und mit Anführung der Schriftsteller, die er zu Ende vieler Artikel beygefüget, vermehret. An den übrigen Ausgaben aber, die nachher noch bey seinem Leben herausgekommen sind, hat er keinen Antheil gehabt.

11) Logica five Ars ratiocinandi, auctore *Joanne Clerico.* Amstelod. 1692 in 8.

Diese Vernunftlehre ist sehr wohl abgefasset und nach den Meinungen des Loke und Malebranche eingerichtet. Sebastian Edzard, der zu Hamburg 1699 in 4. examen logicae Joannis Clerici herausgab, und ein gewisser Engländer, Caroll, der den le Clerc in einigen Stellen seiner Vernunftlehre socinianischer Irrthümer beschuldigte, haben sich wider dieselbe aufgelehnet. Seine Ontologie und Pnevmatologie kamen kurz nach der Vernunftlehre in eben dem 1692 Jahre ans Licht.

12) Genesis, five Mosis Prophetae liber primus, ex translatione Joannis Clerici, cum ejusdem Paraphrasi perpetua, Commentario Philologico, Dissertationibus criticis quinque, et Tabulis Chronologicis. Amstelod. 1693 in fol.

Le Clerc hatte sich schon längst vorgenommen, die Schriften des alten Testamentes zu erläutern. Er samlete zu dem Ende mit unermüdetem Fleisse alles, was zu seinem Vorhaben dienlich war. Im Jah-

Jahre 1690 ließ er einen Versuch über den Propheten Obadia drucken.   Er begleitete solchen mit einer kleinen Vorrede, darin er von der Zeit, da dieser Prophet gelebet, von der Gelegenheit und von der
Erfüllung seiner Weissagungen handelte.   Darauf
folgte eine Uebersetzung des Textes, nebst einer Umschreibung, wobey er über alle Stellen, da er es für
nöthig befand, Anmerkungen machte.   Er theilte
diesen Versuch unter seinen Freunden aus, und ließ
solchen auch an auswärtigen Orten bekannt machen,
um die Urtheile darüber zu vernehmen.   Da nun
diese für ihn sehr vortheilhaft ausfielen; so unternahm er die Ausführung seines Entwurfs, und gab
also das erste Buch des alten Testamentes heraus.
In einer von den critischen Abhandlungen, welche
von dem Verfasser des Pentateuchs handelt, beweiset er mit überaus bündigen Gründen, daß solches
kein andrer, als Moses sey.   Das übrige von dem
Pentateuch folgte im Jahre 1695. Er fügte diesem,
so wie dem ersten Bande, einige critische Abhandlungen, ausserdem aber noch drey Landcharten bey:
eine von den Ländern, in welchen sich die Menschen
nach der Zerstörung des babylonischen Thurms ver-
theileten; eine von dem Wege, den die Israeliten
durch das rothe Meer nahmen, und noch eine von
den Oertern des gelobten Landes, deren in den fünf
Büchern Mosis gedacht wird.   Diese zween Bände sind 1710 vermehret und verbessert, und nachher
zu einigenmalen wieder aufgeleget worden.   Was
das Werk selbst betrift, so muß man bey genauer
Prüfung desselben gestehen, daß niemals ein Grund-
riß schöner und nützlicher entworfen, und auch glück-

licher

licher ausgeführet worden: ob man schon in gewissen Stellen den besondern Meynungen des Verfassers nicht beypflichten möchte.

13) XVIII prima commata Capitis primi Evangelii S. Joannis, Paraphrasi et Animadversionibus illustrata a Joanne Clerico; ubi demonstratur, contra Alogos, Evangelium hoc esse foetum Joannis Apostoli; et evertitur sententia Fausti Socini, de sensu primorum ejus commatum. Amstelod. 1695. in 8.

Le Clerc wurde von einem seiner Freunde um den eigentlichen Verstand des Anfangs des Evangelii des heiligen Johannes, sonderlich aber des 16 Verses befragt. Weil er ihm nun hierin gern willfahren wolte; so prüfte er die ersten 18 Verse genau, und fieng an, eine Umschreibung derselben zu entwerfen, die er mit einigen Anmerkungen begleitete. Indem er über diese Arbeit begriffen war, schrieb ihm ein gewisser engländischer Prälat, daß sich in dieser Insel eine neue Secte von Feinden der Gottheit Christi hervorgethan, welche behaupteten, der Apostel Johannes sey nicht der Verfasser des Evangelii, welches seinen Namen führet. Dies bewog ihn, diejenigen Gründe auf das sorgfältigste zu untersuchen, welche das Gegentheil beweisen. Er entschloß sich daher, seine Gedanken darüber, wie auch dasjenige, was er anfänglich, blos seinem Freunde zu gefallen, aufgesetzet hatte, durch den Druck bekannt zu machen; und es war ihm lieb, daß er auf diese Weise Gelegenheit bekam, der Welt zu zeigen, daß er kein Socinianer sey, wie er damals von einigen beschuldiget wurde, die ihn mit Sam. Clar-

Le

le vermengeten. Er handelt weder diese Streitigkeit
als ein Gottesgelehrter ab, noch führet er die ganze Lehre von der Dreyeinigkeit umständlich aus. Er
begnüget sich nur, diese Wahrheit mit solchen Gründen zu unterstützen, welche ihm die Kritik an die
Hand giebt, und die zugleich die Erklärung des
Socinus über den Haufen werfen. Es wurde anfänglich dieses kleine Werk seinem Pentateuch beygefüget; nachher ist es aber seiner Uebersetzung des
Hammonds angehänget worden.

14) Physica, sive de Rebus Corporeis Libri V.
in quibus, praemissis potissimis Corporearum
Naturarum phaenomenis ac proprietatibus, Veterum et Recentiorum de eorum caussis celeber-
rimae conjecturae traduntur. Amstelod. 1695.

Alle seine philosophische Schriften sind zusammen
1697 in vier Bänden wieder aufgeleget worden.
Diese Ausgabe ist mit einer Abhandlung: De Ar-
gumento Theologico ab invidia ducto, und mit
der Historie der morgenländischen Philosophie, deren Verfasser Stanley ist, begleitet. Es
sind nachher noch mehrere Ausgaben veranstaltet
worden.

15) Ars Critica, in qua ad studia Linguarum
Latinae, Graecae et Hebraicae via munitur, Spu-
riorum Scriptorum a Genuinis dignoscendorum
et judicandi de eorum Libris ratio traditur. Amstelod. 1696 in 8. zween Bände.

Ob gleich dieses Werk von allen Fehlern nicht
frey ist, so muß man es doch billig unter die besten
Arbeiten des le Clerc rechnen, und es als ein Werk
ansehen, das in seiner Art vortreflich ist. In der

algemeinen Bibliothek Band X. S. 309. u. f.
befindet sich ein Auszug davon. Es ist in England
nachgedruckt, und nachher in Holland mit Verbesserungen und Zusätzen zu vielen malen wieder aufgeleget worden.

16) La vie d'*Armand Jean*, Cardinal de *Richelieu*. Cologne 1695 in 12. zween Bände.

Obgleich der Verfasser bey den zwo ersten Auflagen seinen Namen verschwiegen, und man sogar
den Druck des Ortes verändert hatte, so wurde es
doch gar bald ruchtbar, daß es des le Clerc Arbeit
sey; zumal da es der Buchhändler selbst bekannt
machte. Damit er nun bey einer so wichtigen Geschichte allen Verdacht der Unrichtigkeit und Nachläßigkeit, und alle Gelegenheit zu ungegründeten Urtheilen benehmen möchte; so bekannte er sich bey der
dritten verbesserten und vermehrten Ausgabe vom
Jahre 1714 öffentlich für den Verfasser derselben.
Diese Historie ist auch ins Holländische übersetzet
worden.

17) Reflexions sur ce que l'on appelle Bon-
heur et Malheur en matiere de Loteries, et sur
le bon usage qu'on en peut faire. Amsterd. 1696.

Diese Schrift kam ohne Namen des Verfassers
heraus. Sie ist mit vieler Gründlichkeit geschrieben. Es herrschet in derselben durchgängig eine
grosse Verschiedenheit von Materien; sonderlich trift
man ein ganzes Kapitel, als eine Nebenabhandlung,
von der Freygebigkeit darin an.

18) Traité de l'Incredulité, où l'on examine
les motifs et les raisons, qui portent les Incredu-
les à rejetter la Religion Chretienne. Avec deux

Let-

Lettres, ou l'on prouve directement la Verité. Amſterd. 1696 in 8.

Der eine von dieſen zween Briefen war ſchon in der Vertheidigung der Meinungen u. ſ. w. befindlich; hier aber iſt er ausführlicher, richtiger und ordentlicher anzutreffen. Der andre iſt faſt lediglich ein Auszug aus der lateiniſchen Pneumatologie des Verfaſſers, den er in die Geſtalt eines Briefes abgefaſſet hat. Le Clerc vermehrte die zwote Auflage dieſes Buches, welche 1714 ans Licht trat, mit einigen Zuſätzen und mit einem Vorberichte an diejenigen, welche die chriſtliche Religion in Zweifel ziehen, oder ſie nicht für wahr halten. Man höret hier die Sprache eines rechtſchaffenen Chriſten, der nicht nur von Grund des Herzens redet; ſondern auch die Verirrten durch die triftigſten und beweglichſten Gründe auf den rechten Weg zu bringen ſuchet. Eine deutſche Ueberſetzung dieſer Schrift iſt zu Halle in 8 herausgekommen.

19) Compendium Hiſtoriae Univerſalis, ab initio Mundi ad tempora Caroli Magni Imp. conſcriptum a Joanne Clerico. Amſtelod. 1697 in 8. It. Lipſiæ 1707 in 8. et 1713 in 8.

Dieſe letztere Ausgabe iſt die beſte. Sowol die Welt = als Kirchengeſchichte ſind in dieſem Werke miteinander verbunden; bey der letzten iſt der Verfaſſer aber viel weitläuftiger. Es würde unſern Beyfall noch mehr verdienen, wenn es nicht in einer gar zu groſſen Kürze abgefaſſet wäre. Peter Mortier hat es ins Franzöſiſche überſetzt.

20) Novum Teſtamentum Domini Noſtri Jeſu Chriſti, ex Editione Vulgata, cum Paraphraſi

S 2

et

et Adnotationibus *Henrici Hammondi.* Ex Anglica Lingua in Latinam transtulit, suisque Animadversionibus illustravit, castigavit, auxit *Jo. Clericus.* Amstelodami 1698 in fol, Zween Theile.

Diese Ueberſetzung iſt von ſo vorzüglichem Werthe, daß man wohl ſagen kann, die Copey übertreffe das Original. Die engländiſche Schreibart Hammonds iſt überaus matt, dunkel und unverſtändlich. Es koſtete unſägliche Mühe, dieſen Auctor ins Lateiniſche zu überſetzen, und ſeine Gedanken vollkommen und wohl auszudrücken. Le Clerc war in beyden ſehr glücklich, und ſeine Arbeit fand in England ungemeinen Beyfall. Einige Lehrer dieſes Landes verſicherten ihn, daß ſie lieber vier Kapitel in ſeiner Ueberſetzung, als ein einziges in dem Originale läſen. Man überſetzte ſogar die Anmerkungen, welche le Clerc den Erläuterungen Hammonds beygefüget hatte, in die engländiſche Sprache. Er hatte ihn darin in vielen Stellen widerlegt. Es fanden ſich daher einige Perſonen, welche glaubten, daß die Freyheit, welche ſich der Ueberſetzer genommen hatte, der Ehre ihres Landsmannes nachtheilig wäre; und aus dieſer Urſache vertheidigten ſie den Doctor Hammond mit groſſer Heftigkeit. Da die Ueberſetzung des le Clerc 1714 zu Leipzig nachgedruckt wurde; ſo bemerkte er bey unterſchiedenen Stellen ganz kürzlich, wie leicht es ihm würde geweſen ſeyn, alles übrige zu widerlegen. Dieſe zwote Auflage iſt mit ſehr vielen Anmerkungen vermehret, die man gröſtentheils aus denenjenigen genommen hat, die der

fran

französischen Ueberseßung des neuen Testamentes
beygefüget sind.

21) Im Jahre 1698 ließ er die Patres Aposto-
licos des Johan Baptista Cotelerius mit
einigen sehr nüßlichen Zusäßen als einen Nachdruck ans Licht treten. Er that verschiedene Stücke gewisser gelehrter Engländer hinzu, die mit
den alten in der Samlung befindlichen Schriftstellern einiges Verhältniß hatten; und ausser seiner Vorrede streuete er noch hie und da einige
kleine Anmerkungen ein.   1724 wurde eine andre
Ausgabe besorget, die sowol mit Originalschriften,
als auch mit Erläuterungen vieler Gelehrten, und
mit einigen Anmerkungen des Herausgebers vermehret war.   Le Clerc machte diese Ausgabe
sonderlich durch zwo Abhandlungen beträchtlicher,
welche aus seiner Feder geflossen waren.   Die eine handelte von den so genannten apostolischen
Constitutionen; die andre aber von den Briefen des heiligen Ignaz.   Diese Constitutionen, welche der heilige Clemens dem gemeinen
Vorgeben nach aus dem Munde der Apostel auf-
geschrieben hat, sind von den Gelehrten schon
längst als untergeschoben verworfen worden. Und
seitdem Isaac Vossius die Briefe des heiligen
Ignaz, nach einer sehr guten Handschrift, hatte
abdrucken lassen, darin sie viel kürzer waren, als
diejenigen, die man bisher gelesen: so war jederman überzeugt, daß diese von einem Arianer geändert und verlängert seyn müsten.   Gleichwol
unterstund sich Herr Whiston, das Ansehen der
Constitutionen aufs neue zu unterstüßen, indem

er vorgab, daß sie wirklich von Christo und seinen
Aposteln herkämen, und zugleich behauptete, daß
die langen Briefe des heiligen Ignaz ächt wären. Le Clerc ergrif diese Gelegenheit, die
Gründe des Whiston zu prüfen und zu untersuchen. Er that es aber mit solcher Behutsamkeit,
daß er alles sorgfältig vermied, wodurch er ihn
auch nur einigermaßen hätte verhaßt machen
können.

22) Parrhasiana, ou Pensées diverses sur des
matieres de Critique d'Histoire, de Morale, et de
Politique. Avec la defense de divers Ouvrages
de Mr. L. C. Par Theodore Parrhase. Amsterdam 1699 in 8. Zween Theile.

Der berühmte Stolle hält die Parrhasiana unter allen Büchern dieser Gattung für das beste; indem er darinnen mehr philosophischen Verstand, als
in den übrigen findet. S. Nachrichten von den
Büchern in der stollischen Bibl. 1 Th. S. 696.
Sie wurden von jederman begierig gelesen, verursachten aber nachher dem Verfasser verschiedene
Streitigkeiten.

23) Harmonia Evangelica, cui subjecta est
Historia Christi, ex quatuor Evangeliis conciu-
nata. Accesserunt tres Dissertationes, de Annis
Christi, deque Concordia et auctoritate Evange-
liorum. Amstelod. 1699 in fol.

Es ist dieses Werk in die engländische und holländische Sprache übersetzt worden. Man hat es
auch in Deutschland nachgedruckt, doch ohne den
griechischen Text. Und das Leben JEsu Christi, welches man fast gänzlich aus dieser Schrift
ent-

entlehnet hat, trat in franzöſiſcher Sprache zu Genf
an das Licht.

24) *Joannis Clerici* Epiſtolae Criticae et Ec-
cleſiaſticae, in quibus oſtenditur uſus Artis Criticae, cujus poſſunt haberi Volumen tertium. Acceſſere Epiſtola de Hammondo et Critica, ac
Diſſertatio, in qua quaeritur: An ſit ſemper re-
ſpondendum calumniis Theologorum. Amſtelod. 1699.

Die zween erſten Briefe ſind an den Erzbiſchof
von Canterbury; die zween folgenden an Burnet, Biſchof zu Salisbury; der fünfte und ſechſte an Cloyd, Biſchof zu Worceſter; der ſiebente bis neunte iſt an eine erdichtete Perſon, unter
dem Namen Candido Vero; der zehnte an einen
Freund in England, und endlich der eilfte in Geſtalt einer moraliſchen Abhandlung an den Herrn
von Limborch gerichtet. In dieſem letzten prüfet und verneinet er die Frage: Ob man allezeit
auf die Verläumdungen der Gottesgelehrten antworten ſolle. Er vertheidiget ſich in
dieſem Bande vornemlich wider den D. Cave, und
den Herrn van der Wayen, der öffentlicher Lehrer der Gottesgelahrheit zu Franecker war, und
welchen er eigentlich unter dem Namen Publius
Ventidius meynet. Jener hatte ihn bey Gelegenheit einiger Leben der Kirchenväter angegriffen,
die er in die algemeine Bibliothek eingerucket
hatte, und welche nachher in das engländiſche und
holländiſche überſetzet wurde. Van der Wayen
hatte in einer gelehrten Abhandlung de λόγω, des
le Clerc Erklärung der 18 erſten Verſe des Evan-

gelii

gelil St. Johannis widerlegt, und ihn dadurch wegen der socinianischen Ketzerey verdächtig machen
wollen.

25) Dogmata Theologica Petavii. Amstelod.
1700 in fol. Sechs Bände.

Unter der Aufsicht des le Clerc wurde dieser
Nachdruck ans Licht gestellet. Es sind zu dieser Ausgabe alle übrige theologische Abhandlungen des Pe-
tau, die zuvor einzeln herausgekommen waren, hinzugefüget worden. Le Clerc versahe diese grosse
Samlung mit einer Vorrede, und hin und wieder
mit kurzen Anmerkungen unter dem erdichteten Namen Theophilus Alethinus. Ob er sich gleich
nicht vorgenommen hat, alles zu untersuchen: so erläutert, oder bestätiget, oder verbessert, oder widerlegt er doch mit wenig Worten, was der Auctor in
verschiedenen Stellen vorbringt.

26) Joannis Clerici Quaestiones Hieronymianae, in quibus expenditur Hieronymi nupera
Editio Parisina, multaque ad Criticam Sacram
et Profanam pertinentia agitantur. Amstelod.
1700 in 8.

Der P. Martiany, ein Benedictiner, hatte
in den zween ersten Bänden seiner Ausgabe des heiligen Hieronymus, den le Clerc und seinen Vetter David, wie auch viele andre Gelehrte, denen
er bey weitem nicht gewachsen war, auf eine unver-
schämte Weise angegriffen. Die Ursache war, weil
diese Gelehrten nach seiner Meynung keinen alzu vortheilhaften Begrif von der hebräischen Gelehrsamkeit des heiligen Hieronymus hatten. Unser le
Clerc übernahm deshalb in diesem Werke die Ver-
thei-

theidigung, sowol seiner, als seines Vetters Ehre.
Er beweiset in demselben ausführlich, daß der heilige
Hieronymus weder der hebräischen noch griechischen Sprache so mächtig gewesen, daß man ihn den
neuern Gelehrten vorziehen könne. Er prüfet zugleich die Ausgabe des P. Martiany, und zeiget,
daß dieser Herausgeber selbst dieser zwo Sprachen,
ja nicht einmal der lateinischen gnugsam kundig sey;
daß er sich an eine solche Arbeit wagen dürfen. Die
Quaestiones Hieronymianae sind eines der gelehrte-
sten Werke des le Clerc. Sie haben einen algemeinen Beyfall aller unpartheyischen Gelehrten erhalten. Der P. Martiany eiferte auf eine ganz
ungemessene und höchst unanständige Weise in den
folgenden Theilen seiner Ausgabe dagegen. Er bekam aber in einem besondern Artikel der auserlesenen Bibliothek, welcher wir bald Erwehnung
thun werden, seine völlige Abfertigung.

27) Hesiodi Ascraei quaecunque exstant, Graece et Latine, ex recensione Joannis Clerici, cum
ejusdem Animadversionibus. Accessere Notae
Josephi Scaligeri, Danielis Heinsii, Francisci Su-
jeti, et Stephani Clerici: Nec non in altero Volumine Joannis Georgii Graevii, Lectiones He-
siodeae, nunc auctiores, et Danielis Heinsii Introductio in Doctrinam Operum et Dierum: cum
Indice Georgii Pasoris. Amstelod. 1700.

So lautete die erste Aufschrift, die der Buchhändler nach seinem Gutdünken aufgesetzet hatte.
Da aber der Text nach des Herrn Gräv Ausgabe völlig abgedrucket worden war, und Gräv sein
Misfallen gegen einige Freunde des le Clerc äusser-

te,

te, daß er auf dem Titel ex recensione Joannis Clerici, lesen müste: so liessen die Buchhändler auf einem Umschlage folgenden neuen Titel dem Werke
vordrucken: Ex recensione Joannis Georgii Graevii, cum ejusdem Animadversionibus et Notis au-
ctioribus. Accedit Commentarius nunc primum
editus Joannis Clerici, et Notae Variorum, scil.
Josephi Scaligeri etc. Was das Werk selbst betrift, so ist in Ansehung des Textes die schöne Ausgabe des berühmten Gräv, welcher den Hesiodus
nach den Handschriften übersehen hatte, zum Grunde geleget. Le Clerc vermehrete die Anmerkungen
verschiedener Gelehrten mit den seinigen, und bereicherte noch überdies die Anmerkungen seines Vet-
tern. Er behält aber von den Lesearten dieses seines Anverwandten nur diejenigen bey, die er für gegründet und wichtig erachtet; indem viele darunter
nur nach der Fähigkeit junger Anfänger in der griechischen Litteratur eingerichtet waren. Die lateinische Uebersetzung verbessert er in unzähligen Stellen; ungeachtet sie vorher häufig war übersehen worden. Die Fragmente des Hesiodus hatte man
bisher nur in der griechischen Sprache gelesen. Er
übersetzte sie ins lateinische, und begleitete sie in der
Eil mit einigen Anmerkungen. Er schrieb deswe-
gen an Gräv, und dieser hatte die Gefälligkeit, daß
er ihm einige Zusätze zu seinen Anmerkungen mit-
theilte, die le Clerc ihrer Weitläuftigkeit wegen,
als einen Anhang, unter dem Titel: Lectiones He-
siodeae, dem Werke beygefüget hat.

28) Im Jahr 1701 trat der Hesiodus unter seiner Aufsicht zu Amsterdam in 8 ans Licht.

29) Mat-

29) Matthiae Martini Lexicon Philologicum et Cadmus Syrophoenius &c. Amſtel. 1701 in fol. zween Bände.

Le Clerc hat dieſer Ausgabe eine etymologiſche Abhandlung beygefüget, die ſich zu dem Inhalte des Buches überaus wohl ſchicket. Er zeiget darin nicht nur den Nußen der Etymologien in den gelehrten Sprachen, und den gewöhnlichen Misbrauch derſelben; ſondern beſtimmt auch einige Regeln, denen man folgen müſſe, wenn man die ſo gemeinen Schwierigkeiten und Abwege der Etymologiſten vermeiden wolle.

30) C. Pedonis Albinovani Elegiae III. et Fragmenta, cum Interpretatione et Notis Joſ. Scaligeri, Frid. Lindenbrogii, Nic. Heinſii, Theodori Goralli, et aliorum. P. Cornelii Severi Aetna, et quae ſuperſunt Fragmenta etc. Acceſſit P. Bembi Aetna. Amſtelod. 1702 in 8. Zween Bände.

Le Clerc verbirget ſich hier unter dem Namen **Theodor Choral,** den man jedoch leicht entdecken kann. Denn jener iſt auf griechiſch ſein Taufname; dieſer aber auf hebräiſch ſein Zuname. Sein Zweck bey dieſer Auflage war, der gelehrten Welt einen Verſuch vor Augen zu legen, wie man in Erklärung der alten Schriftſteller verfahren, und ſie jederman verſtändlich machen müſſe. Da er nun von der gemeinen Lehrart, die alten Schriftſteller zu erklären, in ſehr vielen Stücken abwich; ſo war es kein Wunder, daß die groſſe Menge der Vertheidiger der gewöhnlichen Schulerklärung dadurch ſehr aufgebracht wurde: wiewol es an unpartheyiſchen Gelehrten nicht

nicht fehlete, welche die Vortheile des neuen Weges
einsahen, den le Clerc zeigte. Unser Auctor bediente sich zugleich der Gelegenheit, seine Vertheidigung wider den Perizonius zu führen, der in seinen Anmerkungen über den Aelian, ohne die Regeln des Wohlstandes zu beobachten, einige Stellen
aus der Arte Critica des le Clerc angegriffen hatte. Sie betrafen den Quintus Curtius, an welchen unser Gelehrter verschiedene Fehler sowol in
der Schreibart als in den Sachen bemerkte. Der
einmal aufgebrachte Perizonius gab im folgenden
Jahre ein Buch heraus, das betitelt ist: Quintus
Curtius Rufus restitutus in integrum, et vindicatus
per modum speciminis, ab acerba nimis Crisi Viri
celeb. J. Clerici, und welches noch viel heftiger geschrieben war. Allein le Clerc vertheidigte sich
wieder in seiner Bibliotheque Choisie auf eine sehr
hitzige Art.

31) Bibliotheque Choisie. Amsterdam 1703.

Man hatte ihm öfters angelegen, die allgemeine Bibliothek wieder fortzusetzen; welches er aus Ursachen, die man in der Vorrede dieser Monatschrift
selbst nachsehen kann, bis dahin von sich abgelehnet hatte. Da nun aber diese Ursachen damals
aufgehöret hatten: so entschloß er sich, diese Arbeit
zwar wieder vor die Hand zu nehmen; aber auf eine andre Art. Er faßete nemlich den Entschluß,
nicht blos von neuen, noch viel weniger von allen
neuen Büchern sogleich bey ihrer Ausgabe zu handeln; sondern vielmehr ohne Unterschied Auszüge
von alten und neuen Büchern mitzutheilen, wie sie
ihm vorkommen, und er es für dienlich erachten
würde.

würde. Daher gab er dieser Monatschrift den Titel: Auserlesene Bibliothek. Zugleich behielt er sich die Freyheit vor, bisweilen einige critische, oder andre Abhandlungen einzuschalten.

32) In dem 1703 Jahre gab er Anmerkungen über den heiligen Augustin, unter dem Namen Joannes Phereponus, heraus. Der holländische Buchhändler, welcher die von den Benedictinern zu Paris besorgte Ausgabe dieses Kirchenlehrers nachgedruckt hatte, wolte sie gern mit noch einem Bande von verschiedenen dazu bequemen Abhandlungen vermehren. Le Clerc gab ihm viele derselben an die Hand, und überließ ihm dabey seine eigenen Anmerkungen über den heiligen Augustin, darinnen er viele Stellen erkläret; weit mehrere aber einer genauen Prüfung unterwirft. Er zeiget unter andern, wie übel dieser Kirchenvater von vielen Sachen; z. E. von den falschen Wundern; von Verfolgung der Ketzer: urtheile, und was es für ein schlechter Ausleger der Schrift sey. Dieses alles kam unter dem Titel: Appendix Augustiniana etc. heraus.

33) Petavii Doctrina temporum, Amstelod. 1703 in fol. Drey Bände.

Le Clerc hat die Ausgabe dieses Werkes besorget, und es mit einer Vorrede versehen.

34) Nouveau Testament, traduit sur l'Original Grec, avec des Remarques, ou l'on explique le Texte, et ou l'on rend raison de la Version. Amsterdam 1703.

Als dieses Buch zum Vorschein gekommen war, entdeckten ihm einige von seinen Freunden hier und

da

da Druckfehler und andre Versehen. Er selbst
wurde dergleichen zu spät gewahr. Er trug sie zusammen, und ließ sie auf einen halben Bogen von
gleichem Formate drucken, welchen man denen noch
vorhandenen Exemplaren beyfügte; denenjenigen
aber, die sich dieses neue Testament bereits ange-
schaffet hatten, umsonst mittheilete. Die Anmerkungen des le Clerc sind nicht theologisch. Er bemühet sich blos nach seinen Begriffen, und nach den
Regeln der Kritik den Verstand zu erforschen.
Gleichwol suchte man ihn der socinianischen und sa-
bellianischen Ketzerey verdächtig zu machen. Er vertheidigte sich dagegen in einem Blatte, welches er
unter dieser Aufschrift herausgab: Eclaircissemens
de quelques endroits des Remarques de Ms. le Clerc
sur le Nouveau Testament. Diese Schrift ist in
der Gestalt eines Briefes unterm 24 May 1704
abgefaßt. Er ließ auch in seine auserlesene Bibliothek Th. 2. Art. 9. S. 394. eine Nachricht
wegen einiger auswärtigen Gottesgelehrten einrücken, die sein Werk wegen der socinianischen Ketzerey verdächtig zu machen
gesuchet, und sogar einige Häupter dawider
eingenommen hatten. Die Veranlassung dazu
war diese. Kaum hatte Hr. Fetizon, damaliger
Prediger bey der französischen Gemeinde zu Berlin, das neue Testament des le Clerc gesehen; so
predigte er mit größtem Eifer wider diese Uebersee-
tzung und den Verfasser derselben. Er ließ es dabey nicht bewenden; sondern bewog auch das geist-
liche Gericht dahin, daß es den Schluß faßte, die
Unterdrückung der neuen Uebersetzung bey Hofe aus-
zu-

zwölften. Der Staatsminister, Graf Alexander
von Dohna, der damals die Auffſicht über die Co-
lonie hatte, brachte bey Hofe einen Befehl aus, dadurch der Verkauf der Ueberſetzung des le Clerc
verboten wurde. Es wurde aber dieſem Verbote
nicht ſonderlich nachgelebet. Das Buch fand nur
deſto mehrern Abgang. Leyte, die es vielleicht ſonſt
niemals angeſehen hätten, ſuchten es nunmehr begierig auf, und laſen es mit gröſtem Fleiſſe.

35) Geographia Sacra Nicolai Samſonis. Amſtel. 1704 in fol.

Le Clerc, welcher die Bogen von dieſer neuen
Auflage von der heiligen Erdebeſchreibung des Nicol Samſon nicht eher zu Geſichte bekam, als bis
es faſt gänzlich abgedrucket war, fügte dem geogra-
phiſchen Regiſter einige Anmerkungen bey, darinnen
er unter andern verſchiedene Fehler in Anſehung der
alten Erdebeſchreibung bemerket, die dieſer Erdebeſchreiber daher begangen, weil er der griechiſchen
und hebräiſchen Sprache nicht mächtig geweſen. Er
ſetzte auch dem Buche eine Vorrede vor, in welcher
er ein Verzeichniß von denjenigen Schriftſtellern
mittheilet, welche mit dem Samſon eben dieſe Materie abgehandelt haben.

36) Im Jahre 1705 trat zu Amſterdam in
Fol. noch ein Werk des Samſon und ſeiner
Söhne, oder anderer Erdebeſchreiber hervor; wel-
ches dem le Clerc nicht wenig zu danken hatte.
Es war der Atlas Antiquus, Sacer, Ecclefiaſti-
cus et Profanus. Er ordnete und verbeſſerte die
Landcharten, und verſahe das Werk mit einer
Vorrede. Es würde dieſe Samlung faſt unver-
beſſer-

besserlich seyn, wenn der gewinnsüchtige Buchhändler dem Rath des le Clerc, viele französische Landschaften wegzulassen, die unnütz und voller Fehler waren, gefolget wäre. Allein so ließ er sogar viele grobe Fehler stehen, die le Clerc geändert hatte, und kehrete sich an seine triftigen Vorstellungen nicht, blos aus der Besorgniß, daß er dadurch der Schönheit des Kupferstiches etwas benehmen möchte.

37) In eben dem 1705 Jahre machte er in seiner auserlesenen Bibliothek B: VII. S. 192. u. f. den Entwurf einer neuen Ausgabe der Anthologie griechischer Epigrammaten bekannt, die er mit zwey Büchern, wie auch mit der noch ungedruckten Uebersetzung und Vorrede des Grotius, und seinen eigenen nebst verschiedener anderer Gelehrten Anmerkungen vermehret, herausgeben wolte. Allein dieses Vorhaben gerieth eben sowol, als viele andre, ins Stecken. Denn le Clerc hätte viel länger leben müssen, wenn er solche alle hätte zur Wirklichkeit bringen wollen; zu geschweigen, daß die Besorgung vieler anderer Werke, um die er weit mehr bekümmert war, ihm solches nicht gestattete. Indessen ersiehet man aus dem Verzeichnisse seines Büchervorraths, welcher einige Monate vor seinem Tode verkauft wurde, daß er zur Ausgabe dieser Anthologie schon einen ziemlichen Vorrath gesamlet gehabt.

38) Onomasticon Urbium et Locorum Sacrae Scripturae etc. Amstelod. 1707 in fol.

Dieses

Dieses geographische Werk hatte Eusebius in griechischer Sprache verfertiget, Hieronymus übersetzet, vermehret und verbessert, und der Jesuit Banfrerius im Jahre 1631 herausgegeben. Unser Auctor gab diesem Werke eine ganz neue Gestalt, übersahe den Text, der voller Fehler war, und bereicherte die Anmerkungen des Banfrerius mit seinen eigenen.

39) Im Jahre 1707 trat die neue Ausgabe der sämtlichen Werke des Erasmus völlig an das Licht, darüber er die Aufficht gehabt. Er hat solche sowol mit seinen eigenen, als mit den Anmerkungen eines andern versehen, und alles gethan, was zur Vollkommenheit des Werkes etwas beytragen kann. Dies veranlassete ihn auch, daß er eine ausführliche und merkwürdige Lebensbeschreibung des Erasmus in den fünften Band Art. 3. und in den sechsten Bande Art. 1. seiner auserlesenen Bibliothek einschaltete.

40) Veteris Testamenti Libri Historici, Josua, Judices, Rutha, Samuel, Reges, Paralipomena, Esdras, Nehemias et Esthera. Ex translatione Joannis Clerici, cum ejusdem Commentario Philologico, Dissertationibus Criticis et Tabulis Chronologicis. Amstelod. 1708.

Dies ist der andre Band von seinem grossen Werke über das alte Testament. Er hat bey diesen historischen Büchern die Umschreibung weggelassen, und dem Werke eine Abhandlung von dem Verfasser eines jeden Buches vorgesetzet, und noch zwo andre hinzugefüget, davon die eine von dem Sanhedrin, und die andre von dem Aufsatze

handelt, deſſen in dem dritten Buche Moſis gedacht wird.

41) Im Jahre 1708 machte er zween Briefe
an den Herrn Bernhard bekannt, davon der eine den 1. der andre den 24 May unterzeichnet iſt.
Die Veranlaſſung derſelben war folgende: Ein
entlaufener Mönch, welcher Friedrich Auguſt
Gabillon hieß, war nach Holland gekommen,
und bewarb ſich um eine Predigerſtelle. Seine
Lebensart aber brachte ihn in ſo üblen Ruf, daß
ihn die walloniſche Synode von der Anzahl derer ausſchloß, die zum Predigtamte Hofnung hatten. Er gieng alſo nach England, um daſelbſt
ſein Glück zu machen, und gab ſich für den Herrn
le Clerc aus. Unter dieſem Namen betrog er
viele engländiſche Gottesgelehrten; auch ſogar in
der Stadt London, die den le Clerc nur aus
ſeinen Schriften kannten, und ihm daher viel
Höflichkeit erzeigten. Als er nun hier viele Perſonen hintergangen, und Geld von ihnen erſchli-
chen hatte, begab er ſich auf das Land, weil er
glaubte, daß es ihm daſelbſt noch beſſer gelingen
würde. Allein man kam zu London hinter den
Betrug, und ein gewiſſer Friederichter, Namens
Chamberlayne, ließ in die Poſtzeitung eine
Nachricht einrücken, darin er das Publicum für
dieſem Betrüger warnete, und ihn nach ſeiner
Geſtalt beſchrieb. Jedoch dieſe Nachricht ver-
breitete ſich bey weiten nicht ſo geſchwind, daß
Gabillon nicht ſolte Zeit gehabt haben, viele
leichtgläubige Perſonen in den Grafſchaften Eſ-
ſer, Suffolk und andrer Orten mehr zu hintergehen.

gehen. Nachdem er nun viele dergleichen ähnliche Streiche gespielet hatte, kehrete er wieder nach Holland zurück, und gab eine Schutzschrift heraus, darin er auf die Herren Bernhard und le Clerc gewaltig loszog. Das lustigste hiebey war, daß dieser Gabillon wider den le Clerc, unter dessen Namen er nachher in England weit mehr als blosse Höflichkeiten erschlichen, ein Buch herausgegeben hatte, das voller Lästerungen und Schmähungen war. So bald le Clerc von den Betrügereyen des Gabillon die unwidersprechlichsten Zeugnisse aus diesem Königreiche erhalten hatte, machte er solche zum Scherz in diesen beyden Briefen bekannt.

42) Schon seit einigen Jahren war le Clerc willens, den Sulpitius Severus dem Drucke zu übergeben, wenn er die zu einem solchen Unternehmen nöthigen Hülfsmittel ausfündig machen könte. Allein er änderte nachher seinen Vorsatz wieder. Weil er aber gleichwol bereits einige Anmerkungen über sieben Briefe dieses Schriftstellers gemacht hatte, welche Stephan Baluz in seinen Miscellan. Th. 1. und Lucas d'Acheri in dem Specileg. Th. 5. herausgegeben, die er seiner Ausgabe beyfügen wollen, und welche sich bey keiner andern befanden: so schickte er solche dem Buchhändler Thomas Fritsch zu Leipzig zu, der den Sulpitius Severus mit Johann Forsts Anmerkungen wieder auflegte. Diese Auflage, die mit einigen neuen mit des le Clerc Anmerkungen versehenen Briefen vermehret war, erschien im Jahre 1709.

T 2 43) Hu-

43) Hugo Grotius de Veritate Religionis Christianae. Amstelod. 1709 in 8.

Diese Ausgabe von dem Werke des **Grotius** ist eine von den besten und richtigsten. **Le Clerc** hat sie nicht nur mit kurzen Anmerkungen, sondern auch mit einer kleinen Abhandlung: De eligenda inter Christianos dissidentes sententia, bereichert. Er zeiget darin die Wege, die man gehen muß, wenn man in der Wahl der unter den Christen streitigen Glaubensmeinungen glücklich seyn will. Diese Auflage trat 1717 mit einigen Zusätzen und Verbesserungen wieder an das Licht. Und 1724 folgte die dritte Auflage, welcher le Clerc eine kleine Abhandlung wider die Gleichgültigkeit der Religionen beygefüget hatte. Diese zwo Abhandlungen wurden einige Jahre darauf ins französische übersetzet, und nebst des **Grotius** seinem Buche in eben der Sprache von dem P. le Jeune unter die Presse gegeben.

44) Man gab 1709 die Werke des Jesuiten **Vavassor** in einem Bande heraus. **Le Clerc** verfertigte die Vorrede dazu, weil die Herren Mitbrüder des Verfassers Bedenken getragen hatten, dies Werk mit einer Vorrede nach ihrer Art zu begleiten, und weil der Verleger sonst niemand finden konte, der sich dieser Arbeit unterziehen wolte.

45) Menandri et Philemonis Reliquiae, quotquot reperiri potuerunt, Graece et Latine, cum Notis Hugonis Grotii et Joannis Clerici, qui etiam novam omnium Versionem adornavit, Indicesque adjecit. Amstelodami 1709 in 8.

Le

Le Clerc hat die von dem Grotius bereits gesameleten Ueberbleibsel des Menander und Philemon noch mit denenjenigen, die er selbst hie und da entdecket hatte, und wobey er sogar die einzelnen Worte dieser zween Dichter mit anmerket, vermehret, und überdies noch eine Uebersetzung verfertiget, weil ihm die gebundene Uebersetzung des Grotius für die Jugend nicht nützlich genug zu seyn schien.

46) T. Livii historiarum libri, cum notis Clerici. Amstelod. 1710 in 8. Zehn Bände. It. Cura Gesneri. Lipsiae 1754 in 8.

Bey dieser vortreflichen Ausgabe befinden sich Gronobeims vollständige Ergänzungen. Die gronobische Auflage ist dabey zum Grunde geleget, die le Clerc von vielen Druckfehlern säubert. Er schaltet die Verbesserungen dieses Gelehrten, die er für gegründet hält, in den Text ein, und rechtfertiget sein Verfahren in kurzen Anmerkungen, die er hin und wieder anbringet.

47) Im Jahre 1710 trat der Sallustius des Herrn Wasse zu Cambridge in 4 ans Licht, welcher die Lebensbeschreibung dieses Autors vorangesetzet ist; le Clerc hat solche verfertiget und dem Herausgeber zugeschickt.

48) Aeschinis Socratici Dialogi tres Graece et Latine, ad quos accessit quarti Latinum fragmentum. Vertit et Notis illustravit *Joannes Clericus*; cujus et ad calcem additae sunt Silvae Philologicae. Cum omnium indicibus necessariis. Amstelod. 1711. in 8.

Jn

In den Sylvis Philologicis erklärt oder verbeſ-
ſert le Clerc nicht allein verſchiedene Stellen alter griechiſcher und lateiniſcher Auctoren; ſondern
handelt auch ausführlich von dem Nützen der ſchönen Wiſſenſchaften; von ihrem Gebrauche und Mis-
brauche, und von denjenigen Theilen der Gelehrſamkeit, die man damit verbinden muß. Sonderlich hat er ein weitläuftiges und leſenswürdiges Kapitel von der Jronie des Socrates hinzugefüget.

49) Philargirii Cantabrigienſis Emendationes
In Menandri et Philemonis Reliquias, ex nupera Editione Joannis Clerici, ubi quaedam Grotii
et aliorum, plurima vero Phileleuteri Lipſienſis
errata caſtigantur. Amſtelod. 1711. in 8.

Die Veranlaſſung zu dieſer Schrift iſt folgende.
Im Jahre 1710 war eine Beurtheilung der Ausgabe des Menander und Philemon zu Utrecht
unter dem Titel zum Vorſchein gekommen: Emendationes in Menandri et Philemonis Reliquias, ex
nupera editione Joannis Clerici: Ubi multa Grotii
et aliorum, plurima vero Clerici errata caſtigantur.
Auctore Phileleuthero Lipſienſi. Eſt genus hominum, qui eſſe primos ſe omnium rerum volunt,
nec ſunt. Ter. Dieſer auf dem Titelblatte befindliche Vers des Terenz entdecket ſogleich den Ge-
müthscharacter des Beurtheilers, welcher dem Le
Clerc dadurch offenbar Schuld giebt, daß er in allen Arten der Gelehrſamkeit den Vorzug haben wolle. Und man darf das Werk nur ſelbſt leſen, ſo
wird man ſich vollkommen davon überzeugen. Nir-
gends wird man mehr Schmachreden über Kleinigkeiten, mehr Stolz und Einbildung, mehr übermü-

thige

thige Verachtung antreffen, als durchgehends in dieser Schrift. Es versteckte sich zwar der Verfasser unter dem Namen des **Phileleutherus** von **Leipzig**; man erfuhr aber gar bald, daß der wahre Verfasser der Doctor **Bentley** sey, der viele Jahre darnach die Beurtheilung zu **Cambridge** selbst wieder hat auflegen lassen. In dem darauf folgenden Monate November brachte ein Unbekannter eine Handschrift zu le Clerc, eben zu einer Zeit, da er nicht zu Hause war. Sie führete die vorhin angezeigte Aufschrift. Le Clerc wuste nicht, von wem diese Handschrift kam, und konte es auch damals nicht errathen. Er gab solche unter die Presse, und rechtfertigte sich in einer weitläuftigen Vorrede über einige Puncte, wo er es für nöthig befand. Der Ungenannte hat ihn in der Hauptsache gründlich vertheidiget. Ob nun gleich le Clerc nicht durchgängig seiner Meynung war; so übergieng er es doch mit der grösten Bescheidenheit. Und er würde gewiß die Kritiken des Herrn Bentley mit eben der Gelassenheit betrachtet haben, wofern es diesem gefallen hätte, gleiche Mäßigung gegen ihn zu beobachten.

50) Joannis Clerici, Philosophiae et S. Linguae apud Remonstrantes Amstelodami Professoris, Vita et Opera ad Annum MDCCXI. Amici ejus Opusculum, Philosophicis Clerici Operibus subjiciendum. Amstelod. 1711.

Zu **Leipzig** waren 1710 die philosophischen Werke des le Clerc nachgedruckt worden; und damit diese Auflage ein desto besseres Ansehen haben möchte, wurde ihr eine Vorrede des Herrn Je-

nichmit, Beysitzers der dasigen philosophischen Facultät, beygefügt. Diese Vorrede enthält eine un-
vollständige Lebensbeschreibung des Verfassers, dessen man zwar auf eine sehr rühmliche Art gedachte,
zugleich aber auch gewisse Umstände mit einschaltete, die nichts weniger als gegründet waren. Der
holländische Buchhändler, welcher damals die Abschrift dieser philosophischen Werke in Händen, und
nur erst kürzlich die vierte Auflage derselben herausgegeben hatte, war über diesen Leipziger Nachdruck
nicht wenig empfindlich. Weil er nun besorgte, daß
die Lebensbeschreibung des Verfassers diesem Nach-
drucke einen Vorzug und stärkern Abgang verschaffen möchte: so gerieth er auf den Einfall, solches
dadurch zu verhindern, daß er eine richtigere und
ausführlichere Lebensbeschreibung, in eben dem Formate, das seine Auflage hatte, besonders drucken
ließ. Dem le Clerc selbst muste natürlicher Weise
daran gelegen seyn, daß nicht falsche und ungegrün-
dete Wahrheiten von ihm in der Welt verbreitet
würden, die man als glaubwürdig würde angenommen haben, wenn er dazu geschwiegen hätte. Es
wurde also sein Leben unter seiner Aufsicht gedruckt.
Es hat uns viele Umstände an die Hand gegeben,
die wir sonst nicht ohne grosse Beschwerlichkeit hätten aufsuchen müssen, und deren Kentniß wir vielleicht niemals würden erlanget haben.

51) Pervigilium Veneris, ex Editione Petri
Pithœi, cum ejus et Justi Lipsii notis; itemque
ex alio Codice antiquo, cum notis Cl. Salmasii
et Petr. Scriverii. Accessit ad haec And. Rivini
Commentarius. Ausonii Cupido cruci adfixus

cum

cum notis Mariang. Accurſii, El. Vineti et Anonymi. Acceſſere ad Calcem Joſ. Scaligeri et
Caſp. Barthii Animadverſiones. Hagae Comit.
1712.

Dieſer Ungenannte iſt le Clerc.

52) Oratio funebris, in obitum Reverendi et
Clariſſimi Viri, *Philippi a Limborch*, S. Theologiae apud Remonſtrantes Profeſſoris, defuncti
die XXX Aprilis, anno 1712 habita, a Joanne Clerico. Amſtelod. 1712 in 4.

53) Bibliotheque Ancienne et Moderne, pour
ſervir de ſuite aux Bibliotheque Univerſelle et
Choiſie. Amſterdam 1714-1727. 29 Bände.

54) Hiſtoria Eccleſiaſtica duorum primorum
a Chriſto nato ſaeculorum, ex veteribus Monumentis depromta a Joanne Clerico. Amſtelodami 1716 in 4.

Dieſer Geſchichte ſind weitläuftige Einleitungen
vorgeſetzet, die in drey Abſchnitte getheilet ſind. Der
erſte handelt von dem Zuſtande der Juden zur Zeit
der Geburt Chriſti; der andre von dem Zuſtande
der Heyden zu eben der Zeit; und der dritte enthält
einen kurzen Entwurf der Religion und der chriſtlichen Sittenlehre. Die Geſchichte ſelbſt iſt nach
Art der Jahrbücher oder nach Conſulaten abgetheilet, durchgehends aber ſind kürzere oder längere Anmerkungen beygefüget, die viele Sachen enthalten,
welche ſonſt die Erzählung würden unterbrochen haben. Es iſt zu bedauern, daß der Verfaſſer dieſes
Werk nicht weiter fortſetzen können.

55) Hiſtoire des Provinces Unies des Pais. Bas.
Amſterdam 1723-1728 in fol. Drey Bände.

Der erste Band enthält die Begebenheiten vom Jahre 1560 bis 1618. Der Verfasser hatte alle Hülfsmittel, die zu einem solchen Werke nöthig waren; und da er der holländischen Sprache vollkommen mächtig war; so konte er auch die Schriftsteller selbst zu Rathe ziehen, die in derselben geschrieben hatten. Der Buchhändler versahe diesen ersten Band mit einer historischen Erklärung von Münzen, an welcher le Clerc keinen Antheil hat, sondern die von den verstorbenen Limiers herrühret. Der andre und dritte Band, mit welchem er diese Geschichte beschloß, kam im Jahre 1728 zum Vorschein. Sie endigen sich mit dem Barrieretractate. Das 16 und letzte Buch aber ist ein kurzer Entwurf der vornehmsten Begebenheiten von dem Nimwegischen bis zu dem Utrechter Frieden. Denn der Verfasser glaubte, daß es schwer fallen würde, die Geschichte dieser neuen Zeiten mit derjenigen Einsicht und Freymüthigkeit zu beschreiben, die er in der vorigen bewiesen hatte.

S. Beyträge zur Vertheidigung der practischen Religion JEsu Christi, wider die Einwürfe unserer Zeit. Des achten Bandes zweytes Stück. Gotha 1761.

Just

Just Henning Böhmer.

Just Henning Böhmer erblickte den 29 Jänner 1674 zu Hanover das Licht der Welt.
Sein Vater war Valentin Böhmer, des-
sen Vorfahren zur Zeit des Hussitenkrieges der Religion halber aus Böhmen flüchtig werden mußten,
und seine Mutter Anna Maria Schirmerin.
In dem vierzehnten Jahre seines Alters schickte ihn sein Vater in die Stadtschule zu Hanover,
wo er sich zwey Jahre hindurch unter der Anführung des damaligen Rectors Justus Hoysen den
Wissenschaften widmete, und sich vorzüglich der lateinischen und griechischen Sprache befleißigte. Er
verließ 1693 diese Schule, und gieng auf die Universität Jena. Hartung und Treuner zeigten
ihm in der Weltweisheit die Wege. Schubart
wurde in der Historie sein Anführer. Hartung,
Flörke, Friese, Schröter, Wildvogel, Freyherr von Lynker und Schubart unterstützten ihn
auf seiner Reise durch das Reich der Rechtsgelehrsamkeit. Um öffentlich seine Geschicklichkeit in dieser letzten Wissenschaft sehen zu lassen, so disputir-
te er zu dreyen verschiedenen malen unter dem Vorsitz des Herrn Geheimen Rath Wildvogels über
verschiedene juristische Sätze, und das viertemal in
der die von ihm selbst verfertigte Streitschrift: de
imputatione culpae propriae.

Im Jahre 1695 kehrte er mit grosser Kentniß
bereichert nach Hanover zurück. Hier suchte er
dasjenige in Ausübung zu bringen, was er erlernet
hatte,

hatte. Man trug ihm Proceſſe auf, die er mit vieler Geſchicklichkeit, Treue und mit vielem Fleiſſe führete. Allein ſeine in ihm ſchon langſt herrſchende Liebe zu einem academiſchen Leben machte ihm dieſe Lebensart verhaßt. Er glaubte, daß man ſich niegend anders vorzüglich hervorthun könne, als auf einer Univerſität. Er glaubte, daß bey dieſer Lebensart das Gewiſſen zu vieler Gefahr unterworfen wäre. Er glaubte, daß man als Advocat kein wahrer und aufrichtiger Verehrer der Rechtsgelehrſamkeit ſeyn könne. Und ſeinem zu weit höhern Dingen beſtimmten Geiſte war es überdies unmöglich, in dieſen engen Schranken eingeſchloſſen zu bleiben. Er nahm deshalb den Antrag, einen jungen Herrn aus Münden als Hofmeiſter nach Rinteln zu begleiten, mit vielem Vergnügen an. Im Jahre 1697 entfloh er dem Geräuſche der Gerichtsplätze, und gieng wieder zu den Muſen über.

Rinteln war der Ort nicht, der ihn einzunehmen und zu vergnügen vermögend war. Halle, bey deſſen Einweihung er 1694 zugegen geweſen war, und das in der gelehrten Welt ſchon ein ſo groſſes Aufſehen machte, hatte mehr Reißungen für ihn. Er begab ſich voller Verlangen, mit einem Thomaſius, Stryk und Buddeus bekannt zu werden, mit ſeinem Untergebenen an dieſen Ort. Stryk würdigte ihn gleich anfänglich einer beſondern Freundſchaft. Er verſchafte ihm alle Hülfsmittel, ſich immer mehr und mehr in der Rechtsgelehrſamkeit vollkommener zu machen, und er gab ihm die Erlaubniß, ſich ſeiner zahlreichen Bibliothek ungehindert bedienen zu dürfen. Auf Empfehlung fung dieses grossen Mannes wurden ihm verschiedene von Adel, und endlich dem Graf Heinrich Georg von Waldeck zur Aufsicht und Unterweisung anvertrauet.

Im Jahre 1698 wurde er nach der unter dem Vorsitz seines Gönners von ihm gehaltenen Inauguraldissertation de Jure Epistolali, oder von fürstlicher Ordre, zum Licentiat beyder Rechte ernennet. So bald er das Recht, andre zu lehren, erhalten, und nach wenigen Monaten im November eben desselben 1699 Jahres die wohlausgearbeitete Dissertation pro loco de testamento non praelecto, als Präses öffentlich gehalten hatte, fieng er an ordentlich zu lesen. Da seine Gelehrsamkeit, Fleiß und Leutseligkeit, vornemlich aber seine besondre Gabe der Deutlichkeit und des ordentlichen Vortrages auf der Universität überall bekannt war; so konte es an einem grossen und ansehnlichen Zulauf der Jugend nicht mangeln, die von seiner Anweisung Nutzen in ihrem Studiren sich zu verschaffen suchte. Sowol die hierinnen bewiesene Geschicklichkeit, als auch seine unermüdete Uebung im Disputiren vermehrete ungemein seinen Ruhm und sein Ansehen. Der unsterbliche Stryk, der an ihm einen ruhmwürdigen Nachfolger und Erben seiner grossen Gelehrsamkeit hinterlassen wolte, und in dessen Hause er wohnete, trug alles bey, ihn noch vollkommener zu machen. Er führete ihn zur Ausarbeitung der Acten an, und hatte ein so grosses Vertrauen zu ihm, daß er ihn unter seinem Namen verschiedene Disputationen verfertigen ließ.

Im

Im Jahre 1701 bekam er Befehl, mit seinem ihm anvertraueten Grafen nach Berlin zu gehen, und daselbst die Solennitäten mit anzusehen, welche nach der Zurückkunft Sr. Königlichen Majestät in Preußen von der Krönung angestellet wurde. Bey dieser Gelegenheit machte er sich dem königlichen Minister bekannt, und da diese überzeugt waren, daß er zum Wachsthum und zur Aufnahme der Gelehrsamkeit in den königlichen Ländern überaus viel beytragen würde, so wurde er 1701 den 27 Julii (und nicht den 22 Julii, wie Weidlich in der Geschichte der jetztlebenden Rechtsgelehrten in Deutschland, im 1 Theile p. 68. und Götte in dem gelehrten Europa vorgeben) zum ausserordentlichen Professor ernennet, worauf er den 11 August im Jahr 1702 die Würde eines Doctors annahm.

Von dieser Zeit an eilete unser Böhmer von einer Ehrenstufe zur andern. Im Jahre 1704 den 9 December wurde er auf königlichen Specialbefehl dem Geheimenrath Stryk in der Juristenfacultät abjungiret, ihm die Arbeit erleichtern zu helfen. Als dieser der Universität und der gelehrten Welt entrissen wurde, bekam er 1711 den 24 August, und nicht den 26, der in Bruckers Pinacotheca unrichtig angegeben wird, das Amt eines ordentlichen Rechtslehrers, wie auch eine Stelle in der Juristenfacultät nebst den damit verknüpften Nutzungen und Vortheilen. Er setzte auch das von Stryk angefangene und mit so grossem Beyfall aufgenommene vortrefliche Werk: Usus Modernus Pandectarum fort, und gab es unter der Aufschrift heraus: Usus Moder-

Moderni Strykiani Continuatio tertia a libro XXIII. usque ad librum XXXVIII.

Nach dem Tode des jüngern Stryks bekam er den 29 Junius 1715 deſſelben Stelle als Profeſſor der Inſtitutionen und des lehnrechts; in eben demſelben Jahre wurde er Comes Palatinus, erhielt den Titel eines königlichen Hofrathes, der den 23 May 1719 mit der anſehnlichen Würde eines geheimben Raths verwechſelt wurde. Nachdem der groſſe Thomaſius nur Tode abgegangen war, erhielt er den 12 Nov. 1729 die zwote Stelle in der Facultät.

Das beſondere Vertrauen, deſſen er von ſeinem Könige Friedrich Wilhelm gewürdiget wurde, war ſo groß, daß er ihm den 12 May 1731 in einem königlichen Handſchreiben den Befehl zuſchickte, nach Potsdam zu kommen, woſelbſt Se. Majeſtät Dero allergnädigſtes Wohlgefallen an deſſen rühmlichem Fleiß und vielen der Univerſität zum Flor und Nutzen gereichenden Arbeiten bezeigten, und ſein Gutachten erforderten, was zum Beſten dieſes Muſenſitzes ferner vorzunehmen ſeyn möchte. Er eröfnete es in einem Bericht. Dieſer wurde ſowol aufgenommen, daß er den 25 May darauf zum Director der königlichen Univerſität und zum Viceordinarius der Juriſtenfacultät ernennet wurde. Als hierauf der Geheimberath und Canzler von Ludewig verſtorben, declarirten Se. jetztregierende königliche Majeſtät denſelben den 14 December 1743 zu Dero Regierungscanzler des Herzogthums Magdeburg und zum Ordinarius der Juriſtenfacultät. So weit hätte es ein Böhmer durch

seine

sidie bewundernswürdige Gelehrsamkeit gebracht.

Es war unmöglich, daß es die andern Universitäten mit gleichgültigen Augen ansehen konten; daß
Halle eine so grosse Zierde besitzen solte.   Jedwede
wünschte, dieses Orakel der Rechtsgelehrsamkeit in
ihren Ringmauern zu haben.   Schon im Anfange
des 1710 Jahres wurde er zum Rechtslehrer nach
Bern begehret, und im April 1711 und darauf folgenden 1712 Jahre nach Kiel, kurz hernach aber
nach Helmstädt.   Im April des jetztgedachten
1712 Jahres erhielt er von dem damals regierenden
Churfürsten zu Braunschweig und Lüneburg, und
nachmaligem Könige von Grosbrittannien, Georg
Ludewig, einen Beruf, nach Zelle als Hofrath zu
gehen.   Im März des 1714 Jahres bat sich der
berühmte Freyherr, Henrich von Cocceji ihn bey
Hofe zu einer ordentlichen Professur des Rechts nach
Frankfurt an der Oder aus.   Als der grosse
Rechtsgelehrte Harprecht in Tübingen starb,
wurde ihm 1714 und 1715 zu mehrernmalen die Stelle eines ersten Rechtslehrers zu Tübingen nebst
dem Beysitz in dem hochfürstlichen Hofgerichte daselbst angetragen.   Man lag ihm zu Ende des 1723
Jahres sehr an, auf chursächsischen Universitäten
Dienste zu nehmen; und das Jahr darauf solte er
Geheimderrath und erster Rechtslehrer zu Mar-
purg werden.   Ja als im Jahr 1726 der Reichs-
hofrath von Lynker gestorben, so trug ihm der
Kayser diese ansehnliche Stelle an.   So viel Ehre
aber dieses allgemeine Vertrauen und Verlangen
ihm zuwege brachte; so viel Vortheile ihm auch dadurch

durch angeboten wurden, ſo konte er ſich doch nicht entſchlieſſen, Halle zu verlaſſen. Er fand an dieſem Orte alles, was er zur Anwendung ſeiner bewundernswürdigen Gaben, und zum Wachsthum und Beförderung ſeiner groſſen Wiſſenſchaften nur wünſchen konte. Der König von Preuſſen wolte ihn ungern entlaſſen, und verſicherte ſich ſeiner Perſon durch eine Gnadenbezeigung nach der andern, welche er höher ſchätzte, als die ſonſt ſo anſehnliche Stelle eines Reichshofraths, und welche ihn in dem Dienſt, ſo er dreyen preußiſchen Monarchen geleiſtet, um ſo viel eifriger machte.

Er hatte bisher einer dauerhaften Geſundheit genoſſen. Sein durch häufige Arbeiten abgematteter Körper aber verlor nach und nach ſeine Kräfte. Der für ganz Deutſchland und beſonders für die Univerſität Halle höchſt unglückliche Zeitpunkt, da er der Welt entriſſen werden ſolte, nahete mit ſtarken Schritten heran. Er wurde den 8 Auguſt 1749 mit einer unvermutheten Schwachheit und darauf den 11 Auguſt mit einem Lähmfluß der Zungen und der ganzen linken Seite befallen. Endlich gab er den 29 Auguſt ſeinen Geiſt auf, nachdem er ſein ruhmvolles Leben auf 75 Jahre, 6 Monate, 3 Wochen und 4 Tage gebracht hatte. Er wurde mit allen einem ſo groſſen Manne gebührenden Ehrenbezeigungen beerdiget, und man ſetzte ihm folgende Grabſchrift:

D. O. M. S.
Vir
Illuſtris et Excellentiſſimus
Juſtus Henningius Bœhmerus

Potentiss. Regis Pruss. a Consiliis sanctioribus
Et Cancellarius in Ducat. Magdeb.
Acad. Frideric. Director. Ordinis JCtorum Praeses
Jurium Doct. et Prof. Prim.
A. C. MDCLXXIII. D. III. Cal. Febr. Hanoverae
in Lucem editus
Insigne Laboriosissimi Doctoris Exemplum
De Bonis, Litteris, Jurisprudentia et Academia
Immortaliter Meritus.
Uxorem habuit
Eleonoram Rosinam Stutzingiam,
Filios IV. Filiam I. Nepotes Neptesque XV.
D. X. Cal. Septembr. MDCCXXXXIX.
Anima Deo Servatori Reddita
Mortalitatis Exuvias Hic Posuit,
Bene vixit Annos LXXV. Menses VII.
Academiae Triste
Doctrinae, Auctoritatis, Prudentiae
Industriae et Celebritatis
Desiderium Reliquit.

Im Jahre 1703 den 21 August verehlichte er sich
mit Eleonora Rosina Stützing, einer Tochter
eines Patricii und Pfänners zu Halle, wie auch
Stadtkämmereysecretarii. Er hat mit ihr sechs
und dreyßig Jahre in der vergnügtesten Ehe gelebet
und mit ihr vier Söhne und eine Tochter, Namens
Eleonora Sophia, erzeuget, welche letztere aber
in der zartesten Kindheit wieder gestorben ist. Die
Söhne, wovon drene noch am Leben sind, und die
dem böhmerischen Namen und der gelehrten
Welt so viele Ehre machen, sind folgende:

Johann

Johann Samuel Friedrich Böhmer, Comes Palatinus, königlicher preußiſcher Geheimderath und ordentlicher Lehrer des Rechtes auf der Univerſität Frankfurt an der Oder.

Carl Auguſt von Böhmer, königlich-preuſſiſcher Geheimderath und Präſident der Oberamts-Regierung und Oberconſiſtorii zu Grosglogäu in Schleſien; der aber zur gröſten und empfindlichſten Betrübniß ſeines Vaters den 7 März 1748 zu Glogau im ein und vierzigſten Jahre ſeines rühmlich-geführten Lebens verſtorben iſt.

Georg Ludwig Böhmer, königlich-groſ-britanniſcher und churfürſtlich braunſchweig-lüneburgiſcher Hofrath und ordentlicher Rechtslehrer auf der Univerſität zu Göttingen.

Philip Adolph Böhmer, ordentlicher Profeſſor der Arzenengelahrheit und der Zergliederungskunſt auf der Univerſität zu Halle.

Unſer verehrungswürdiger Böhmer hat bey ſeinem Leben auf der Friedrichsuniverſität zweymal die Würde des Prorectorats rühmlich geführet, das drittemal aber, als ihm ſelbiges angetragen worden, wegen der wichtigen Ordinariatsverrichtungen von ſich abgelehnet. Bey der Juriſtenfacultät hat er das Decanat 17mahl verwaltet und dabey 75 Candidaten der höchſten Würde in der Rechtsgelahrheit gehabt.

In Bruckers Pinacotheca in der erſten Decas befindet ſich das Bildniß unſers Böhmers mit der von dem verſtorbenen Gruber verfertigten Unterſchrift:

U 2   *Juſtus*

Juſtus Boehmerus, juſti praeceptor et aequi,
  Jus voce et ſcriptis gnavus Utrumque docet.
Dum Decretorum et ſinuoſa volumina Legum
  In terris ſuperant, ille ſuperſtes erit.

Affini et Praeceptori poſ.

Jo. Daniel Gruber, D.

Böhmer hatte von der Natur einen ziemlich
groſſen und ſehr wohl gebaueten Körper bekommen.
Seine Geſichtszüge waren angenehm, und ſein Anſehen einnehmend und der anſehnlichen Würde eines Canzlers volkommen gemäß. Sein Umgang
war lehrreich; Sein Herz ohne Falſch und gegen
jedermann aufrichtig und liebreich. Er war der
gröſte Verehrer der chriſtlichen Religion. Durch
ſein Beyſpiel bewies er, wie höchſt abgeſchmackt
und ungereimt das närriſche Sprüchwort ſey: Ju-
riſten böſe Chriſten. Er begegnete denjenigen mit
der äuſſerſten Verachtung, die ſich benuthen, ihren
unzeitigen Witz durch Verſpottung der Religion in
ihrer völligen Gröſſe ſehen zu laſſen. Er ſchätzte
ſich glücklich, wenn ihm Gelegenheit an die Hand
gegeben wurde, ſeinen Zuhörern ſeine Empfindun-
gen gegen das höchſte Weſen entdecken zu können.
Er hielt es für das allerſchändlichſte Laſter eines Lehrers, wenn er ſich aus Eigennuß und um ſich Zuhörer zu verſchaffen Mühe giebt, ſeine Schüler zu
Religionsſpöttern und zu laſterhaften zu machen.
Nachahmungswürdiges Exempel! Seine Liebe zur
Gerechtigkeit war überaus groß. Er verabſcheuete
diejenigen, die alles darauf verwenden, um nur li-
ſtige und ſpitzfündige Auslegungen zu erſinnen, und
die ſich bey jeder Erfindung einer mit dem Chara-

cter

cter eines redlichen Mannes ſtreitenden Cautel für
glücklicher halten, als ein Held bey Gewinnung einer Schlacht. Nichts konte ihn von der Regel, einem jeden ſein Recht wiederfahren zu laſſen, abbrin-
gen. Die Gründe des Rechts und ſein Gewiſſen,
waren das einzige, wornach er ſich in ſeinen Rath-
ſchlägen richtete. Hieburch erwarb er der Juriſtenfacultät ein ſolches Anſehen, daß ſie faſt allenthalben für ein gemeines Orakel angeſehen wurde, zu
dem man bey allen Gelegenheiten ſeine Zuflucht
nahm. Seine Gelehrſamkeit hatte den höchſten
Grad erlanget, den man ſich nur gedenken kann.
Sein überall ausgebreiteter Ruhm, ſeine durchgängig bekannte Schriften, die den böhmeriſchen
Namen verewigen werden, ſind Beweiſe hievon.
Wer war in dem Privat- und Staatsrecht erfahrner, als er? Wer hat jemals ſeine Gröſſe in dem
Kirchenrechte beſſer gezeiget, als er? Wer war in
der Kirchengeſchichte bewanderter, als er? Nichts
floh ſeiner Kentniß. Sein Gedächtniß war vortreflich und bis in ſein hohes Alter unentkräftet, und
ſein Fleiß unermüdet und faſt unglaublich.

Verzeichniß ſeiner Schriften.

1) *Petrus de Marca* de concordia ſacerdotii
et imperii, cum obſervationibus eccleſiaſticis.
Lipſiae et Francofurti 1708 in fol.

Man hat von dieſem Buche verſchiedene Ausgaben. Die erſte trat zu Paris 1663, die zwote
ebendaſelbſt 1669, und die dritte ebendaſelbſt 1704
unter der Aufſicht des Stephan Baluz ans Licht.

Das catholiſche Kirchenrecht, und die Rechte des
Papſtes, der Biſchöfe, der Vicarien und der weltlichen Fürſten in geiſtlichen Dingen ſind in demſelben
auf eine ſchöne Art erkläret und die Freyheit der
franzöſiſchen Kirche vertheidiget worden.   Wegen
des Nutzens und der Vortreflichkeit derſelben beſorgte Böhmer dieſe Ausgabe.   Es ſind derſelben
des Marcâ einige Diſſertationes ſelectae beygefüget, die zur Erläuterung des Tractats ſelbſt vieles
beytragen, und unter denen ſich auch diejenige von
den alten Samlungen der Canonen befinden. Die
Anmerkungen unſers Böhmers verdienen alle Auf-
merkſamkeit.

2) Conſultationum et deciſionum juris tomus
I. in duas partes diviſus; quarum prior juris eccleſiaſtici; poſterior juris publici et feudalis ſelectiora argumenta, adjectis obſervationibus ne-
ceſſariis, exhibet. Halae 1733 in fol. Tomus I.
Tomi ſecundi pars prior, juris civilis et criminalis argumenta ſelectiora ſecundmn ordinem
digeſtorum a libro I. usque ad librum XXX exhibens. Halae 1734. Tomi ſecundi pars poſterior juris civilis et criminalis argumenta ſelectiora ſecundum ordinem digeſtorum a libro XXX
usque ad Librum L exhibens. Halae 1734. Tomus tertius juris eccleſiaſtici, publici et feudalis
ſelectiora argumenta exhibens. Halae 1748.

Dieſes vortrefliche Werk, das von ſeiner groſſen Gelehrſamkeit und von ſeinem erſtaunenden Fleiſſe einen unverwerflichen Beweis ableget, iſt von
ſeinem Sohn Carl Auguſt von Böhmer geſamlet, nach einer guten Ordnung eingerichtet und
mit

mit einem Inhalt der Materien und einem weitläuftigen Regiſter ausgezieret worden. Vor dem
erſten Bande befindet ſich unſers Böhmers Bildniß und eine Vorrede von ihm de more Juriscon-
ſultorum antiquo et recentiori de jure reſpondendi
et reſponſoriis collectionibus. In der Vorrede
zum erſten Theile des zweyten Bandes handelt der
Verfaſſer de injuſta theoriae et praxeos oppoſitio-
ne forenſi: Bey dem dritten Theile befindet ſich
die Vorrede des Herausgebers de jure reformandi
exercitium religionis.

3) Jus eccleſiaſticum proteſtantium juxta ſe-
riem decretalium adornatum. Tomus I. Halae
1714. Tomus ſecundus. Halae 1723. Tomus tertius. Halae 1723. Tomus quartus Halae 1731.
Tomus quintus et ultimus cum indice generali
ad omnes quinque tomos. Halae 1737 in 4.

Dieſes unſchätzbare Werk, das unter allen
Schriften von der Art unſtreitig den Vorzug verdienet, iſt mit einem allgemeinen Beyfalle der Gelehrten aufgenommen worden. Es iſt von einigen be-
dauert worden, daß es nach den Decretalien eingerichtet, und man hat eine andre die Natur der evan-
geliſchen Kirche beſſer betreffende Ordnung gewün-
ſchet. Die Lehren des catholiſchen und des heuti-
gen proteſtantiſchen Kirchenrechts werden darin genau und gründlich vorgetragen; alles wird aus der
Kirchengeſchichte erläutert, und man trift darin die
wichtigſten Anmerkungen an, ſo daß es denjenigen, die eine gründliche Rechtsgelahrheit und Gelehrſamkeit lieben, ein unentbehrliches und unſchätz-

bares

bares Werk ſeyn muß *). Es ſind bis jetzt von
demſelben vier Ausgaben beſorget worden. Das
Jus parochiale iſt gleichfals dem fünften Theile mit
angehänget.

4) Tra-

*) Mein ehemaliger groſſer Freund, der Herr Hofrath
Heinr. Chriſt. Lud. Stockhauſen redet von demſelben
in einem Gedichte, das er auf dieſes Werk verfertiget,
folgender maſſen.

> Wer jetzo dieſe Schrift des groſſen **Böhmers** ließt,
> Der wird ſie ja ſo hoch als **Carpzovs** Schriften ſchätzen,
> Er wird, weil **Carpzov** noch ein halber **Raymund** iſt,
> Des groſſen **Böhmers** Buch zu **Speners** Schriften
> ſetzen.
> Ihr findet hier mehr Geiſt, ihr treft mehr Leben an,
> Als ihr wohl nimmermehr in **Carpzovs** Schriften
> findet.
> Was **Ziegler** noch nicht trift, was **Schilter** nicht er-
> gründet,
> Was **Vitringa** nicht ſchreibt, bringt **Böhmer** auf die
> Bahn.
> Was **Brunneman** nicht weiß, was ſelbſt **Du Pin**
> nicht lehret,
> Das iſt es, was ihr jetzt von unſerm **Böhmer** höret.
> Ihr treft in **Böhmers** Schrift kein ſchnödes Irr-
> licht an,
> Ihr könt kein Schlackenwerk von Pfaffenſätzen finden.
> Er ſchreibt, was die Vernunft genau erweiſen kann,
> Und läſt die Judenfurcht ſich nicht die Hände binden.
> Er ſchreibt, was die Natur, und was das Recht befiehlt.
> Er ſchreibt das, was die Zeit und die Geſchichte lehren,
> Er ſchreibt die Wahrheit ſtets, die wir ſonſt ſparſam
> hören,
> Er trift den Zweck, worauf der kluge **Gerſon** zielt.
> Er ſchreibt, was andre nicht aus Aberglauben gläuben,
> Er ſchreibt, was andre nicht, als voller Zittern ſchreiben.

4) Tractatus ecclefiafticus de Jure parochiali. Halae 1701 in 4. It. 1716, It. Multo auctior
et emendatior cum novo fupplemento. Halae
1721 in 4. It. Halae 1729 in 4. It. Halae 1738
in 4.

5) Ufus moderni Strykiani continuatio a libro XXIII usque ad librum XXXVIII. Halae
1733 in 4.

Man hat nachher von dieſem überaus brauch=
baren Werke verſchiedene Auflagen gemachet. In
derjenigen Ausgabe von dieſem Buche, die in Fol.
zu Halle 1746 beſorget worden, befindet ſich die
böhmeriſche Fortſetzung in dem erſten Theile.

6) Meditatio juridica de iniquitate et injuftia
actionum injuriarum. Halae 1714. It. 1738 in 4.

7) Succincta manuductio ad methodum di-
fputandi et confcribendi difputationes juridicas.
Halae 1703. It. 1730 in 8.

8) Introductio in jus digeftorum, fenfum pa-
riter ac ufum hodiernum fingularum doctrinarum fuccincte exhibens. Accefferunt tituli de
Verborum fignificatione et regulis juris ad feriem
materiarum congefti. Halae 1704 in 8. It. auctior et emendatior. 1714. It. 1723. It. 1729. It.
1735. It. 1741. It. 1746 in 8.

9) Introductio in jus publicum univerfale, ex
genuinis juris naturae principiis deductum, et in
ufum juris publici particularis quarumcunque re-
rumpublicarum adornatum. Halae 1710. It. E-
ditio fecunda emendatior 1726 in 8.

10) Succincta delineatio doctrinarum ufu fre-
quentium de actionibus, gradibus matrimoniali-

bus,

bus, et ſucceſſione ab inteſtato. Halae 1710 in 8.
It. Editio ſecunda adjectis notis et uberiori indice. Halae 1718 in 8. It. Editio tertia aucta tra-
ctatu quodam ſub tit. Kurze Einleitung zum geſchickten Gebrauch der Acten. It. Ed. quarta 1728
in 8. It. Edit. 5ta. 1730. It. Edit. 6ta 1732. It.
Edit. 7ma. 1739. It. Ed. 8va. 1749. in 8.

Die neuern Ausgaben dieſes vortreflichen Buches führen die Aufſchrift: Succincta expoſitio doctrinae de expoſitionibus ad praxin hodiernam ac-
commodatae. In uſum lectionum academicarum
denuo edita notisque aucta et illuſtrata. Adjectae
ſunt in calce Poſitiones de gradibus matrimonialibus et ordine ſuccedendi cum triplici Indice. Halae in 8.

11) Kurze Einleitung zum geſchickten
Gebrauch der Acten, nebſt einem *Appendice* einiger *Formularum*, welche den Tractat
erläutern. Halle 1732. 8.

In Jahr 1725 wurde dieſe Einleitung der dritten Ausgabe der Delineationis de Actionibus angehänget; 1732 aber wieder beſonders aufgeleget. Sie
iſt nachher zu verſchiedenenmalen wieder ans Licht
getreten.

12) XII. Diſſertationes juris eccleſiaſtici anti-
qui ad Plinium Secundum et Tertullianum.
Lipſiae 1711 in 8. It. Editio ſecunda aliquot
diſſertationibus aucta. Halae 1729 in 8.

Dieſe zur Kirchengeſchichte der erſten Jahrhunderte unentbehrliche Abhandlungen ſind mit den vor-
treflichſten Anmerkungen angefüllet. Der wahre
Urſprung der Hauptmaterien im Kirchenrechte ſind
darin

darinn auf eine glückliche Art entdecket, und man findet viele dunkle und verborgene Dinge der Alter-
thümer in ein helles Licht geſetzet.

13) **Kurzer Entwurf des Kirchenſtaats
der drey erſten Jahrhunderte.** Halle 1713.
und 1733 in 8.

Der letztern Ausgabe dieſer Schrift iſt eines unbekannten Schriftſtellers Tractat **von dem Kir-
chenregiment der erſten drey Jahrhunderte**
beygefüget. Aus dem engliſchen in die lateiniſche
Sprache überſetzet von Jenkino Thomaſio, nunmehr aber ausgebeſſert und zugleich mit in die deutſche Sprache gebracht von **Joh. Euſtachius
Goldhagen.**

14) *Arnoldi Corvini a Belderen* jus canoni-
cum, methodo Inſtitutionum per Aphorismos
ſtrictim explicatum. Cui acceſſerunt *Jo. Jacobi Wiſſenbachii* Contradictiones Juris Canonici
ut et differentiae juris civilis et canonici, cum
indice materiarum et titulorum atque praefatione *Samuelis Strykii.* Denuo illud edidit notisque ſuccinctis illuſtravit *Juſtus Henningius Bœh-
mer.* Halae 1717 in 8. It. ib. 1721. It. ib. 1729.
It. ib. 1736.

15) Fl. Juſtiniani imperatoris inſtitutionum libri IV. notis illuſtrati. Halae 1718 in 8. It. Editio emendatior adjecta Theopholi paraphraſi.
Halae 1718 in 4.

16) *Claudii Fleury* inſtitutiones juris eccleſi-
aſtici, cum animadverſionibus. Ex verſione D.
Joannis Danielis Gruberi. Francof. et Lipſ. 1724.
It. ib. 1733 in 8.

17) In-

17) Inſtitutiones juris canonici tum eccleſiaſtici, tum pontificii ad methodum decretalium,
nec non ad fora catholicorum atque proteſtantium compoſitae. Halae 1738. Editio ſecunda
auctior, Halae 1741. It. ib 1747 in 8.

Man hat auch von dieſem ſehr guten Buche eine Ausgabe in 4. mit einem breiten Rande.

18) *David Mevii* deciſiones, ſeptima vice e-
ditae, cum proloquio de collectionibus, uſu et
auctoritate deciſionum, praecipue rotae Romanae et Mevianarum. Francofurti 1740 in fol.

19) Corpus juris canonici, in duos tomos di-
viſum, et appendice nova auctum cum codici-
bus veteribus MSctis aliisque editionibus colla-
tum, et variantibus lectionibus, notis atque indicibus inſtructum: praemiſſa praefatione duplici.
Halae 1747.

Es iſt faſt unbeſchreiblich, wie viel Mühe, Fleiß
und Sorgfalt unſer **Böhmer** an dieſes ſo höchſt
beſchwerliche und weitläuftige Werk verwendet
hat. Es iſt aber auch dadurch dieſe Ausgabe zu
einer Vollkommenheit gelanget, die noch keine andre
jemals erreichet hat.

20) Exercitationes ad pandectas. Tomus I.
Hanoverae et Goettingae, 1745 in 4. Tomus II.
ib. 1747 in 4. Tomus III. ib. 1748. Tomus IV.
1751 in 4.

Es ſind dieſe Exercitationes eine Samlung der
von **Böhmern** gehaltenen Diſſertationen, die ſein
würdiger Sohn **Georg Ludwig Böhmer** veranſtaltet hat.

Diſſer-

Diſſertationes.

Von dieſen Diſſertationen merken wir folgendes an: 1) Viele derſelben ſind öfters wieder aufgeleget worden; und wir halten es für unnöthig, eine jede Ausgabe beſonders anzuführen. 2) Einige ſind von den Reſpondenten ſelbſt ausgearbeitet, aber doch niemals ohne Verbeſſerung des Präſes dem Druck übergeben worden. 3) Diejenigen, vor denen ſich ein Sternchen befindet, ſind Jnaugural Diſſertationen. 4) Daß ſie von dem Herrn Prof. Georg Lud. Böhmer in vier Theile zuſammen gebracht worden ſind, dies haben wir ſchon angemerket.

21) De imputatione culpae propriae; ſub praeſidio *Chriſtiani Wildvogelii.* Jenae 1695.

Es iſt dieſe Abhandlung zu Jena 1734 und 1740 mit Beyfügung des deutſchen Titels: Von Verſehen und Verbrechen, welche den Rechten nach jemanden zu ſelbſt eigener Schuld und Veranlaſſung beyzumeſſen ſind, wieder aufgeleget worden.

22) Diſſertatio inauguralis de jure epiſtalmatis, von fürſtlicher Ordre, occaſione l. bene à Zenone 3. C. de quadr. praeſc. Halae praeſide Dn. *Sam. Strykio* pro Licentia d. XXIX. Jul. A. 1709. horis ante - et pomeridianis in auditorio majori eruditorum examini expoſita.

Es iſt nachher dieſe Diſſertation von ihrem Verfaſſer als ein beſonderer Tractat zu Halle 1735 wieder bekannt gemacht worden.

23) De teſtamento non praelecto. Reſpondente *Laur. Vinne.* Halae 1699 in 4.

24) De

24) De contractu non praelecto. Reſp. *Carolo Lud. von Hammerſtein.* Halae 1700.

25) De Scripturis non legibilibus, **von unleſerlichen Schriften.** Reſp. Mel. *von dem Buſch.* Halae 1700.

26) De interpretatione facienda contra eum, qui clarius loqui debuiſſet, occaſione l, veteribus 39. D. de pactis. Reſp. *Car. Andr. Kerßen.* Halae 1700.

27) De injuſtitia actionum injuriarum. Reſp. *Gillis Rodenborg.* Halae 1701.

Dieſe Diſſertation wurde einige Zeit nachher verbeſſerter und mit einigen Anmerkungen vermehrter herausgegeben, und trat 1738 als ein beſonderer und ſchon obenerwehnter Tractat ans Licht.

28) De fundamentis genuinis juris parochialis. *Reſp. Guſt. Borchwedell.* Halae 1701.

29) De jure parochiali circa adminiſtrationem ſacrorum. Reſp. *Frid. Everh. Lehmann.* Halae 1701.

30) De nexu parochorum et parochianorum. Reſp. *Frid. Aug. Hohendorf.* Halae 1702.

31) De bonis parochialibus **von Pfarrgütern.** Reſp. *Ant. Henr. Horſt.* Halae 1702.

32) De adminiſtratoribus bonorum eccleſiaſticorum, **von Kirchenvorſtehern.** Reſp. *Gabr. Dav. Clujo.* Halae 1702.

33) De renovatione vocationis reſignatae, Reſp. *Joan. Chriſt. Vultpio.* Halae 1702.

Dieſe Diſſertation iſt auch in der deutſchen Sprache zu Hamburg unter dem Titel herausgekommen: **Die Frage von Renovation der**

nie-

niedergelegten Vocation, ob ſelbige göttlich und mit gutem Gewiſſen könne abge-
fertiget und angenommen werden?

34) De colliſione praeſumtionum. Reſp. *Frid.
Guil. Herold.* Halae 1702.

35) De injuſtitia vocationis factae ad clamo-
rem populi. Reſp. *Herm. Math. Rademacher.*
Halae 1703.

36) De translatione dominii in contractu ae-
ſtimatorio. Reſp. *Dan. Raue.* Halae 1703.

37) De juribus capituli ſe impedita. Reſp. *Juſt.
Chriſt. Willerding.* Halae 1704.

38) De eo, quod juſtum eſt durante juſtitio.
Reſp. *Caſp. a Wolde.* Halae 1705.

39) De eo, quod juſtum eſt circa luctum publicum. Reſp. *Georg. Henr. Laehmann.* Halae
1705.

40) De jure precum publicarum, von öffentlichen Kirchengebetern. Reſp. *Frid. a Sallern.*
Halae 1705.

41) De codicillis absque teſtibus validis. Reſp.
Georg. Frid. Hülſeman. Halae 1707.

42) De obſervantia eccleſiaſtica. Reſp. *Joanne
Matth. Dethloff.* Halae 1707.

43) De colliſione probationum. Reſp. *Chriſt.
Frid. Koch.* Halae 1707.

44) De cauta Judaeorum tolerantia. Reſp.
Joan. Andr. Baſtineller. Halae 1708.

45) De prudentia legislatoria juris Lubecenſis
in materia de ſucceſſione teſtamentaria. Reſp.
Zachar. Erneſt. Grobt. Halae 1708.

46) De

46) De dominio litis. Reſp. *Georg. Theoph. Harret.* Halae 1709.

47) De diſcrimine tempeſtatis marinae, vom Seeſchaden, occaſione l. 3. C. de nautico fœnore. Reſp. *Henr. Kellinghuſen.* Halae 1709.

48) De praeſcriptione annuorum reditum realium. Reſp. *Jo. Gabr. Haake.* Halæ 1704.

49) De praxi juris canonici in terris proteſtantium. Reſp. *Jo. Melch. Oppermann.* Halae 1702.

50) De judice procedente ex officio in proceſſu civili. Reſp. *Georg. Henr. Wurzaeo.* Halae 1712.

51) De jure epiſcopali principum evangelicorum. Reſp. *Joan. Chriſt. de Becquer.*

52) * De incongrua praxi doctrinae de ſponſalibus de futuro et de praeſenti in foris proteſtantium. Reſp. *Joan. Godofred. Grote.* Halae 1712.

53. De privatis legatorum ſacris. Reſp. *Gabr. Heiring.* Halae 1712.

54) * De ſententiis in rem judicatam non transeuntibus. Reſp. *Georg. Wilh. Schræder.* Halae 1713.

55) * De libellis alternativis. Reſp. *Joan. Frid. Gruner.* Halae 1714.

56) De anno deſervito ſeu ſalario promerito. Reſp. *Joan. Adolph. de Luedeke.* Halae 1715.

57) De involucris ſimoniae detectis. Reſp. *Joan. Georg. Pertſch.* Halae 1715. Aus dieſer Diſſertation iſt das Buch des gelehrten Pertſch de crimine ſimoniae entſtanden,

das

das mit einer Vorrede Böhmers ans Licht getreten ist.

58) De caussis arduis et majoribus. Resp. *Frid.
Maas.* Halae 1715.

59) * De jure principis evangelici circa divortia. Resp. *Joan. Frid. Kayser.* Halae 1715.

Diese Dissertation zog sich einige Gegner zu.
Zuerst lehnete sich wider dieselbe D. Johann Michael Lange, Inspector zu Prenzlau auf, im
gründlichen Beweis, daß die *divortia* oder
Ehescheidungen *jure naturae* verboten seyn,
und nur erst nach dem Sündenfall im kläg-
lichen *statu legali* ihren Platz bekommen haben. Kayser setzte diesem Beweise folgende
Schrift entgegen: Abgenöthigter Gegenbe-
weis, daß die Ehescheidungen in dem natürlichen und geoffenbarten göttlichen Rechte nicht gänzlich verboten, sondern aus vielen Ursachen erlaubet seyn, folglich auch von
einer christlichen Obrigkeit wohl können
und in gewissen Fällen müssen verstattet
werden. Lange wurde nicht befriediget, sondern
gab göttlich triumphirende Wahrheit seines gründlichen Beweises, daß die *divortia*
jure naturae verboten seyn, u. s. w. heraus. Es
trat auch zu Wittenberg 1719 eine unter dem
Vorsitz Gottfried Ludwig Menkens gehaltene
Dissertation unter dem Titel ans Licht: Sana de
jure principis evangelici circa divortia doctrina.
Kayser vertheidigte sich aber in einer unter folgender Aufschrift herausgegebenen Abhandlung: Fundamenta doctrinae de divortiis, opposita dissertatio-

ni Wittebergensi. Alle diese jetzt erwehnten Schriften sind zusammen unter diesem Titel herausgegeben worden. Controversiae circa jura divortiorum, editis opusculis agitatae et boni publici caussa collectae atque conjunctim editae. Halae 1729. It. 1737 in 4.

60) † De clerico debitore. Resp. *Jacobo Ek.* Halae 1715.

61) De successione in bona clericorum singulari. Resp. *Joan. Gottl. Kyber.* Halae 1716.

62) De expensis criminalibus. Resp. *Sam. Henr. Usselmann.* Halae 1716.

63) De jure principis circa dimissionem ministrorum. Resp. *Philipp. Adolph. de Münchhausen.* Halae 1716.

Man kann mit dieser Abhandlung folgende Dissertation vergleichen: Doctrina de jure ministrorum exigendi a principe dimissionem, welche 1716 unter dem Vorsitz des Herrn von Münchhausen gehalten worden.

64) * De jure et statu hominum propriorum a servis Germaniae, non Romanis, derivando, et de usu hujus doctrinae. Resp. *Frid. Schreter.* Halae 1716.

65) De nominibus ecclesiasticis, von Activ- und Passiv-Kirchenschulden. Resp. *Christ. Nicol. Scheller.* Halae 1716.

66) * De privilegiis legatorum piorum genuinis et spuriis. Resp. *Car. Frid. Hopfenstock.* Halae 1716.

67) * De jure erigendi coemeterium. Resp. *Joan. Georg. Pertschk.* Halae 1716.

68) * De jure denegandi communionem coe-
meter-

...meteriorum, vulgo vom Todtenbann, Resp.
Joan. Georg. Gregorovio, Halae 1717.

69) De feudis ecclesiasticis, vom Kirumstä-
bischen Lehn, Resp. Wilh. Godofred. L. B. de
Schell. Halae 1717.

70) De contumacia non respondentis, Resp.
Wolfgang. Henr. Murr, Halae 1717.

71) De verbis directis et obliquis, Resp. Joan.
Jac. Groß. Halae 1717.

72) * De jure sacro et profano circa infideles, Resp. Paul. Henr. Burckter. Halae 1717.

73) De matrimonio coacto, Resp. Benjamin
Frid. de Reichenbach. ib. 1717.

74) * De jure liturgico, Resp. Christ. Frid.
Stoecmeyer, ib. 1717.

75) * De diverso sponsalium et matrimonii
jure, Resp. Henr. Bendelebem, ib. 1718.

76) * De diverso pignoris et hypothecae jure.
Resp. Wilh. Philipp. a Flodroff. ib. 1718.

77) * De jure principum protestantium circa
solennia matrimonii ecclesiastica, Resp. Ben.
Benj. Hartzmann. ib. 1718.

78) * De probatis repudiorum caussis, Resp.
Jac. Henr. Pistorio, ib. 1718.

79) De hypotheca feudali expressa, Joan.
Henr. Goll, ib. 1718.

80) * De efficaci mulierum intercessione, Resp.
Joan. Bernh. Rembowsky. ib. 1718.

81) * De cursu praescriptionis contra minores
suspenso, occasione l. 5. C. in quibus caussis rest.
in integr. non est necess. Resp. Georg. Sal. Krü-
ger. ib. 1719.

Z. 2   82) * De

82) * De poteſtate civili in templa. Reſp.
Conr. Frid. Reinhard. ib. 1719.

83) * De juribus ſtatuum proteſtantium circa
monaſteria catholicorum. Reſp. Jo. Frickio. ib.
1719,

84) De libertate ſuffragiorum in collegiis publicis. Reſp. Henr. Lud. Avemanno. ib. 1720.

85) * Controverſiae ſelectae circa tractatus
pacis Weſtphalicae. Reſp. M. Trid. Benedict.
O_riel. ib. 1720.

86) * De praeſcriptione circa decimas eccle-
ſiaſticas et ſaeculares. Reſp. Joan. Petr. Ruppel.
ib. 1720.

87) * De ſubſidiis pecuniariis a ſtatibus Italiae
imperatori Romano - Germanico praeſtandis.
Reſp. Chriſt. Petr. Brukner. ib. 1720.

88) * De vero uſu remedii poſſeſſorii ordina-
rii et ſummarii. Reſp. Joan. Sebaſt. Ochs. ib.
1720.

89) * De juris patronatus genuina repraeſen-
tatione. Reſp. Thom. Frid. Gerken. ib. 1720.

90) * De exceptione metus injuſti in ſtatu na-
turali et civili. Reſp. Joach. Dm. Everſ. ib. 1720.

91) * De natura ſtatutorum, quae in civitati-
bus provincialibus conduntur, eorumque obli-
gandi principiis. Reſp. Chriſt. Siegfr. Neſen. ib.
1721.

92) * De querela inofficioſi fratrum conſan-
guineorum. Reſp. M. Joan. Paul. Türke. ib.
1721.

93) * De jure et onere reficiendi eccleſias. Reſp.
Joan. Bogisl. Hill. 1721.

94) * De

94) *De ſtatu liberorum ſui juris factorum per ſeparationem vel nuptias. Reſp. *Reinboldo Adamo Hecht.* ib. 1721.

95) De pœna ſine crimine, occaſione l. Jctus fuſtium 22. D. de his, qui not. infam. Reſp. *Carolo Frid. Steinhart.* ib. 1721.

96) *De vario cenſuum ſignificatu et jure? Reſp. *Car. Frid. Jumpelt.* ib. 1722.

97) *De jure circa jejunantes, abſtinentes et jejunos. Reſp *Henr. Chriſt. Schüsler.* ib. 1722.

98) *De reſtitutione in integrum contra ſponſalia pura minorum. Reſp. *Car. Frid. Trier.* ib. 1722.

99) *De ſanctitate eccleſiarum. Reſp. *Sam. Knobeloch.* ib. 1722.

100) *De litteris reſpirationis, earumque validitate et invaliditate. Reſp. *Sam. Car. Kütemeyer.* ib. 1722.

101) *De fundamento retractus duplicis, in agris Hamburgenſium uſitati, occaſione art. 61. des Landrechts. Reſp. *Chriſt. Dresky.* ib. 1722.

102) Vindiciae imperiales pro Parmae et Placentiae ducatibus. Reſp. *Juſt. Vollrath. L. B. de Bode.* ib. 1722.

103) *De ſublimi principum ac ſtatuum evangelicorum diſpenſandi jure in cauſſis et negotiis tam ſacris, quam profanis. Reſp. *Joan. Chriſt. von Rauner.* ib. 1722.

104) *De uſu juramenti purgatorii in criminalibus. Reſp. *Georg. Sam. Ludovici.* ib. 1723.

105) De ſecundis nuptiis, praecipue illuſtrium perſonarum. Reſp. *Alb. Chriſt. Richter.* ib. 1723.

X 3	106. De

106) De variis sacrilegii speciebus, ex mente juris civilis. Resp. filio, *Jo. Sam. Böhmer.* ib. 1724.

Dieser Dissertation sind noch zwo andre gefolget, de variis sacrilegi speciebus, ex mente juris canonici, die Joh. Sam. Frid. Böhmer als Präses gehalten hat.

107) * De privatione dotis. et successionis statutariae ex capite adulterii, occasione art. II. tit. III. p. III. statut. Hamburg. Resp. *Petr. Theodor. Wiese.* ib. 1724.

108) De poena jus sibi dicentis sine judice. Resp. *Sigism. Wilh. Richter.* ib. 1725.

109) * De majestate imperii magistratuum majorum. Resp. filio, *Jo. Sam. Frid. Böhmer.* ibid. 1725.

110) * De tolerantiae religiosae effectibus civilibus. Resp. *Carol. Henr. Fuhrmann.* ib. 1726.

111) * De potestate procuratoris in caussis criminalibus. Resp. *Anton. Christoph. Gröning.* ib. 1726.

112) De jure circa libros improbatae lectionis, occasione l. 4. §. 1. D. fam. hercisc. Resp. *Jo. Adolpho Buchero.* ib. 1726.

113) * De statu donationum inter virum et uxorem antiquo et hodierno. Resp. *Jo. Frid. Stockmayer.* ib. 1727.

114) * De legitimatione ex damnato coitu natorum. Resp. *Aug. Gotthilf Hilliger.* ib. 1727.

115) * De genuina poenarum ecclesiasticarum indole. Resp. *Martin Gulla Kuhn.* ib. 1727.

116) *De

116) *De ſtatu excommunicatorum civili ex mente proteſtantium. Reſp. *Wolfgang. Andr. Ferber*. ib. 1727.

117) *De aeris alieni inter conjuges Hamburgenſes communione, occaſione ſtatut. Hamb. P. II. tit. V. art. X. et XI. Reſp. *Conr. Dietr. Volckmann*. ib. 1728.

118) *De fundamento uſurarum pecuniae mutuaticiae. Reſp. *Herman. Bernhard Wolfradt*. ib. 1728.

119) *De crimine fuſpecti. Reſp. *Joan. Seyberth*. ib. 1730.

120) *De exceſſuum poenis. Reſp. *Guilielmo Sneider*, genannt *Smidt*. ib. 1730.

121) *De beneficiis juris Auguſtanae confeſſionis. Reſp. *Joan. Fridr. Vetter*. ib. 1730.

Dieſe Diſſertation rühret eigentlich von Joh. Sam. Frid. Böhmer her. Sie iſt nachher wieder aufgeleget und der Rede de meritis Aug. conf. in rem juridicam beygefüget worden.

122) Selectae quaedam capita eaque plurimum practica circa locationem et conductionem praediorum ruſticorum. Reſp. *Joan. Andrea Elfeld*. ib. 1730.

123. *De ſingulari commodo ſervitutis perpetuariae prae temporaria in republica. Reſp. *Balthaſar. Otto. Fleſche*. ib. 1730.

124) *De fundamenta pactorum familiae ad fideicommiſſa inclinantium. Reſp. *Franciſco Arnolda Maximiliano Coſtero*. ib. 1730.

125) De epiſcopo vice-cancellario imperii. Reſp. *Friderico de Schwartzenfels*. ib. 1731.

X 4 126) *De

126) *De caede infantum in utero. Reſp. *Tho-ma Spalding.* ib. 1732.

127) *De figmento translati ipſo jure dominii ex promiſſis principum. Reſp. *Georgio Arnoldo Richertz.* ib. 1732.

128) *De probatione in criminalibus ſpuria. Reſp. *Arnold Engelbert. Buſchmann.* ibid. 1732.

129) *De libertate imperfecta ruſticorum in Germania. Reſp. *Ioanne Chriſtophoro Hopfenſtock.* ib. 1733.

130) *De conferendis bonis ſecundum jus Sa-xonicum electorale. Reſp. *Godofredo Auguſto Hoffmann.* ib. 1733.

131) De executione pendente appellatione va-lide facienda. Reſp. *Ioachimo Henrico Dreyer.* ib. 1733.

132) *De obligatione ad revelandum occulta. Reſp. *Ioanne Iacobo Reinhard.* ib. 1733.

133) *De ſucceſſione hereditaria conjugum ex pactis dotalibus. Reſp. *Caeſar. Scheurer.* ib. 1733.

134) De jure ex pacto tertii quaeſito. Reſp. *Antonio Franciſco Ludovici.* ib. 1735.

135) *De pacto remiſſorio moto concurſu. Reſp. *Ioanne Friderico Schneidewino.* ib. 1735.

136) Vindiciae pacti de non praeſtanda evicti-one contra communes errores. Reſp. *Ioanne Bartholdo Lex.* ib. 1735.

Wider dieſe Diſſertation hat Franz Alef, Pro-feſſor auf der Univerſität zu Heidelberg, eine hef-tige Abhandlung unter folgendem Titel ans Licht ge-ſtellet: Veritas communis opinionis circa pactum de non praeſtanda evictione, contra noviſſimos

Bœhmeri errores. Heidelbergac 1736. Der würdige Sohn unſers Canzlers aber, **Georg Ludwig
Böhmer** widerlegte ihn in den repetitis vindiciis
pacti de non praeſtanda evictione, die er zu Halle
1737 in 4 heraus gab.

137) * De origine, cauſſis et occaſionibuş for-
mae imperii Rom. Germ. praeſentis. Reſp. *Petro
Georgiſch.* ib. 1735.

138) De medicorum animae et corporis in ſa-
nandis aegris conjunctione, occaſione c. 13. X.
de poenitent. et remiſſ. Reſp. filio, *Geórgio Ludovico Bœhmero.* ib. 1736.

139) De uſu et commodis pacti de praeſtanda evictione in cauſſis privatis et publicis. Reſp.
Leonhardo a Canngießer. ib. 1736.

140) *De finibus privilegiorum regundis. Reſp.
Io. Ludovico du Puy. ib. 1736.

141) De ſanctionum pragmaticarum indole et
auctoritate. Reſp. *Eberhard. Frideric. Wilhelm.
L. B. de Ellrichshauſen.* ib. 1737.

142) De ſuſpectis conventionum formulis.
Reſp. *Godofr. Maſchklappen.* ib. 1737.

143) *De origine, progreſſu atque indole que-
relae denegatae vel protractae juſtitiae. Reſp.
Ioan. Frider. Ioachim. ib. 1738.

144) De exceptione praejudiciali, ejusque uſu
in cauſſis criminalibus. Reſp. *Ioann. Georg. Buch-
boltz.* ib. 1739.

145) *De varia jurium innovatione per expe-
ditionem cruce ſignatorum. Reſp. *Georgio David de Stoll a Weſpach.* ib. 1740.

146) *De praeſcriptione contra leges. maxime prohibitivas. Reſp. *Friderico Benjamin Backmeiſter.* ib. 1740.

147) De teſtamentis mulierum. Reſp. *Eberhardo Schreber.* ib. 1741.

148) De jure futuro. Reſp. *Leonhardo Reinhardo a Dieß.* ib. 1741.

149) *De juribus diverſis ex diverſitate climatum natis. Reſp. *Ioann. Petro Willebrandt.* ib. 1742.

150) *De jure et auctoritate ſigilli authentici. Reſp. *Iac. Giſeberto Nagelio.* ib. 1742.

151) *Specimen jurisprudentiae Antejuſtinianeae ex A. Auguſtino, Hipponenſi epiſcopo. Reſp. *Georg. Theodor. Schinemann.* ib. 1742.

152) De jure cuſtodiendi reditus vacantis beneficii. Reſp. *Georg. David. Taucher.* ib. 1742.

153) *De probatione per delationem juramenti. Reſp. *Nicol. Ioann. Mittag.* ib. 1743.

154) *De praerogativa hypothecarum publicarum. Reſp. *Chriſtoph. Wilhelm Pohlmanno.* ib. 1744.

155) *De concurſu extra concurſum creditorum. Reſp. *Frid. Reinh. Hofmann.* ib. 1744.

156) *De depravato exceptionis ſpolii ſtatu. Reſp. *Iac. Georg. Wagner.* ib. 1744.

157) *De jure primi fori locatoris in conductorem. Reſp. *Rudolpho Ioann. Wilhelm. Thym.* ib. 1746.

158) *De quaeſtione: Utrum electores vi archi-officiorum imperatorem eligant? Reſp. *Walther Beckhoff.* ib. 1746.

159. *De differentia legatorum purorum et non purorum, praecipue intuitu quartae legis Falcidiae. Resp. Jac. Beck. ib. 1747.

Vorreden.

160) Dissertatio praeliminaris de media via in studio et adplicatione juris canonici inter protestantes tenenda, ad Joan. Stbilzeri institutiones juris canonici. Jenæ, 1713. 1719. 1728. in 8.

161) Praefatio de origine et adparatu juris canonici, Caroli Andreae Artneri institutionibus juris canonici praemissa.

Diese Vorrede ist nachher besonders unter der Aufschrift ans Licht gestellet worden: Schediasma de origine et apparatu juris canonici, secunda vice editum, novis observationibus auctum. Halæ 1715 in 8.

162) Dissertatio praeliminaris de intentione patrum circa doctrinam de simonia, praefixa commentationi Io. Georg. Portschii de crimine simoniæ. Halæ 1719 in 4.

163) Dissertatio praeliminaris de servitute triturae forensis, praemissa tractatui Quint. Sept. Florent. Rivini de exceptionibus dilatoris. Halæ et 1721 et 1738 in 8.

164) Praefatio de jure ecclesiasticorum militari, opusculo filii, Caroli Augusti a Bahmer praemissa. Halae 1730 in 4.

165) Vorrede von dem Schaden der Menschensatzungen bey dem Kirchenwesen, zu D. Gottlieb Stolvogts Untersuchung von den Rechten der Altäre, Taufsteine, Beichtstuhle, u. s. w. Jena 1732 in 8.

166) Diſſertatio praeliminaris de veſtigiis et uſu antiquitatum Dacicarum in jure romano, praemiſſa commentationi Dn. Joan. L. B. de *Kemmeny* de jure ſuccedendi ſereniſſimae domus Auſtriacae in regnum Hungariae. Halae 1732 in 4.

167) Ad *Io. Sam. Strykii* opuſcula tergemini argumenti, hoc eſt, 1) de jure ſabbathi; 2) de jure liciti, ſed non honeſti; 3) de reliquiis ſacramenti in matrimonialibus, praefatio de nexu tergemini argumenti in religione ſabbathi, honeſtatis et matrimonii occupati. Halæ 1734 in 4.

168) Proloquium de collectionibus, uſu et auctoritate deciſionum, praecipue rotae Romanae et Mevianarum, ad Dav. Mevii deciſiones. Francof. 1740 in fol.

Es iſt dieſer Vorrede ſchon oben Erwehnung geſchehen.

169) Ad *Barnabae Briſſonti* Opus de verborum, quae ad jus civile pertinent, ſignificatione, praefatio de interpretationis grammaticae in jure civili fatis, et vario uſu, nec non hujus novae editionis praerogativis. Halæ 1743 in fol.

170) Praefatio ad tomum I. corporis juris canonici de varia decreti Gratiani fortuna. Halæ 1743.

171) Praefatio ad tomum II. corporis juris canonici de decretalium Pontificum Romanorum variis collectionibus et fortuna. Halæ 1746.

172) Vorrede von dem ſo höchſtnöthigen rechtſchaffenen Willen, bey der Handhabung der Gerechtigkeit in den bürgerlichen Geſellſchaften, zu Peter Roques Geſtalt

Gestalt eines gewissenhaften Richters.
Jena 1747.

Programmata, Reden und andre kleine
Schriften.

173) Programma de Stoica Jctorum philosophia. Halæ 1701 in 4.

Man findet es auch in D. Gottlieb Slevogtii o-
pusculis de sectis et philosophia Jctorum, S. 81=
192, wie auch in den exercitationibus ad pandectas,
Th. I. n. 2. S. 15. u. f.

174) De utilitate et necessitate juris canonici.

175) De praxi juris canonici in jure publico,
ex instrumento pacis densoastrata.

176) Delineatio succincta institutionum juris
canonici.

177) Sciagraphia juris publici universalis.

178) Der aus der Betrachtung der hohen Geburt im Tode hergeleiteten Trost,
bey dem Begräbniß D. Johann Christoph
Herolds in einer Trauerrede in der Kir-
chen zur L. Frauen vorgestellet. Halle 1704
in Fol.

179) Laudatio funebris in obitum Samuelis
Strykii, nomine academiae Fridericianae habita.
Halæ 1710 in fol.

180) Oratio saecularis de meritis Augustanae
confessionis in rem juridicam, in solenni promo-
tione doctorali d. 26 Jun. 1730 in aede B. M. V.
recitata. Halæ 1730 in 4.

181) Rechtliches Gutachten über die Frage: Ob nach der alten mecklenburgischen
Kirchenordnung vom Jahr 1552 der Su-
perin-

perintendens von den Patronen in ihren
Patronatkirchen zu den Predigerwahlen
zugezogen werden müsse? mit einigen Anmerkungen und Erläuterungen. Halle 1747
in 4.

Abhandlungen und Beyträge in den wöchentlichen
hallischen Anzeigen.

182) Recension der unter ihm gehaltenen Disputation von dem Reichsvicekanz-
leramt bey der bischöflichen Würde. A.
1731. N. 44.

183) Recension der unter deſſelben Vor-
ſitz vertheidigten Disputation von dem
Kindermord im Mutterleibe. A. 1732.
N. 22.

184) Beschreibung des erſten Theils
von dem erſten Theil ſeiner herausgegebenen Rechtsgutachten. A. 1733. N. 23.

185. Von der Feyer des Sabbaths im
neuen Teſtament: bey Gelegenheit der von
neuem und zuſammengedruckten drey
Werke Hrn. Joh. Sam. Stryks 1) de jure
Sabbathi, 2) de jure liciti, sed non honeſti, und
3) de reliquiis ſacramenti in matrimonialibus.
A. 1733. n. 38.

186) Von der Pflicht der Tugend und
des Wohlſtandes bey dem Gebrauch ſeines Rechts, und von der Heiligkeit und
geiſtlichen Brdeutung der Ehe; als eine
Fortſetzung der vorigen Anmerkung. A.
1733. N. 41.

187)

187) Unterſuchung, was eigentlich diejenigen Bauren ſind, ſo man in Holſtein
Lauſten nennet. A. 1733. N. 43.

188) Anmerkung von der Freyheit der
Judentaufe unter den Chriſten, und daß
ſolche Macht nicht ſchlechterdings zu dem
ſogenannten *jure epiſcopali* zu ziehen. A.
1733. N. 46.

189) Inhalt zwoer unter ihm gehaltener Diſſertationen, 1) de conferendis bonis
ſecundum jux Saxonicum electorale; 2) de executione pendente appellatione valide facienda.
A. 1734. N. 15.

190) Verzeichniß zwoer abermals unter
ihm gehaltener Diſſertationen 1) De obligatione ad revelandum occulta; 2) de ſucceſſione hæreditaria conjuguin, ex pactis dotalibus. A.
1734. N. 19.

191) Richtiger Gebrauch des Erfül-
lungseides in Eheſachen. A. 1735. N. 21.

192) Weitere Erläuterung der unter
ihm gehaltenen Diſſertation *de jure ex pacto tertii quaeſito,* oder wie weit jemand
ein wirkliches und ſolches Recht, woraus
er klagen könne, aus einem mit einem Dritten geſchloſſenen Contract erlangen könne, ob er gleich denſelben nicht mit geſchloſſen. A. 1735. N. 29.

193) Ausführung der unter ihm gehaltenen Diſſertation de pacto remiſſorio moto
concurſu, oder Rechtsfrage: Ob nach ent-
ſtandenem Concurs der gröſte Theil der
Gläu-

Gläubiger mit dem algemeinen Schuldner ſich dahin vergleichen könne, daß der
geringere Theil an deren Vertrag auch
wider ſeinen Willen rechtmäßig verbunden, und ſo viel, als jene dem Schuldner
an ihrer Forderung nachgelaſſen, dieſer
gleichfals ſich zu begeben ſchlechterdings
gebunden ſey? A. 1735. N. 36.

194) Offenbarer Greuel in Opponi-
rung der *exceptionis ſpolii.* A. 1735. N. 49.

195) Unrichtigkeit der hundertjähri-
gen Präſcription gegen die Anſprüche der
Städte. A. 1735. N. 43.

196) Gedanken von dem Urſprung des
Unterſcheids zwiſchen Ober und Nieder-
gerichten. A. 1736. N. 16.

197) Critiſche Anmerkungen über dasjenige, was man in Streitſachen *faſtum*
oder *faſti ſpeciem* insgemein nennet. A. 1737.
N. 12.

198) Beſondere Anmerkung von dem
Allerheiligſten der Chriſten im neuen Bunde. A. 1737. N. 51.

199) Fortſeßung dieſer Anmerkung von
dem Allerheiligſten der Chriſten im neuen
Bunde. A. 1738. N. 1.

200) Anmerkung von der alten Misge-
burt in dem Patronatrecht der Klöſter
über die Pfarrkirchen. A. 1739. N. 9.

201) Anmerkungen über die durch die
Creußzüge entſtandene neue Rechte im
Kirchenweſen. A. 1712. N. 48.

202)

202) Gedanken von der Zeit des zu Gangra in Paphlagonien gehaltenen Concilii. A. 1740. N. 49. 50 und 51.

203) Kurze Unterſuchung von dem Urſprung der algemeinen Gewohnheit, das ſo genante neue Jahr zu holen. A. 1741. N. 1.

204) Anmerkung über die erſte Samlung der Kirchenſazungen oder ſo genanten *canonum* ſowol im Orient als Occident. A. 1741. N. 11.

205) Fortſezung der Anmerkung von der erſten Samlung der Kirchenſazungen in dem ſo genanten *canone canonum univerſae ecclesiae*. A. 1741. N. 13.

206) Anmerkung von den im Handel und Wandel vorkommenden groben und ſubtilen Betrügereyen, ſo man heut zu Tage billig zu dem ſo genanten *crimine ſtellinatus* rechnet. A. 1742. N. 3.

207) Gründliche Unterſuchung: Ob Theodoſius der jüngere die hohe Schule zu Bononien geſtiftet, und mit Privilegien verſehen, oder ob ſolche Privilegia von Lothario dem andern herzuleiten ſind? A. 1743. N. 31. 32. und 34.

208) Unterſuchung der Grundurſache, warum die catholiſchen Canoniſten, die vormals ſo hocherhabene Auctorität des *Decreti Gratiani* in Deutſchland und Frankreich zu unterdrücken, oder wenigſtens

zweifelhaftig zu machen geſuchet. A. 1743.
N. 40.

209) Beſondere Obſervation von dem
ſo genanten *jure adtreſcendi* unter dreyen
legatariis, welchen insgeſamt eine gewiſſe
Summe Geldes vermachet iſt. A. 1743.
N. 41.

210) D. Matthiä Weſembecii ſehnli-
cher Wunſch von Aufhebung des Lehnrechts und Vererbung der Lehne. A.
1753. N. 43.

211) Gründliche Unterſuchung des Wor-
tes *Palea*, ſo vielfältig in dem *decreto Gratiani* anzutreffen. A. 1744. N. 32, 33. und 35.

212) Beſondre Anmerkung von den vie-
lerley Arten der Concursproceſſe auſſer
den bekanten Concursproceſſen der Gläubiger. A. 1745. N. 7. und 8.

213) Höchſtnöthige und gründliche
Vorſtellung, wie dem ſchädlichen und ein-
geriſſenen Misbrauch der in Gerichten
zum Aufenthalt der Proceſſe bisher gebrauchten ärgerlichen *exceptionis ſpolii*
durch gute Landesgeſetze abzuhelfen. A.
1745. N. 13 und 14.

214) Gründliche Unterſuchung : Ob
und wie weit die Reformation der Calen-
der zu der geiſtlichen oder weltlichen O-
berbotmäßigkeit zu referiren ſey? A. 1746.
N. 29 und 30.

215) Beſondre Nachricht und rechtli-
che Beurtheilung einer albier zu Halle im
Monat

Monat März 1746 ausgesprengeten Kobolds historie. A. 1746. N. 31.

216) Gedanken von den verlornen alten römischen Gesetzen und Rechtbüchern, wie auch von den grossen Bemühungen der Gelehrten, solche wieder herzustellen. A. 1747. N. 2. 3. und 4.

Die in eben diesem Jahre Num. 12. 13. und 14. befindliche Recension von der neuen Ausgabe des corporis juris canonici rühret nicht von der Feder des grossen Böhmers her, sondern ist von einem andern aufgesetzet worden.

217) Kürzer Entwurf des alten deutschen Rechts, zu der deutschen Rechtsgelahrheit, aus ihren eigenen Grundsätzen, in den ältern und mitlern Zeiten, gezogen, so weit noch davon ein Gebrauch zu machen. A. 1747. N. 18.

Es ist dieser Entwurf auch auf einen besondern Bogen gedruckt, und bereits oben unter den kleinern Schriften mit angezeiget worden.

218) Anmerkung von der alten Deutschen Treue und Redlichkeit. A. 1748. N. 14. 15. 16. 18. und 19.

219) Untersuchung der Frage: Ob der Mönch Gratianus, der das *decretum* verfertiget, vom Papst Alexander dem dritten zur Cardinalswürde jemals erhoben, und er Bischof zu Clusium gewesen sey. A. 1749. N. 30. und 31.

S. Joh. Jac. Mosers Lexicon der jetztlebenden Rechtsgelehrten. S. 17. Christoph

Weidliche Geſchichte der jetztlebenden
Rechtsgelehrten in Deutſchland. 1 Th. S. 68.
Gabr. Wilhelm Göttens gelehrtes Europa,
1 Th. S. 346. 2 Th. S. 809. 3 Th. S. 764. Rur-
ze Nachricht von der Stadt Halle und von
der Univerſität daſelbſt. S. 126. Wöchent-
liche halliſche Anzeigen 1749. N. 35. Jacob
Bruckers *Pinacotheca* oder Bilderſaal, Dec. 1.
Lebenslauf in dem Ehrengedächtniſſe auf
den Herrn Canzler.

Nicolaus Boileau Despreaux.

N icolaus Boileau Despreaux erblickte zu
Paris den 1 November 1636 das Licht der
Welt. Sein Vater war Aegidius Boi-
leau, Greffier bey der Oberkammer, und ein durch
ſeine Redlichkeit berühmter und erfahrner Mann,
und ſeine Mutter Anna von Nielle, ſeines Vaters
zwote Frau, die 1637 in ihrem 23 Jahre ſtarb, nachdem ſie zuvor drey Söhne zur Welt geboren hatte,
nemlich Aegidius, Jacob und Nicolaus, von
dem hier die Rede iſt; Söhne, die ſich alle drey in
der gelehrten Welt hervorgethan, und in ihren
Schriften eine groſſe Neigung zur Satire von ſich
haben blicken laſſen. Hierauf macht Despreaux
in der Grabſchrift, die er 1670 auf ſeine Mutter
verfertigte, eine Anſpielung, indem er ſie folgender
maſſen reden läßt:

Epouſe d'un Mari doux, ſimple, officieux,
Par la même douceur je ſçus plaire a ſes yeux:
Nous ne ſçumes jamais ni railler, ni medire,

Pa-

Paſſant, ne t'enquiers point, ſr de cette bonté
Tous mes enfans ont herité:
Lis ſeulement ces vers, & garde toi d'ecrire. b.ſ.

„Ich bin die Ehegattin eines liebreichen, aufrich-
„tigen und gefälligen Mannes, die ſich durch eben
„dieſe Eigenſchaften bey ihm beliebt zu machen wu-
„ſte. Verſpottung und Verläumdung waren uns
„unbekandte Dinge. Forſche nicht nach, Leſer, ob
„alle meine Kinder dieſes gute Herz geerbet ha-
„ben; lies nur dieſe Verſe und unterlaß das Schrei-
„ben.

Man merket als etwas beſonderes an, daß er ſowol, als ſein Bruder, der Abt Boileau, in eben
dem Zimmer geboren worden, worinnen die Manip-
peiſche Satyre, die unter dem Namen Catholicon
d'Eſpagne bekandt iſt, verfertiget worden war; denn
Jacob Gillot, Canonicus bey der heiligen Kapelle und einer der vornehmſten Verfaſſer dieſes Gedichtes, hatte das Haus bewohnet, worin ſie war.

Uebrigens machte ſich Despreaux jederzeit ein
Jahr jünger, als er in der That war; die Urſach
hievon iſt dieſe: Ludwig XIV. fragte ihn einsmals,
wenn ehe er geboren wäre; er antwortete, daß die
Zeit ſeiner Geburt der allerrühmlichſte Umſtand ſeines Lebens wäre: Ich bin, ſagte er, ein Jahr
vor Ew. Majeſtät auf die Welt gekommen,
um die groſſen Begebenheiten Dero Regierung zu verkündigen. Dem Könige
gefiel dieſe Antwort, und die Hofleute bezeigten
gleichfals ihren Beyfall. Despreaux, der vielleicht damals auf das Jahr ſeiner Geburt nicht Acht
hatte, glaubte nachher verbunden zu ſeyn, dasjenige

zu behaupten, was er in Gegenwart des ganzen Hofes gesaget hatte. Dies nöthigte ihn, seine Geburt,
wenn er Gelegenheit bekam, von derselben zu reden,
auf das Jahr 1637 zu setzen, und dies hat zu einem
Irrthume bey allen Jahrzahlen seiner Schriften in
dem Verzeichnisse derselben, das sich vor der 1713
besorgten Ausgabe befindet, Anlaß gegeben.

Er wurde, bis in sein siebentes oder achtes Jahr
in dem Hause seines Vaters erzogen, der, da er die
verschiedenen Charactere seiner Kinder öfters in Betrachtung zog, und sich über das anmuthige und
aufrichtige Wesen wunderte, das er in diesem anzutreffen glaubte, gemeiniglich von ihm sagte, daß es
ein gutes Kind wäre, das niemals von jemanden etwas Böses sagen würde: eine Pro-
phezeyung, welche in der Folge zernichtet wurde.

Die Anfangswissenschaften erlernte er im Collegio Harcourt. Er solte schon die vierte
Classe verlassen, als ihn eine Steinbeschwerung ü-
berfiel. Er muste sich schneiden lassen, und obgleich
die Operation dem Ansehen nach sehr glücklich von
statten gegangen war, so ließ sie ihm doch seine ganze übrige Lebenszeit hindurch eine überaus grosse
Beschwerniß zurück. So bald er wieder vermögend war, einige Arbeit zu unternehmen, so gieng
er in die dritte Classe des Collegii Beauvais, worinnen Herr Sevin beynahe seit funfzig Jahren lehrete, welcher für den fähigsten Mann gehalten
wurde, der von dem Genie junger Leute am
besten zu urtheilen wuste. Er fand zuerst in
seinem Schüler eine ausserordentliche Neigung zur
Dichtkunst, und er versicherte öffentlich und ohne
die

die geringste Einschränkung, daß er sich hieburch einen grossen Ruhm erwerben würde. Nicht sowol die Verse, die dem Despreaux von Zeit zu Zeit entwischten, sondern vielmehr eine unermüdete Lesung der Dichter und Romane, die er auskundschaften konte, entdeckten ihm seinen Geschmack und sein Genie zur Dichtkunst. Man traf ihn öfters mitten in der Nacht über diese Lieblingsbücher an, und man muste ihn zuweilen zur Essenszeit mit Gewalt von denselben losreissen. Diese Liebe zu den Romanen aber, die er nachher selbst eine Raserey genennet hat, verdarb seinen Verstand nicht durch eine Menge närrischer Begriffe; nein, sie flößte ihm vielmehr eine strenge Kritik ein, und gab ihm lebhafte Züge wider das lächerliche an die Hand. So viel ist gewiß, daß er bey seinem Lesen keine algemeine Regel hatte, und daß er Dinge las, die zu lesen gefährlich waren, von denen es aber doch gut ist, sie gelesen zu haben.

Nach Erlernung der Weltweisheit, widmete er sich der Rechtsgelahrheit, und wurde den 4 December 1656 in seinem zwanzigsten Jahre als Advocat im Parlamente aufgenommen. Nichts schien sich für ihn besser zu schicken, als diese Stelle. Nebst einer grossen Lebhaftigkeit und Einsicht besaß er eine sichere Beurtheilungskraft, eine leichte Ausspracke und eines der glücklichen Gedächtnisse. Seine Familie hatte überdem beynahe seit dreyhundert Jahren dieser Wissenschaft Ehre gemacht. Allein die Zuneigung, das vorzüglichste Talent, fehlete ihm. Bey Antragung des ersten Processes dachte er deshalb nur auf Mittel, sich von demselben auf eine an-

anständige Art zu befreyen, und es glückte ihm auf
eine solche Art, daß ihn der Procurator, der sich mit
seinen Acten wieder hinwegbegab, in dem Verdacht
hielt, daß er eine unregelmäßige Procedur entdeckt
habe, und beym Weggehen sagte, daß es dieser Advocat noch weit bringen würde. Allein Despreaux
wolte vom Processe nichts mehr reden hören, und
da er glaubte, einer grossen Gefahr entgangen zu
seyn, so faßte er den Entschluß, sich derselben nicht
mehr blos zu stellen. Um eine Ursach zu haben, es
thun zu können, nahm er zu dem geistlichen Stand
seine Zuflucht, und fieng an sich in der Sorbonne
der Gottesgelahrheit zu befleissigen; er konte aber
nicht lange die Vorlesungen einer verdrüßlichen
Scholastik erbulden, deren gantzes Verdienst in der
Subtilität bestand, und da er sich einbildete, daß
die Chicane, um ihn allenthalben zu verfolgen, nur
die Kleidung verändert hätte, so bekam er bald einen Ekel vor derselben.

Er liebte ein sehr geistreiches Frauenzimmer,
Namens Maria Poncher, die man sonst Madem. von Bretouville zu nennen pflegte, und
welche die Niece eines Canonici der heiligen Capelle war. Dieser Canonicus hinterließ nach seinem
Tode ein Beneficium von 800 Livres Einkünften;
dies war das Priorat zu St. Paterne in der Diöces Beauvais. Seine Niece rieth Despreaux,
der damals in der Sorbonne studirte, sich beym
römischen Hofe mit demselben versehen zu lassen,
weil sie vermuthete, daß der Bischof von Beauvais, der es zu vergeben hatte, nicht so bald daran
denken würde, es einem andern zu conferiren.

Despreaux

Despreaur folgte ihrem Rathe, erhielt es, und
genoß es acht Jahre hindurch, ohne in den geistlichen Stand getreten zu seyn, und ohne sich darum
zu bekümmern, einen guten Gebrauch von den Einkünften zu machen. Als der erste Präsident Herr
von Lamoignon, ein Mann von grosser Tugend
und Religion, sich einsmals mit ihm unterredete,
gab er ihm zu verstehen, daß er bey seiner jetzigen
Aufführung ohne Gefahr des Gewissens dieses Beneficium nicht behalten könte. Despreaur sah es
ein, und übergab dasselbe dem Bischofe von Beauvais. Er that noch mehr; er berechnete alles, was
er durch dieses Beneficium seit der Zeit, da er dasselbe besessen, bekommen hatte, und diese Summe,
die sich ohngefehr auf sechstausend Livres belief, wurde zur Mitgift der Madem. von Bretonville, die
sich in ein Kloster begab, angewendet.

Despreaur verlor 1657 seinen Vater, der in
dem 73 Jahre seines Alters starb, und er verfertigte
nachher 1690 diese Verse, welche unter seines Vaters
Portrait gesetzt werden solten:

> Ce Greffier doux & pacifique,
> De ses enfans au sang critique,
> N'eut point le talent redouté:
> Mais fameux par sa probité,
> Reste de l'or du siecle antique,
> Sa conduite dans le Palais
> Par tout pour exemple citée,
> Mieux que leur plume si vantée
> Fit la satire des Rollets. b. i.

„Dieser sanftmüthige und friedfertige Gref-
„fier besaß das fürchterliche Talent seiner Kinder

„zur Kritik und Satire nicht; sondern er war ein
„Mann aus dem goldenen Zeitalter: seine Redlich-
„keit machte ihn berühmt, und seine Aufführung war
„mehr die Satire der Betrüger *), als die so ge-
„rühmte Feder seiner Kinder.

Sein Portrait ist von dem berühmten Nan-
teuil in Kupfer gestochen worden, und unter demselben befinden sich folgende lateinische Verse vom
Abt Boileau, seinem Sohne:

Desine Aere tuum, proles numerosa parentem,
   Quem rapuit votis sors inimica tuis.
Ecco tibi audaci Scalpro magis aere perennem,
   Aemula naturae reddit amica manus.

Despreaux, der durch diesen Tod unumschränk-
ter Herr seines Schicksals geworden war, überließ
sich nunmehr gänzlich seinem poetischen Genie. Er
berichtet uns dieses selbst in seinem fünften Briefe,
wo er folgendermaßen redet:

Mon pere, soixante ans au travail appliqué,
  En mourant me laissa pour rouler et pour vivre,
Un revenu leger & son exemple à suivre.
Mais bientot amoureux d'un plus noble metier,
Fils, frere, oncle, cousin, beaufrere de Gteffier,
                            Pou-

---

*) Im Original befindet sich das Wort *Rollets.* Zur
Erläuterung desselben muß man wissen, daß ein gewisser Parlamentsprocurator, Namens **Carl Rollet,** in sehr üblem Ruf war, und in den Gerichten gemeiniglich nur die verdamte Seele genennet wurde.
Es entstand nachher aus diesem Namen ein Sprüchwort, und wenn man einen Erzbetrüger schildern
wolte, so bedienete man sich des Ausdrucks: **Es ist
ein Rollet.**

Pouvant charger mon bras d'une utile liasse,
J'allai loin du Pallais errer sur le Parnasse;
La famille en pallit, & vit en fremissant
Dans la poudre du Greffe un Poete naissant.
On vit avec horreur une Muse effrenée
Dormir chez un Greffier la grasse matinée.
Des lors à la richesse il fallut renoncer;
Ne pauvant l'acquerir, j'appris à m'en passer,
Et sur tout redoutant la basse servitude,
La libre verité fut toujours mon etude.

Dans ce metier funeste, a qui veut s'enrichir,
Qui l'eut cru, que pour moi le sort dût se flechir?
Mais du plus grand des Rois la bonté sans limite,
Toujours prete à courir au devant du merite,
Crut voir dans ma franchise un merite inconnu,
Et d'abord de ses dons enfla mon revenu. d. i.

„Mein Vater, der sechzig Jahre hindurch ein ar-
„beitsames Leben geführet hatte, hinterließ mir zu
„meinem Unterhalt geringe Einkünste, und zur Nach-
„folge sein Exempel. Allein ich, der ich ein Sohn,
„ein Bruder, ein Oncle, ein Vetter und ein Schwa-
„ger eines Greffier war, verliebte mich gar bald
„in eine weit edlere Handthierung, und ich, der ich
„einen einträglichen Stoß Acten unter meinen Armen
„nehmen konte, verließ die Gerichtsplätze, und irrte
„auf dem Parnaß herum. Meine Familie erschrack
„darüber, und sah zitternd aus dem Gerichtsstaube
„einem Dichter hervorsteigen. Mit Erschrecken
„wurde man eine freche Muse den ganzen Morgen
„hindurch bey einem Greffier schlafend gewahr*).
Von

*). Despreaux war einer der größten Freunde des Schla-
fes,

„Von dieser Zeit an müste ich allen Reichthümern
„entsagen, und da ich sie nicht erlangen könte, so ler-
„nete ich derselben entbehren. Vornemlich hütete
„ich mich vor einer niederträchtigen Sclaverey, und
„die freye Wahrheit war meine ganze Bemühung.
„Wer solte geglaubt haben, daß das Schicksal in
„Ansehung meiner sich hätte bewegen lassen, da ich
„ein Metier ergrif, das alle diejenigen, die sich da-
„durch bereichern wollten, ins Unglück stürzet? Doch
„die unermeßliche Gnade des grösten Königes, die
„allezeit bereit ist, dem Verdienste entgegen zu ge-
„hen, glaubte in meiner Freymüthigkeit ein uner-
„kanntes Verdienst zu finden, und vergrösserte gleich
„anfänglich durch seine Geschenke meine Einkünfte.

In dem Schooße dieser neuen Freyheit, welche
ihm der Tod seines Vaters verschafte, verfertigte
er seine meisten Satiren. Es waren damals in
Frankreich sehr viele Dichter, die, ohnerachtet sie
sehr mittelmäßig waren, dennoch einiges Aufsehen
machten, und es fanden sich sogar unter denselben
einige, die man als Muster ansah. Despreaux
war es unerträglich, daß er den schlechten Geschmack
triumphiren sehen, und daß man sich durch Schriftsteller, die ohne Genie waren, und welche zum Verdruß des gesunden Verstandes und der Dichtkunst
zu schreiben schienen, hintergehen lassen solte. Er
hielt es für seine Pflicht, sich an beyden zu rächen;
und er verfertigte deshalb einige Satiren, durch die
er sich einen grossen Ruhm zuwegebrachte, die ihm
aber

fes, und vorzüglich liebte er ihn in seiner Jugend. Er
stand gemeiniglich sehr spät auf, und schlief schon wieder nach der Mittagsmahlzeit.

aber auch zu gleicher Zeit den Haß und Unwillen einer Legion schlechter Dichter zuzogen. Seine Liebe zur Tugend trieb ihn auch an, des Lasters in seinen Satiren nicht zu schonen und die verdorbenen Sitten seines Jahrhunderts lebhaft zu bestrafen. Hiedurch bekam er neue Feinde, die aber nicht so furchtbar waren, als die ersten. Doch alles dieses verhinderte nicht, daß sich nicht das Publicum, das von der Schönheit seiner Satiren eingenommen war, hätte für ihn erklären sollen. Seine ersten Satiren wurden überaus wohl aufgenommen. Des Regnier seine hatten zwar einen algemeinen Beyfall gehabt, und es befinden sich auch unter denselben einige, die selbst nach dem Urtheil des Despreaux vortreflich sind; man muß aber doch gestehen, daß sie von des Despreaux seinen noch weit entfernet bleiben, sowol wegen ihrer Anmuth und Harmonie der Reime, als auch wegen der reinen Schreibart und dieses Characters der Keuschheit, womit Despreaux die französische Satire zuerst zu bereichern gewust hat. Diese Vortheile erhöheten den Werth der Satiren des Despreaux so sehr, daß sich jederman äusserst bemühete, Abschriften von denselben zu haben, die endlich, wie es gemeiniglich zu gehen pfleget, gedruckt wurden, doch voller Fehler und mit einigen andern untergeschobenen und falschen Piecen. Despreaux misfiel es überaus, daß man mit seinen Schriften so umgieng, und nachdem er ein Privilegium vom Könige bekommen hatte, machte er sie selbst bekandt, so wie er sie verfertiget hatte.

Die erste Satire, welche seine erste beträchtliche Schrift ist, wurde um das Jahr 1660 bey Lebzeiten

ten seines Vaters ausgearbeitet. Er beschreibet
darin die Klagen und die Flucht eines Dichters, der,
weil er nicht mehr in Paris leben kann, anderswo
ein glücklicheres Schickfal suchen will. Es ist eine
Nachahmung der dritten Satire des Juvenal, in
welcher er gleichfals die Flucht eines Weltweisen beschreibet, der den Aufenthalt zu Rom wegen der
abscheulichen Laster, die daselbst herrschten, verläßt.
Juvenal hatte auch die Unruhen dieser Stadt beschrieben; Despreaux that es ebenfals in seiner
Satire von Paris; er sah aber, daß sich diese Beschreibung von seinem Zwecke zu weit entfernete,
und daß sie eine doppelte Materie ausmachte; er
ließ sie deshalb aus derselben weg, und verfertigte
eine besondre Satire, welches die sechste ist. Er
machte anfänglich von diesem Stücke nicht viel Wesens; kaum hatte er sich entschliessen können, sie einigen seiner vertrauten Freunde vorzulesen; der Abt
Furetiere aber, dem er sie vorgelesen hatte, war
mit derselben so wohl zufrieden, daß er ihm aufrichtig gestand, daß sie diejenigen, die er selbst verfertiget hätte, weit überträfe. Er munterte den jungen
Dichter auf, fortzufahren; und er bat sich von der
neuen Satire eine Abschrift aus, die bald darauf
algemeiner wurde. Diese Satire war damals in
einem solchen Zustande, der von demjenigen weit
unterschieden war, in welchem sie der Verfasser dem
Druck übergab; denn von 212 Versen, woraus sie
anfänglich bestand, blieben ohngefehr 60 übrig. Das
übrige wurde entweder unterdrücket oder verändert.
Die sechste Satire über die Unruhen von Paris, die er, wie wir schon gesaget haben, von der ersten

ſten trennete, wurde zu eben der Zeit verfertiget.
La Monnoye hat ſie in griechiſche Verſe überſetzt,
und dieſe Ueberſetzung befindet ſich in dem vierten
Theil der Menagiana S. 244. Herr Muralt
hat über dieſe Satire in ſeinen Briefen über die
Engländer und Franzoſen und über das
Reiſen Br. 6. S. 377 u. f. der deutſchen Ausgabe
eine ſcharfe Beurtheilung gemacht. Der P. Bru-
moy, ein Jeſuite, hat aber den Deſpreaux in einer Schrift vertheidiget, welche den Titel führet:
Defenſe de la VI Satire de Mr. *Deſpreaux*, und die
zu Paris 1726 in 12 gedruckt, und der Apologie
du Caractere des Anglois & des François par l'Ab-
bé *Desfontaines* angehänget worden iſt.

Die ſiebente Satire iſt unmittelbar nach der
erſten und ſechſten zu Ende des Jahres 1663 gemacht worden. Der Verfaſſer berathſchlaget ſich
mit ſeiner Muſe, ob er fortfahren ſolle, Satiren zu
verfertigen. Er betrachtet anfänglich die Beſchwer-
lichkeiten, die ihm dieſe Art zu ſchreiben verurſachen,
ſehr genau; da ihn aber ſein Genie von dieſer Seite wegreiſſet, ſo entſchlieſſet er ſich endlich, ſeiner
Neigung zu folgen.

Die zwote, die in der Zeitordnung die vierte
iſt, wurde 1664 ausgearbeitet. Der Inhalt derſelben iſt, die Schwierigkeit, den Reim zu finden, und
denſelben mit dem Verſtande zu vereinigen.

Die vierte trat unmittelbar nachher und in eben
dieſem Jahre ans Licht. Sie iſt an den Abt le
Rayer gerichtet, und es wird darin durch verſchiedene Beyſpiele erwieſen, daß alle Menſchen Narren
ſind,

sind, und daß nichtsdestoweniger ein jedweder glaubt, ganz allein klug zu seyn.

Er verfertigte darauf zu Anfange des folgenden Jahres 1665 sein Gedicht auf den König, welches vor allen seinen Schriften befindlich ist, und das in eben diesem Jahre einer Somlung von Gedichten einverleibet wurde, ehe er Zeit gehabt hatte, es zu verbessern.

Die dritte Satire ist vom Jahre 1665. Sie enthält die Erzählung eines Gastmahles, das ein Mensch von einem falschen und ausschweifenden Geschmacke gegeben hatte, der sich aber nichtsdestoweniger rühmet, daß er auf die Verbesserung eines guten Tractaments bedacht sey. Horaz sowol in seiner achten Satire des zweyten Buches, als Regnier in seiner zehnten Satire haben schon eben dergleichen Beschreibungen gemacht.

Die fünfte Satire ist gleichfals vom Jahre 1665. Despreaur erweiset darin, daß der wahre Adel in der Tugend bestehe, ohne auf die Geburt zu sehen. Juvenal hat eben diese Materie in seiner achten Satire und Seneca in der 44sten seiner Briefe abgehandelt.

Diese sieben ersten Satiren nebst dem Gedichte auf den König wurden zu Paris 1666 in 12 unter der Aufsicht des Despreaur zusammen gedruckt. Man hätte schon ohne seine Genehmhaltung im vorhergehenden Jahre zu Rouen eine Ausgabe derselben besorget; sie war aber sehr fehlerhaft, und man hatte Stücke mit eingemischet, die nicht von ihm herrühreten.

Diese

Diese Satiren erregten auf dem Parnaß den
gröſten Tumult. Die Dichter, die man darin angrif, wurden in eine Verzweiflung geſtürzet, da ſie
ſich dem Gelächter ausgeſetzet ſahen, nachdem ſie
doch zuvor in ziemlichem Ruhme geſtanden hatten;
und die Schriftſteller von einem höhern Range, von
denen Despreaux nichts zu ſagen hatte, fürchteten
ſich für ſeine Feder. Ob ſie gleich im Grunde eben
ſo dachten, wie er, ſo misbilligten ſie doch ſeine Art
zu ſchreiben; und ſie waren vornemlich mit der Freyheit, welche er ſich herausnahm, die Perſonen zu
nennen, nicht zufrieden. Dies nöthigte ihn, die
neunte Satire zu verfertigen, die er an ſeinen Geiſt
richtete, und worin er unter dem Vorwande, ſeine
eigene Fehler zu beurtheilen, ſich von allen Beſchuldigungen, die ihm ſeine Feinde aufbürdeten, befreyet, und ſie ſehr beſchämet. Dieſe Satire iſt
ohnſtreitig die ſchönſte unter allen, und diejenige,
worin am meiſten Kunſt, Erfindung und Artigkeit
herrſcht. Despreaux verfertigte ſie 1667; er ließ
ſie aber erſt im folgenden Jahre drucken, nachdem
er zuvor die Satire vom Menſchen, welche die achte in ſeinen Werken iſt, gemacht und herausgegeben
hatte.

Dieſe letztere iſt nach dem Geſchmack des Perſius, und ſtellet einen verdrießlichen Philoſophen
vor, dem die Laſter der Menſchen unerträglich ſind.
Sie fand einen außerordentlichen Beyfall, und
1668 wurden viele Ausgaben derſelben mit einer
bewundernswürdigen Geſchwindigkeit abgeſetzet.
Selbſt der König, dem man ſie vorgeleſen hatte,
gedachte öfters derſelben mit vielen Lobeserhebun-

gen. Der Herr von Saint-Mauris, Chevallier bey der königlichen Garde, der dieses mit anhörete, sagte zu ihm, daß **Boileau** eine andre Satire gemacht hätte, die weit schöner als diese wäre, und in welcher er von Sr. Majestät redete. Der König wurde hiedurch neugierig gemachet, und verlangte sie zu sehen. Es war diejenige an seinen Geist, und **Saint-Mauris** bat sich vom **Boileau**, der sein Freund war, eine Abschrift derselben aus. Nachdem sie der König gelesen hatte, theilte er sie einigen Personen des Hofes mit. Die Marschallin von **la Mothe**, Gouvernantin des Dauphin, ließ sie sogleich abschreiben, und auf diese Aufschrift folgten viele andre. Der Verfasser, welcher befürchtete, daß man sie nach einer fehlerhaften Copie abdrucken möchte, entschloß sich, sie selbst dem Druck zu übergeben, und begleitete sie mit einer kleinen prosaischen Abhandlung, worin er mit Hülfe der alten und neuen Dichter die Freyheit rechtfertiget, die er sich in seinen Satiren genommen, die Schriftsteller zu nennen. Nachdem sich **Despreaux** auf diese Art vertheidiget hatte, so prahlte er nunmehr mit den Schriften, die man wider ihn herausgab; er samlete sie mit mehrerm Fleisse, als andre mit den Lobeserhebungen nicht thun, die man ihnen beyleget, und schickte sie seinen Freunden zu, die, über die Menge und ausschweifende Schreibart der meisten dieser Schriften endlich ermüdet, ihn fast beschuldigten, daß er selbst einen Theil derselben gemacht habe, um den andern desto verächtlicher zu machen, wie es einige dieser Schriftsteller, unter andern der Abt **Cotin**, gethan, welche glaubten, das

Geheim-

Geheimniß, die Satiren des **Despreaux** in eine gänzliche Verachtung zu bringen, gefunden zu haben, wenn sie ihm sehr schlechte Satiren, die von ihnen herrühreten, zuschrieben.

Der beständig zunehmende Ruhm des **Despreaux** war die einzige Sache, die ihn bey dem Hasse einiger Schriftsteller schadlos hielt. Selbst die Satiren, die Quellen zu so vielen Klagen, verschaften ihm wichtige Freunde, unter welchen er den ersten Präsidenten, Herrn von **Lamoignon**, zu zählen das Glück hatte. Dieser grosse Mann, entfernt durch den Namen der Satire, den seine Schriften führeten, erschreckt zu werden, freuete sich, dieses Salz, diesen vortreflichen Geschmack der Alten darin anzutreffen, und gewahr zu werden, wie er den Gesetzen einer sorgfältigen Schamhaftigkeit eine Art von Poesie unterworfen hatte, deren ausschweifende Freyheit bisher den Hauptcharacter ausgemacht hatte. Wenn er aber in den kitzlichsten Materien seine Sittsamkeit bewunderte, so schätzte er nicht weniger seine Aufmerksamkeit hoch, jederzeit in eben der Person den ehrlichen Mann von dem närrischen und geschmacklosen Dichter, und den rechtschaffenen Bürger von dem schlechten Schriftsteller zu unterscheiden.

Despreaux verließ damals auf einige Zeit die Satire, und ließ in andern Arten von Poesien seine Grösse sehen.

Im Jahre 1669 verfertigte er seinen ersten Brief, in welchem er den König als einen friedliebenden Held lobte, und zeigte, daß ein König im Frieden nicht weniger groß und erhaben sey, als im Kriege. Er veränderte in der Folge den Beschluß

Z 2   dieses

dieſes Stückes, und ſetzte an die Stelle der Verſe,
welche ſich zuvor daſelbſt befanden, eine prächtige
Lobrede auf den König, die er ſelbſt in Gegenwart
dieſes Prinzens bey folgender Gelegenheit hielt. Zu
der Zeit, da er dieſen Brief verfertigte, arbeitete er
auch an ſeinem Gedichte des Pultes, worin er, um
den König auf eine neue Art zu loben, eine vortrefliche Beſchreibung der Wolluſt machte, welche ſich
am Ende des zweyten Geſanges dieſes Gedichtes befindet. Dieſe ſinnreiche Erfindung fand einen aus-
nehmend glücklichen Beyfall. Der König, der
Despreaux nur aus ſeinen Satiren kannte, wolte
den Dichter, der ihn ſo wohl zu loben gewuſt hatte,
ſehen, und befahl dem Herrn **Colbert**, ihn nach
Hofe kommen zu laſſen. Einige Tage nachher wurde Despreaux durch den Herrn von **Rivonne**
dem Könige vorgeſtellet. Er las Sr. Majeſtät einen Theil des Pultes, der noch nicht ans Licht getreten war, und einige andre Stücke, vor, mit denen
der König überaus wohl zufrieden war. Zuletzt
fragte ihn dieſer Prinz, welche Stelle er in dieſen Gedichten für die ſchönſte hielte? Er bat den König,
ihn hievon zu befreyen; er fügte hinzu, daß ein Au-
tor am wenigſten fähig ſey, ſeinen eigenen Schriften den wahren Werth zu beſtimmen, und was ihn
beträfe, ſo ſchätzte er die ſeinigen nicht ſo hoch, um
ſie auf ſolche Art zu prüfen. **Es liegt nichts
daran**, ſagte der König, **ich will, daß ihr mir
eure Meynung ſaget**. Despreaux gehorchte
und ſagte, daß die Stelle, mit der er am beſten zufrieden wäre, das Ende eines Briefes wäre, den er
an Se. Majeſtät zu richten ſich die Freyheit genom-

men

men hätte, und er las die vierzig Verse, mit denen
sich der erste Brief, von dem hier die Rede ist, endiget, vor. Der König, dem das Stück anfänglich
von Madame von Thiange war übergeben worden, hatte dieses neue Ende, das der Verfasser kurz
nachher gemacht hatte, nicht gesehen. Es rührete
diesen Prinzen auf eine empfindliche Art, und seine
Augen und sein Gesicht verriethen seinen Beyfall.
Er stand mit einer muntern und lebhaften Miene
von seinem Lehnstuhle auf. Da er indessen jederzeit Herr von seinen Affecten war, und er sogleich
mit einer grossen Gegenwart des Geistes zu antworten wuste, so sagte er: Es ist sehr schön und
vortreflich. Ich würde euch noch mehr loben, wenn ihr mich nicht so sehr gelobet hät-
tet. Das Publicum wird euren Schriften
das verdiente Lob nicht versagen; für mich
schickt es sich aber nicht, euch Lobsprüche
beyzulegen: ich gebe euch einen jährlichen
Gehalt von zweytausend Livres; ich werde
dem Colbert befehlen, sie zuvor an euch aus-
zuzahlen, und ich bewillige euch das Privilegium zum Druck aller eurer Schriften.
Der vierte Brief, der in der Zeitordnung auf
den ersten folget, wurde im Monat Julius 1672
verfertiget, und im Monat August gedruckt. Die
Merkmale der Achtung und Gütigkeit, die der König dem Despreaux das erstemal gab, als er die
Ehre hatte, vor diesen Prinzen gelassen zu werden,
hatten ihm eine lebhafte Erkentlichkeit eingeflösset.
Die Eroberungen dieses Königes gaben dem Dichter bald Gelegenheit an die Hand, seinen Eifer vor-

Z 3 züg-

züglich sehen zu lassen. Im Jahr 1672 war der
König selbst bey dem Feldzuge in Holland, der einer der merkwürdigsten seiner Regierung war, zugegen. Der Uebergang über den Rhein schien unserm Dichter eine der grösten Begebenheiten zu seyn.
Er erwählete ihn deshalb zum Inhalt eines Gedichtes, das diesen Brief ausmachet. Nach der
Bekanntmachung desselben berichtete man ihm, daß
der Graf von Bussi Rabutin eine sehr scharfe und
beissende Kritik über denselben gemacht hätte. Entschlossen, sich deshalb zu rächen, machte er seinen Vorsatz einigen Personen bekannt, durch die der Herr
von Bussi in einem seiner Güter, wohin er war ver-
wiesen worden, davon benachrichtiget wurde. Dieser Graf, der der Satire zuvorzukommen suchte,
schrieb den 20 April 1673 an den P Rapin und an
den Graf von Limoges, alle beyde Freunde des
Despreaux, und bat sie, diesen Dichter von seinem Unternehmen abzuhalten. Die Sache gieng
glücklich von statten. Despreaux schrieb einen
höflichen Brief an den Herrn von Bussi, der ihm
auf eben die Art antwortete; und die Sache blieb
hieben. Ihre Briefe befinden sich in den Anmerkungen des Herrn Brossette über diesen Brief.
Des Despreaux seiner war schon vorher in dem
ersten Theile der Nouvelles Lettres du Comte de
Bussi in 12. vom Jahre 1709. S. 288. mit eingerücket worden; allein mit einigen Veränderungen *).

Der

---

* Hier sind diese Briefe gleichfals.
 Schreiben des Herrn Despreaux an den Herrn
 von Bussi vom 25 May 1673.
 Mein Herr,
 „Ich gestehe Ihnen, daß ich wegen des Gerüchts unru-
 „hig

Der zweite Brief trat nachher ans Licht. Der
Verfasser verfertigte ihn nur, um die Fabel von der
Auster

„hig gewesen sln, welches sich ausgebreitet hatte, als
„wenn Sie einen Brief geschrieben haben solten, worin
„Sie mit mir und mit dem Briefe an den König über
„den holländischen Feldzug übel umgegangen wären.
„Ausser dem gerechten Verdrusse, den ich empfand, den
„Unwillen eines Mannes, den ich so sehr hochschätze und
„verehre, über mich geladen zu haben, muste ich auch die
„Freude, die hierüber meine Feinde hatten, geduldig er-
„tragen. Ich habe mir indessen hievon niemals über-
„führen können Wie wäre es möglich zu glauben, daß
„ein Hofmann, dessen grossen Verstand man allenthal-
„ben kennet, die Meinungen des Abts Cotin hätte an-
„nehmen, das Interesse desselben befördern, und den
„Entschluß fassen sollen, sich mit ihm zu rächen? Der
„Brief, den Sie an den Graf von Limoges geschrieben
„haben, hat mich gänzlich aus meinem Irrthume geris-
„sen, und ich sehe nunmehr vollkommen ein, daß das gan-
„ze Gerücht nur eine sehr lächerliche Arglist meiner sehr
„lächerlichen Feinde gewesen ist. So boshaft aber auch
„ihr Vorsatz, den sie wider mich gefasset haben, gewesen
„ist; so bin ich ihnen doch viele Erkentlichkeit schuldig,
„da sie mir Gelegenheit gegeben haben, Ihnen, mein
„Herr, zu versichern, daß niemand über Dero Verdien-
„ste mehr gerühret ist, als ich, und keiner mit grösserer
„Hochachtung verbleibet, als u. s. w.

Antwort des Grafen von Bussi. Chazeu den 30
May 1673.

„Ich kan Ihren Brief auf eine recht würdige Art nicht
„beantworten. Er ist so voller Höflichkeiten und Lob-
„sprüche, daß ich darüber in Verwirrung gesetzet worden
„bin. Ich werde Ihnen weiter nichts sagen, als daß ich
„von Ihnen noch nichts gesehen habe, welches ich nicht

Z 4   „vor-

Auster und von den Zänkern, die er von dem Ende des ersten abgesondert hatte, aufzubehalten. Er
ist sehr kurz. La Monnoye hat ihn in lateinische
Verse übersetzt, und diese Uebersetzung befindet sich
in dem vierten Theile der Menagiana S. 238.

Der dritte, der an Herrn Arnauld, einen
grossen Freund des Despreaux, gerichtet ist, ist
vom Jahre 1673. Er handelt von der schädlichen
Schamhaftigkeit. Plutarch hat über eben diese
Materie eine Abhandlung geschrieben; Despreaux
hat ihm aber nicht nachgeahmet.

Es war für diesen berühmten Schriftsteller noch
nicht genug, durch seine Kritik die Dichter gebessert
zu haben; er wolte sie auch noch durch seine Lehren
unterrichten. In dieser Absicht faste er den Vorsatz, eine Dichtkunst zu verfertigen. Herr Patru,
dem er seinen Entschluß bekandt machte, hielt es fast
für unmöglich, solchen mit einem glücklichen Erfolg zu
vollziehen. Er gab zwar zu, daß man die algemeinen Regeln der Dichtkunst nach dem Beyspiele des
Horaz erklären könte; was aber die besondern Regeln

„vortreflich und bewundernswürdig gefunden hätté, und
„daß ich in ihren Schriften den Character eines ehrli-
„chen Mannes bemerket habe, der mir vorzüglich reitzend
„gewesen ist. Dies hat mich zu dem Wunsch angetrie-
„ben, mit Ihnen in einem Briefwechsel zu stehen, und
„weil sich die Gelegenheit dazu jetzt darbietet, so bitte ich
„um die Fortsetzung desselben und um Ihre Freundschaft.
„Der meinigen können sie völlig versichert seyn. An
„meiner Hochachtung gegen Sie können Sie ohnmöglich
„zweifeln, weil selbst Ihre Feinde, wenn sie nicht Erz-
„narren sind, in ihrem Herzen eine Ehrfurcht gegen Sie
„hegen.

geln beträfe, so glaubte er, daß sie in französische
Verse nicht gebracht werden könten, und er hatte
überdem von der französischen Poesie eine so üble
Meynung, daß er sie für untüchtig hielt, sich bey so
trockenen Materien, als blosse Lehren sind, zu behaupten. Aller dieser Schwierigkeiten ohnerachtet,
die dieser scharfsinnige Kunstrichter vorhersah, wurde Despreaux nicht abgeschrecket; sie feuerten ihn
vielmehr an, und brachten ihm einen grössern Begrif von seiner Unternehmung bey. Er fieng 1669
in seinem 33 Jahre an, an seiner Dichtkunst zu arbeiten, und einige Zeit nachher las er den Anfang
derselben seinem Freunde vor, welcher, da er die edel-
müthige Dreustigkeit sahe, mit welcher er sich in
diese Materie wagte, seine Meynung änderte, und
ihn in allem Ernst ermunterte, seine Bemühungen
weiter fortzusetzen. Dieses Werk, das durchgängig für das Meisterstück seines Verfassers gehalten
wird, trat zum erstenmale 1674 in einer Ausgabe,
die er zu Paris in 4 von seinen Schriften besorgte,
ans Licht. Es ist in vier Gesänge abgetheilet, und
enthält alles, was man nur von der Dichtkunst lehr-
reiches und nützliches sagen kann. Horaz hat ü-
ber eben diese Materie geschrieben; Despreaux
ist aber viel weiter gegangen als dieser alter Dichter, und es herrscht auch in seinem Werke eine bes-
sere Ordnung. Obgleich sein Gedicht sehr vieles in
sich enthält, das die französische Sprache, Nation
und Poesie betrift; so hat es doch in Portugall in
der Person des Grafen von Ericeyra einen Ueber-
setzer gefunden, der es in portugiesische Verse gebracht hat. Es trat auch 1683 von dem Ritter

Z 5　　　　　　　Soa-

Soame unter der Aufsicht des Herrn Dryden eine engländische Ueberseßung ans Licht.

Der Pult trat mit der Dichtkunst zu gleicher
Zeit ans Licht. Despreaur war zur Verfertigung
dieses Gedichtes durch felgende Gelegenheit bewogen worden. Es befand sich ehedem in dem Cho-
re der heiligen Capelle zu Paris vor dem Plaße
des Cantors ein überaus grosser Pult, der ihn fast
gänzlich bedeckte. Er ließ ihn wegnehmen; der
Schaßmeister wolte ihn wieder an seine Stelle bringen lassen; hieraus entstand unter ihnen eine Zwi-
stigkeit, die dem ersten Präsidenten Herrn von Lamoignon so lustig zu seyn schien, daß er einsmals
Despreaur den Vorschlag that, hieraus die Materie eines Gedichtes zu nehmen, das man würde
betiteln können: die Eroberung des Pultes,
oder der geraubte Pult. Despreaur antwortete, daß er ziemlich geneigt sey, diese Arbeit
nicht nur über sich zu nehmen, sondern sie auch dem
ersten Präsidenten selbst zuzuschreiben. Herr von
Lamoignon lachte hierüber; allein Despreaur,
der diesen Spaß als eine Art von Befehl aufgenommen hatte, machte noch an diesem Tage
den Plan zu diesem Gedichte, und sogar die ersten
Verse desselben. Das Vergnügen, das dieser Entwurf dem ersten Präsidenten verursachte, feuerte den
Verfasser zur Fortseßung an. Er verfertigte anfänglich nur vier Gesänge, die zum erstenmal in der
Ausgabe seiner Schriften von 1674 in 4 ans Licht
traten. Die beyden lezten wurden lange Zeit nachher ausgearbeitet, und der Verfasser machte sie erst

1683

1683 in einer neuen Ausgabe seiner Werke bekannt. In keinem Gedichte hat er die Schönheit und Fruchtbarkeit seines Genies mehr sehen lassen, als in diesem. Hier zeiget er sich als ein wahrer Dichter, der aus einer so unfruchtbaren Materie, als diese ist, eine so grosse Mannigfaltigkeit von zufälligen Begebenheiten zu nehmen, und sie mit den schönsten Episoden auszuschmücken gewußt hat.

Der fünfte Brief, der von der Kentniß seiner selbst handelt, wurde 1674 verfertiget, und im folgenden Jahre bekannt gemacht.

Der neunte, der in der Zeitordnung auf den fünften folget, ist vom Anfange des Jahres 1675. Despreaux hat in demselben das erhabene der Moral mit der Anmuth der Dichtkunst zu vereinigen gewußt, und gezeiget, daß nichts schöner als die Wahrheit sey, und daß sie nur allein geliebet zu werden verdiene.

Der achte wurde in eben diesem Jahre 1675 gemacht; er kam aber erst im folgenden zum Vorscheine. Er ist an den König gerichtet, und enthält eine Danksagung für den ihm von diesem Prinzen bewilligten Gehalt.

Der siebente trat nachher ans Licht. Despreaux verfertigte ihn 1677 bey Gelegenheit der Tragödie des Phädrus und Hippolits, welche Racine an dem ersten Tage dieses Jahres vorstellen ließ, und welche Pradon gleichfals ausgearbeitet hatte. Der Zweck, den er sich hier vorgesetzet hat, ist, den Nutzen zu zeigen, den man aus der Eifersucht seiner Feinde, und vornemlich aus guten und bösen Beurtheitheilungen ziehen könne. Plutarch hat über eben diese Materie geschrieben.

Der sechste ist gleichfals vom Jahre 1677, aber erst nach dem siebenten verfertiget worden. Despreaux beschreibet darin die Reitzungen und Annehmlichkeiten des Landlebens. Die sechste Satire des Horaz im zweeten Buche handelt von eben dieser Materie.

In eben diesem Jahre wurde er mit Racine ernennet, die Geschichte des Königes Ludwig XIV zu schreiben. In dem Artikel dieses letztern kam man die Ursachen lesen, die sie verhindert haben, die Absichten zu erfüllen, die man bey ihrer Wahl gehabt hatte.

Er wurde den 3 Julius 1684 an die Stelle des Staatsrathes, Herrn von Bezons in die französische Academie aufgenommen. Wir haben in dem Artikel des la Fontaine einiger besonderer Umstände Erwehnung gethan, von denen es unnütz seyn würde, sie hier zu wiederholen.

Er trat nachher in die Academie der Innschriften, in welcher er nach dem Reglement von 1701 als Pensionair aufgenommen wurde. Die Pflichten, die ihm nunmehr oblagen, beobachtete er bis zu Anfange des Jahres 1705 aufs genaueste. Eine gänzliche Taubheit und eine sehr geschwächte Gesundheit nöthigten ihn aber, um den Titel eines Veterans anzuhalten, der ihm auch bewilliget wurde.

Es waren schon einige Jahre verstrichen, da Despreaux kein beträchtliches Gedicht gemacht hatte. Die Eroberung von Namur zündete aber sein poetisches Feuer wieder an, und ließ ihn eine Ode über diese Begebenheit verfertigen. Er machte

sie

ſie in dem nach der Eroberung dieſer Stadt folgendem Jahre 1693; er gab ſie aber nicht eher heraus,
als bis er die zwote Strophe aus, derſelben weggelaſſen hatte, die uns Herr Broſſette in ſeinen Anmerkungen aufbehalten hat. Hier iſt ſie:

Un Torrent dans les prairies
Roule à flots précipitez:
Malherbe dans ſes furies
Marche à pas trop concertez.
J'aime mieux, nouvel Jcare,
Dans les airs cherchant Pindare,
Tomber du Ciel le plus haut,
Que, loué de Fontenelle,
Razer, timide Irondelle,
La terre comme Perraut. d. i.

„Ein Strom rolt auf den Wieſen in fortgeſtürz-
„ten Wellen. Malherbe gehet in ſeinen Furien
„mit allzuabgemeſſenen Schritten. Ich als ein
„neuer Jcarus will lieber in den Lüften den Pinda-
„rus ſuchen, und von dem höchſten Himmel herun-
„ter fallen, als vom Fontenelle gelobt, wie eine
„furchtſame Schwalbe und wie Perraut auf der
„Erde wegſtreichen.

Dieſe Stichelrede auf den Herrn von Fontenelle brachte dieſen letzten dahin, ſich durch folgendes
Epigramma zu rächen:

Quand Deſpreaux fut ſiflé ſur ſon Ode,
Ses partiſans crioient dans tout Paris:
Pardon, Meſſieurs, le pauvret s'eſt mepris.
Plus ne louera, ce n'eſt pas ſa Methode.
Il va draper le ſexe feminin;
A ſon grand nom vous verrez s'il deroge.

H

Il a paru, cet Onvrage malin;

Pis ne vaudroit, quand ce seroit eloge. d. ï.

„Als Despreaux wegen seiner Ode ausgepfiffen
„wurde, so schrieen seine Anhänger in ganz Paris:
„Um Verzeihung, meine Herren, der arme Mann
„hat sich geirret. Er wird nicht mehr loben; es
„ist seine Art nicht. Er zieht vielmehr das weibli-
„che Geschlecht durch, und ihr werdet sehen, ob er
„dadurch seinem grossen Namen Schaden thun
„wird. Dieses boshafte Werk ist ans Licht getre-
„ten, und es würde noch schlechter seyn, wenn es ei-
„ne Lobeserhebung wäre.

Herr Brossette hat uns ebenfals dieses Epigramma mit Genehmhaltung des Herrn von Fontenelle aufbehalten, der nachher, mit wichtigern
Dingen beschäftiget, sich nicht mehr die Mühe gegeben hat, das Interesse seiner Dichtkunst zu vertheidigen.

Despreaux kehrte würklich zur Satire wieder
zurück, und gab 1694 seine zehnte heraus, die wider das Frauenzimmer gerichtet ist. Sie wurde
scharf beurtheilet, vorzüglich vom Herrn Perrault,
der eine Schutzschrift für das Frauenzimmer schrieb.
Herr Arnauld aber vertheidigte dieselbe in einem
im Monat May dieses Jahres 1694 und kurz vor
seinem Tode geschriebenen Briefe an Herrn Perrault, der den Schriften des Despreaux in den
letztern Ausgaben angehänget worden ist. Despreaux war indessen mit dieser Antwort noch nicht
zufrieden; er wolte selbst antworten, und er that es
in seinem zehnten Briefe, der mit vieler Kunst geschrieben ist, und für den er eine solche Zuneigung
hatte,

hatte, daß er ihn gemeiniglich sein liebstes Kind zu
nennen pflegte. Er wurde zu Anfange des Jahres
1695 verfertiget, und der Stoff zu demselben ist aus
dem 2 Briefe des Horaz im zweiten Buche genommen. Er ist vom Herrn Grenan, Rector des
Collegii zu Harcourt in lateinische Verse übersetzet, und in dieser Sprache 1705 gedruckt worden.

Der eilfte Brief, der an seinen Gärtner gerichtet ist, ist von eben dem Jahre 1695. Die Gelegenheit zur Verfertigung desselben war diese.
Despreaux hatte sich, 1685 ein Landgut zu Auteuil
gekaufet. Er befand sich daselbst, als er an seiner
Ode über die Eroberung von Namur arbeitete.
Im Spaßierengehen in seinem Garten bemühete er
sich, sein Feuer anzuzünden, und überließ sich seinem
Enthusiasmus. Einsmals wurde er gewahr, daß
ihm sein Gärtner zuhörete, und ihn durch das Laub-
werk beobachtete. Der Gärtner, der hierüber in
Verwunderung gesetzet wurde, wuste nicht, wem er
die heftigen Bewegungen seines Herrn zuschreiben
solte, und er gerieth fast auf den Verdacht, daß er
den Verstand verloren haben müste. Die Stellun-
gen, die der Gärtner seiner Seits machte, und die
von seiner Erstaunung zeugten, kamen dem Herrn
sehr lustig vor, so, daß sie einige Zeit hindurch mit
einander, so zu reden, Comödien spieleten, ohne sich
gewahr zu werden. Dies trieb ihn an, diesen Brief
zu verfertigen, in welchem er sich mit seinem Gärtner unterredet, und durch Gespräche, die nach der
Kentniß eines Landmannes eingerichtet sind, erkläret er ihm die Schwierigkeiten der Dichtkunst, und
die Mühe, die man vornemlich habe, die gemeinsten

und

und unfruchtbarsten Sachen edel und mit Schönheit auszudrücken. Hieraus nimt er Gelegenheit,
ihm zu zeigen, daß die Arbeit für einen Menschen,
der glücklich seyn will, nöthig sey. Dieser Brief ist
1695 verfertiget worden, und Herr Grenan hat
ihn 1705 in lateinische Verse übersetzet. Horaz
hat ebenfals an seine Pachter einen Brief gerichtet;
es ist der 14 im ersten Buche. Diese beyden Dichter haben sich aber verschiedene Wege gewählet.

Der zwölfte Brief von der Liebe zu GOtt ist
gleichfals vom Jahre 1695. Herr Grenan hat
ihn auch.in lateinische Verse übersetzet, und seine Uebersetzung ist zu Paris 1706 in 12 gedruckt worden.

Die eilfte Satire trat hierauf ans Licht. Die
wahre und falsche Ehre ist die Materie desselben.
Despreaux verfertigte sie bey Gelegenheit eines
Processes, den der Commissarius der Declaration
des Königes vom 4 September 1696 zu Folge bey
der Untersuchung der unrechtmäßigen Besitzer des
adelichen Titels gegen den Herrn Aegidius Boileau, Rentmeister bey dem Hotel zu Paris, angefangen hatte. Der Abt Boileau und Despreaux
traten diesem Processe bey, bey dem sie mit Aegidius Boileau gleiches Interesse hatten. Sie zeigten unstreitige Titel vor, durch die sie ihren Adel
seit Johann Boileau, königlichem Secretair, der
mit Johann seinem Sohne 1371 geadelt worden
war, bewiesen, und sie wurden durch ein Arret vom
10 April 1699 für Adliche und Ritter erkannt. Dieser Proceß brachte unsern Despreaux auf, der weder die Ungerechtigkeit, noch die Bedruckung der königlichen Pachter erdulden konte. Er war haupt-
säch-

sächlich wider Bourvalais, einen berühmten Pachter, und der bey der Untersuchung der falschen Edel-
leute, einer der Hauptinteressenten war, sehr aufgebracht, und um sich nur einzig und allein an ihm
zu rächen, schrieb er diese Satire. Er fieng mit
der Verfertigung derselben im Monat November
1698 in der ersten Hitze dieses Processes an; und er
war willens, den Urheber dieser ungerechten Untersuchung mit den fürchterlichsten Farben abzumah-
len. Da er aber ein günstiges Arret erhalten hatte, und mit seinem Siege zufrieden war; so vergaß
er seine Rache, und er glaubte, den Adel nicht so
sehr erheben zu dürfen, da er in andern Stellen seiner Schriften so bescheiden von demselben geredet
hatte.

Die zwölfte Satire von dem Zweydeutigen
ist 1705 ausgearbeitet worden. Despreaux brachte mit Verfertigung eilf Monate und mit Verbesserung derselben drey Jahre zu.

Dies sind nebst einigen Epigrammaten und andern kleinen Piecen alle Gedichte, die wir vom
Despreaux haben. Wir müssen nun auch von seiner Prose reden.

Sein beträchtlichstes Werk in dieser Art, das
aber am wenigsten gelesen wird, weil es fast über
eines jeden seine Einsichten ist, ist seine Uebersetzung
aus dem Longin von dem Erhabenen, die er zum
erstenmal 1674 bekannt machte. Die geschicktesten
Kunstrichter sind insgesamt darin übereingekommen,
daß diese Uebersetzung als ein volkommenes Muster
angesehen werden müste, und daß er bey der Beybe-
haltung aller Einfältigkeit der didactischen Schreib-

art dieſes alten Redners die groſſen Figuren, von
denen er handelt, ſo glücklich zu erheben gewuſt, daß
es den Anſchein habe, daß er nicht ſowol darauf bedacht geweſen, ihn zu überſetzen, ſondern vielmehr
den Schriftſtellern ſeiner Nation eine Abhandlung
von dem Erhabenen mitzutheilen, die ihnen nützlich ſeyn könte. Er hat ſich ein Vergnügen daraus
gemacht, zu den Anmerkungen, die ſeine Ueberſetzung
begleiteten, des Herrn Dacier und Boivin ſeine
hinzuzufügen, obgleich viele, vornemlich unter des
Dacier ſeinen, ſind, die den ſeinigen völlig entgegen
ſtehen. Ich werde ſowol von dieſer Ueberſetzung,
als auch von ſeinen andern proſaiſchen Stücken weiter unten zu reden Gelegenheit bekommen, wenn
ich der verſchiedenen Ausgaben ſeiner Schriften um-
ſtändlicher Erwehnung thun werde.

Zu Ende ſeines Lebens hielt er ſich theils in der
Stadt, theils auf dem Lande auf. Er liebte das
Geräuſch der Welt im geringſten nicht. Er war
mit einer gewiſſen Anzahl Freunde zufrieden, in deren Geſelſchaft er ſich täglich beluſtigte, und die ihn
nur aus Vergnügen, ihn zu hören, beſuchten. Eine gänzliche Taubheit beraubte ihn aber ihres Umganges; und er erwartete nunmehr mit einer groſſen Beruhigung den Tod, den ihm empfindliche
Schmerzen, Ohnmachten und ein faſt eingewurzel-
tes Fieber jeden Tag ankündigten.

Er gab den 13 März 1711 in dem 74ſten Jahre ſeines Alters ſeinen Geiſt auf. Alles, was den
Tod der Gerechten kentbar machet, wird man bey
dem ſeinigen antreffen: eine aufrichtige Gottesfurcht,
ein lebhafter Glaube, und eine ſo groſſe Mildthä-
tig-

tigkeit, daß er faft keinen andern, als die Armen zu
feinen Erben einfeßte. Von der Zärtlichkeit feines
Gewiffens finden wir in der Aufführung einen Beweis, die er bey dem Beneficio, das ihm conferiret
worden war, beobachtete. Sein Brief über die Liebe gegen GOtt giebt uns feine Hochachtung gegen
die Religion hinlänglich zu erkennen.

Die befondern Eigenfchaften des Herzens und
des Verftandes, die den Menfchen in der Gefelfchaft
liebenswürdig machen, machten feinen Character
vollkommen. Den Credit, den ihm feine Verdien-
fte zuwege gebracht hatten, brauchte er mehr für
andre, als für fich felbft. Er vergab leicht, und
verföhnete fich bald, nachdem einem an feiner Freund-
fchaft was gelegen war, wie man weiß, daß er es mit
dem Herrn Perrault, nach ihrem heftigen Streite
über den Vorzug der Alten und Neuen, gemacht hat.

Ich habe in dem Artikel des Olivier Patru
von der Freygebigkeit geredet, die er gegen diefen
Gelehrten, der fich in groffer Noth befand, bewies.
Gegen den Herrn Caffandre, den Verfaffer der
Ueberfeßung der Rhetorik des Ariftoteles, bezeigte er fich eben auf eine fo edle Art, und fein Geldbeu-
tel ftand noch vielen andern offen; denn der Anblick
eines armen und bedürftigen Gelehrten war ihm fo
unerträglich, daß er fich nicht enthalten konte, felbft
dem Liniere Geld zu leihen, der öfters in feiner
Nachbarfchaft ein Lied wider feinen Schöpfer fung.

Des Maizeaux ftellet in dem Leben des De-
fpreaux über den Character feines Verftandes ver-
nünftige Beurtheilungen an, die ich hier anführen
will.

„Er

„Er besaß nicht, saget er, diese heftige Einbil-
„dungskraft, die man bey andern Dichtern bemer-
„ket; er schien vielmehr etwas trocken zu seyn, und
„es ist ihm öfters begegnet, daß er einerley Gedan-
„ken wiederholen muste. Was ihm aber an Einbil-
„dungskraft abgieng, das ersetzte er durch die Ord-
„nung und Richtigkeit seiner Gedanken, durch die
„Reinigkeit der Schreibart und durch die Schönheit
„der Wendung und des Ausdruckes sehr reichlich.
„Er verfertigte fast alles auswendig, und brachte
„seine Gedanken nicht eher zu Papiere, als bis er sie
„ans Licht treten lassen wolte. Er arbeitete seine
„Schriften mit vieler Mühe aus. Und was für eine
„Fertigkeit in seinen Versen auch zu seyn scheinet;
„so bemerket man doch, daß sie ihm viel gekostet
„haben, und daß er ihnen erst nach vieler Be-
„mühung dieses Freye und Natürliche, das die
„vorzügliche Schönheit derselben ausmachet, gege-
„ben hat. Die poetischen Stücke, die er nach der
„Ode über die Eroberung von Namur gemacht
„hat, sind nicht so lebhaft, nicht so genau, als dieje-
„nigen, die vor dieser Zeit ans Licht getreten waren;
„und sind sogar unter denselben einige, von denen
„man wünschte, daß sie nicht zum Vorschein gekom-
„men wären. Allein wenn man lange Zeit im Be-
„sitz des gerechten Beyfalls des Publici gewesen ist;
„so ist man sehr geneigt, zu glauben, daß man ihm
„beständig gefallen müsse.

In seinem neunten Briefe berichtet er uns selbst
die Ursach, warum seine Verse mit so vielem Beyfall gelesen würden. Er redet folgendermas-
sen:

Sçais

Sçais-tu pourquoi mes vers sont lûs dans les
Provinces ?
Sont recherchez du Peuple, & recus chez les
Princes ?
Ce n'est pas que leurs sons agreables, nombreux,
Soient toujours à l'oreille également heureux ;
Qu'en plus d'un lieux le sens n'y gesne la mesure
Et qu'en mot quelquefois n'y brave la cesure,
Mais c'est qu'en eux le vrai, du mensonge
vainqueur,
Par tout se montre aux yeux, et va saisir le coeur,
Que le bien & le mal y sont prisez au juste ;
Que jamais un Faquin n'y tient un rang auguste ;
Et que mon coeur toujours conduisant mon
esprit,
Ne dit rien aux Lecteurs, qu'a soi meme il n'ait
dit.
Ma pensée au grand jour par tout s'offre &
s'expose ;
Et mon vers, bien ou mal, dit toujours quelque
chose.　D. j.

„Weißt du, warum meine Verse in den Pro-
„vinzen gelesen, vom Volke gesuchet und von den
„Prinzen aufgenommen werden? Nicht, weil ih-
„re angenehme und vollstimmige Töne gleichgut
„ins Ohr fallen; weil mehr als an einem Ort durch
„das Maaß der Sylben der Verstand gehindert wird;
„und weil öfters der Abschnitt nicht auf das rechte
„Wort fält. Sondern die eigentliche Ursach ist,
„weil in ihnen die Wahrheit über die Lügen sieget,
„in die Augen leuchtet, und das Herz einnimt; weil
„darin dem Guten und Bösen der wahre Werth be-

　stimt

„ſtimt wird, weil ſie niemals einem nichtswürdigen
„Menſchen einen hohen Rang einräumen, und weil
„mein Herz, welches allezeit meinen Verſtand leitet,
„den Leſern nichts ſaget, als was es ſich ſelbſt geſa-
„get hat. Meine Gedanken ſcheuen niemals das
„Licht, ich drücke mich frey aus, und mein Vers,
„er mag gut oder ſchlecht ſeyn, ſaget jederzeit et-
„was.

Uebrigens hatte Despreaux die Gewohnheit
an ſich, den zweyten Vers eines Reimes jederzeit
vor dem erſten zu machen, und er ſah dieſe Uebung
als eines der gröſten Geheimniſſe der Dichtkunſt an,
das den Verſen mehr Verſtand und Stärke zu geben vermögend wäre. Er hatte dem Racine an-
gerathen, eben ſo zu verfahren, und er ſagte bey dieſem Vorſchlag, daß er ſehr leicht reimen gelernet
hätte.

Herr le Verrier, ein Finanzier, der die ſchönen Wiſſenſchaften liebte, und ein Freund des Deſpreaux war, ließ durch den berühmten Girardon
das Bruſtbild dieſes groſſen Dichters in Marmor
hauen, welches ſich bis jetzt in dem Cabinet des Herrn
Titon du Tillet befindet; und er erſuchte den Herrn
von Troys, ſein Portrait zu mahlen, das er 1704
vom Drevet in Kupfer ſtechen ließ. Man hat unter dieſen Portrait folgende Verſe geſetzet, die vom
Despreaux ſelbſt herrühren, der ſie aber dem Herrn
le Verrier zuſchrieb.

Au joug de la raiſon aſſerviſſant la Rime,
Et même en imitant, toujours original,
　J'ai ſçu dans mes ecrits docte, enjoue, ſublime,
Reſſembler en moi Perſe, Horace & Juvenal. d. i.

　　　　　　　　　　　　　　　　„Ich

„Ich unterwarf den Reim den Regeln der Ver-
„nunft. Selbst in der Nachahmung war ich ein
„Original. Ich wuſte in meinen Schriften mich
„gelehrt, aufgereimt und erhaben auszudrücken,
„und dadurch in mir den Perſius, Horaz und Ju-
„venal zu vereinigen.

Herr **Coutard**, Parlamentsrath, ließ ihn gleichfals vom **Rigault** mahlen, und zum andernmal von
Drevet in Kupfer ſtechen. Dies iſt das beſte von
allen ſeinen Portraits, unter welchem ſich dieſe In-
ſchrift befindet:

Nicolaus Boileau Deſpreaux, more lenitatum,
et verſuum dicacitate aeque inſignis.

Wir müſſen nunmehr auch von den Kritiken einige Erwehnung thun, die wider **Despreaux** ans
Licht getreten ſind, welcher denſelben die Vollkommenheit und den Beyfall ſeiner Gedichte zueignete.
Denn nachdem er in ſeinem ſiebenten an **Racine**
gerichteten Briefe ihm vorgeſtellet hatte, daß ſeine
Neider zu ſeinem Ruhme vieles beytrügen, ſo füget
er hinzu:

Moi-même, dont la gloire ici moins repandue
Des pales Envieux ne bleſſe point la vûe:
Mais qu'une humeur trop libre, un eſprit peu
     soumis
De bonne heure a pourvû d'utiles ennemis:
Je dois plus à leur haine, il faut que je l'avoue,
Qu'au foible et vain talent, dont la France me
     loüë.
Leur venin, qui ſur moi brule de s'epancher,
Tous le jours en marchant m'empeche de bron-
    cher.

Je

Je songe à chaque trait, que ma plume hazarde,
Que d'un oeil dangereux leur troupe me regarde.
Je sai sur leur avis corriger mes erreurs,
Et je mets à profit leurs malignes fureurs.
Sitot que sur un vice ils pensent me confondre,
C'est en me grisslant que je scai leur repondre:
Et plus en criminel ils pensent m'ériger,
Plus croisslant en vertu, je songe à me venger. b. i.

„Ich selbst, dessen hier minder ausgebreiteter
„Ruhm den blassen Neid nicht so sehr aufbringet;
„sondern dem seine zu strenge Denkungsart und et-
„was zu kühner Geist bey guter Zeit mit nützlichen
„Feinden versehen hat; ich bin mehr ihrem Hasse,
„ich muß es gestehen, schuldig, als der eitlen und ge-
„ringen Geschicklichkeit, weewegen Frankreich mich
„lobet. Ihr Gift, welches sie über mich auszuschüt-
„ten vor Begierde brennen, verursachet, daß ich mich
„jederzeit auf dem Wege, worauf ich gehe, vor Fehl-
„tritten inachtnehme. Bey jedwedem Zuge, dessen
„sich meine Feder erkühnet, denke ich daran, daß ein
„Haufen Neider mit einem gefährlichen Auge Ach-
„tung auf mich giebt. Ich weiß meine Fehler nach
„ihrem Tadel zu verbessern, und ich bediene mich ih-
„rer boshaften Raserey zu meinem Nutzen. Sobald
„sie glauben, mich wegen eines Lasters zu beschämen,
„so lege ich dasselbe ab, und antworte ihnen dadurch
„hinlänglich. Je mehr sie sich bemühen, mich als
„einen Strafbaren auszuschreyen, jemehr suche ich
„in der Tugend zuzunehmen und mich dadurch zu
„rächen.

Der Abt Cotin war der erste, der ihn angrif.
Despreaux hatte ihn dadurch wider sich aufgebracht,

daß

daß er in seiner dritten Satire über die kleine Anzahl Zuhörer, die er in seinen Predigten hatte, ge-
spottet hatte. Er machte deshalb eine boshafte Satire auf ihn, worin er ihm als ein grosses Laster
vorwirst, daß er dem Horaz und Juvenal nachgeahmet habe. Jacob Mignot, ein Pasteten-
becker, der den Despreaux in eben der Satire für
einen Giftmischer gehalten hatte, schlug sich zur
Partey des Cotin, ließ auf seine Unkosten diese
Piece drucken; und da er in dem Ruf stand, daß
er vortrefliches Gebackenes machte, das häufig weg-
geschicket wurde, so wickelte er dasselbe in dem Blatte ein, das die Satire des Cotin in sich enthielt,
und machte es auf diese Art bekannt. Der Zorn
des Mignot wurde indessen beruhiget, da er sahe,
daß die Satire des Despreaux ihn nicht, wie er befürchtete, in übeln Ruf gebracht, sondern ihn vielmehr überaus berühmt gemacht hatte. Von dieser Zeit an wolte wirklich jedermann zu ihm gehen.
Mignot hat bey seiner Handthierung vieles erworben, und er hat nachher selbst gestehen müssen, daß
er sein Glück dem Despreaux zu danken hätte.
Er starb den 12ten Februar 1731 in einem sehr hohen Alter.

Cotin ließ es bey seiner Satire nicht bewenden. Er machte ein anderes Werk in Prosa unter diesem Titel bekannt: La Critique desinteressée
sur les Satires du tems 1666 in 8. Er begegnete
dem Despreaux darin mit der grösten Grobheit
und Verachtung, und er beschuldigte ihn eingebil-
deter Laster, als: daß er keinen GOtt, keinen
Glauben und kein Gesetz erkenne. Zum Unglück

für ihn unterstand er sich noch, ben Moliere in biesen
Streit mit zu ziehen, und mit ihm eben nicht besser umzugehen, als mit Despreaux. Dieser rächete sich nur durch neue Verspottungen; Moliere
brachte ihn aber völlig um seine Ehre, indem er
ihn auf dem Theater in der Comödie der gelehrten
Frauen unter dem Namen Tricotin, ben er nachher in Trissotin verwandelte, dem allgemeinen
Gelächter blos stellete.

Des Marets von St. Sorlin nahm gleichfals die Beurtheilung der Schriften des Despreaux
über sich, die er unter diesem Titel bekannt machte: La defense du Poeme Heroique, avec quelques
remarques sur les Oeuvres satiriques du Sieur Despreaux: Dialogue en prose et en vers. Paris 1674
in 4. Nichts ist so lächerlich, als der stolze und
verächtliche Ton, mit dem Desmarets in dieser
Schrift gegen Despreaux redet, als die Lobeserhebungen, die er sich darin ohne Einschränkung beyleget,
und als die Vorwürfe, die er seinem Gegner macht.
Man behauptet, daß mit ihm noch der Herzog von
Nevers und der Abt Testu baran gearbeitet hätten. Despreaux, der benachrichtiget worden war,
daß dieses Werk ans Licht treten würde, kam burch
folgendes Epigramma, das er an Racine richtete, der Bekanntmachung desselben zuvor:

Racine, plains ma destinée.
C'est demain la triste journée,
Ou le Prophete Des-Marais,
Armé de cette meine foudre,
Qui mit le Port Royal en poudre,
Va me percer de mille traits.

C'en

C'en eſt fait, mon heure eſt venuë
Non que ma Muſe, ſoutenuë
De tes judicieux Avis,
N'ait aſſez, de quoi le confondre:
Mais, cher Ami, pour lui repondre,
Helas! il faut lire Clovis. b. i.

„Racine, beklage mein Schickſal. Morgen
„iſt der traurige Tag, an welchem der Prophet
„Des-Marets, mit eben dem Donnerkeil be-
„wafnet, wodurch er die Portroyaliſten in Staub
„verkehrete, mich mit tauſend Pfeilen durchboh-
„ren wird. Es iſt vorbey; meine Stunde iſt ge-
„kommen; nicht etwan, weil meine Muſe, durch
„deine gründliche Rathſchläge unterſtützt, nicht im
„Stande ſeyn ſolte, ihn zu Grunde zu richten; ſon-
„dern weil ich, werther Freund, um ihm zu ant-
„worten, (welch ein Unglück) den Clovis leſen
„müſte. „

Pradon erſchien nunmehr auch auf dem Streit-
platz, und gab anfänglich Le Triomphe de Pradon ſur les Satires du Sieur D. La Haye in 12. und
nachher ſeine Nouvelles Remarques ſur tous les
Ouvrages du ſieur D. in 12 heraus. Dieſe beiden
Schriften ſind beſſer, als die vorhergehenden, und
man behauptet, daß Pradon nur der Abſchreiber
derſelben geweſen, und er von guten Kunſtrichtern
geführet worden ſey.

Bonnecorſe machte auch ſeinen Intrigot, Poeme Heroique, zu Marſeille 1686 in 12 bekannt.
Es iſt eine ziemlich ſinnreiche Piece.

Bour-

Boursaults Satire der Satiren ist ebenfals wider unsern Verfasser; in seinem Artikel ist von derselben weitläuftig geredet worden.

Der poetischen und wider Despreaux verfertigten Stücke ist eine fast unendliche Anzahl; es sind aber sehr wenige unter denselben, die einige Aufmerksamkeit verdienen.

Es ist Zeit, der verschiedenen Ausgaben, die von seinen Schriften gemacht worden sind, Erwehnung zu thun.

Seine Rede an den König und seine fünf ersten Satiren wurden zusammen zum erstenmale zu Rouen im Jahre 1665 in 12 gedruckt, doch ohne seine Genehmhaltung, in einem sehr mangelhaften Zustande und mit einigen Stücken, die von ihm nicht herrühreten. Der Unwille, den er über diese Ausgabe hatte, trieb ihn an, selbst eine neue zu Paris im folgenden 1666sten Jahre in 12 zu besorgen. Sie wurde mit zwo neuen Satiren, welche die dritte über ein lächerliches Gastmahl, und die fünfte von dem Adel sind, vermehret, und er setzte eine Vorrede unter seines Buchhändlers Namen voraus. Diese Vorrede ist in den Ausgaben, die bis 1674 herausgekommen, und denen man sowol die achte und neunte Satire, als den ersten und vierten Brief angehänget hat, aufbehalten worden.

Despreaux gab zu Paris 1674 in 4 eine neue und sehr vermehrte heraus. Denn er fügte zu den Piecen, die schon ans Licht getreten waren, zween neue Briefe, den zweyten und dritten, die Dichtkunst, die vier ersten Gesänge des Pultes,

und

und die Ueberſetzung der Abhandlung von dem Erhabenen des Longin hinzu. Die Vorrede hat er, wie nachher in allen folgenden Ausgaben, in ſeinem Namen ausgearbeitet.

Im folgenden Jahre 1675 wurde zu Paris eine neue Ausgabe der Werke des Despreaur in 12 beſorget, die mit der vorhergehenden faſt gänzlich übereinkommt.

Im Jahre 1683 trat eine andere ans Licht, von der Despreaur verſicherte, daß ſie weit genauer, als die vorhergehenden, ſey, und in welcher man zum erſtenmal den 5. 6. 7. 8 und 9ten Brief mit einigen Veränderungen bey verſchiedenen Stellen ſahe.

Man beſorgte 1694 in 12 in zween Bänden eine neue, die ſehr ſtark vermehret wurde. Man fügte nemlich hinzu, ſeine Dankſagung an die franzöſiſche Academie, die zween letzten Geſänge des Pultes, einige Epigrammata, die zehente Satire wider das Frauenzimmer, die Ode über die Eroberung von Namur; nebſt drey Ueberſetzungen in lateiniſche Verſe von Lenglet, von Rollin und von P. la Landelle, einem Jeſuiten; critiſche Anmerkungen über einige Stellen des Redners Longin; endlich vier lateiniſche Epigrammata vom Herrn Fraguier, der damals ein Jeſuit war, wider Perrault. Die Gelegenheit zur Verfertigung ſeiner Anmerkungen über den Longin war folgende:

Herr Perrault von der franzöſiſchen Academie war in ſeiner Vergleichung der Alten mit

mit den Neuen mit allen guten Schriftstellern
des Alterthums sehr übel umgegangen. Obgleich
darin des Despreaux nicht war geschonet worden,
so hatte er sich doch anfänglich nur durch einige
Epigrammata wider den Verfasser dieser Vergleichung gerächet, und er war nicht willens, förmlich
darauf zu antworten. Viele Personen baten ihn
indessen inständigst, die Vertheidigung der Alten,
von denen er ein so grosser Bewundrer, und deren Schriften er nach seinem eigenen Geständniß
den grösten Dank schuldig war, über sich zu nehmen. Racine war einer von denen, der ihn am
meisten dazu antrieb. Er war wider Perrault
ein wenig aufgebracht, und dies nicht ohne Ursach,
weil dieser letzte sich vorgenommen hatte, ihn in
seinen Gesprächen, wenn er von der Tragödie redete, nicht zu nennen, so vielen Vortheil er auch aus
dem Beyspiele dieses berühmten neuen Schriftstellers wider die Alten hätte ziehen können. Was
aber den Despreaux völlig bewogen, die Feder zu er-
greifen, war ein Wort des Prinzen von Conti
über das Stillschweigen unsers Verfassers. Dieser grosse Prinz, welcher sehr ungern sahe, daß
er des Perraults Vergleichung nicht beantwortete, sagte einsmals, daß er in die französische
Academie gehen, und an den Ort des Despreaux
schreiben wolte: Du schläfest, Brutus! Despreaux, der sich also entschlossen hatte, wider Perrault zu schreiben, brauchte zu seinen kritischen Anmerkungen einige Stellen des Longin zum Text,
und gab dadurch zu verstehen, daß er seinem Gegner nur bey Gelegenheit antwortete. Er verser-
tig-

tigte sie 1693, und machte sie im folgenden Jahre
in der Ausgabe, von der ich rede, bekannt.

Die Ausgabe, die zu **Paris** 1695 in zween
Bänden in 12 zum Vorschein kam, ist mit dem
10. 11 und 12ten Briefe bereichert worden.

Diejenige Ausgabe, die auf die vorhergehende folgte, und welche die letzte war, die Despreaux besorgte, trat 1701 in 4 aus Licht. Er
sahe sie mit vielem Fleiße durch, ließ viele Stellen
aus derselben weg, und fügte seine 11te Satire von
der wahren und falschen Ehre, die er kurz zuvor
verfertiget hatte, hinzu; einige poetische Stücke,
die er gröstentheils in seiner Jugend gemacht, die
er aber, wie er in seiner Vorrede sagt, ausgeputzt
hatte, um sie den Lesern erträglicher zu machen;
einen Brief an **Perrault** von ihrer Aussöhnung
nach ihren Zwistigkeiten über den Vorzug der Alten und Neuen; einen andern Brief vom Arnauld
an **Perrault**, worin er seine zehnte Satire wider
das Frauenzimmer vertheidiget; und **ein lustiges
Arret in der Oberkammer des Parnasses
zum Besten der Magister, Aerzte und Professoren der Universität Stagira, im Lande
der Chimären, und zur Beschützung der
aristotelischen Lehre ausgefertiget.** Dieses
Arret wurde 1674 verfertiget, und man ließ es auf
ein einzeln Blatt drucken. Die Gelegenheit hiezu
war folgende.

Die Universität zu **Paris** wolte dem Parlamente eine Bittschrift überreichen, wodurch sie zu
verhindern suchte, daß man die cartesianische
Philosophie nicht lehren solte. Man redete selbst
mit

mit dem ersten Präsidenten Herrn von **Lamoignon** davon, der einsmals zu Despreaux sagte,
daß er verpflichtet seyn würde, ein der Bittschrift
der Universität gemässes Arret zu geben. Despreaux dachte sogleich an dieses lustige Arret; und
er verfertigte es mit Hülfe des Herrn **Bernier**
und des Herrn **Racine.** Herr **Dougois,** ein
Neffe des Verfassers und Greffier bey der Oberkammer, hätte gleichfals vielen Antheil daran, vornemlich in Ansehung der Schreibart und Ausdrücke, die er besser verstand, als sie. Einige Zeit
nachher, als Herr **Dougois** seine Sachen, die er
einige Tage hindurch sich hatte häufen laßen, dem
ersten Präsidenten zum Unterzeichnen überbrachte,
fügte er dieses lustige Arret bey, um den Herrn von
Lamoignon zu hintergehen, und es mit den andern von ihm unterzeichnen zu lassen. Er wurde
es aber gewahr, und da er gegen die, die er liebte,
überaus liebreich und vertraut war, so stellete er
sich, als wenn er es dem Herrn **Dougois** ins Gesicht werfen wolte, und sagte: **Andre herwie-
der; ein Streich vom Despreaux.** Er las es
mit vielem Vergnügen; er lachte öfters mit dem
Verfasser darüber, und er gestand, daß ihn dieses
lustige Arret abgehalten hätte, ein ernsthaftes aus-
zufertigen, das ein algemeines Gelächter würde verursachet haben. Die Bittschrift der Universität
kam nicht zum Vorschein; **Bernier** machte aber
eine nach dem Muster des Arrets, die sich mit dem
lustigen Arret des **Despreaux** am Ende des vierten Theils der Menagiana befindet.

Vor

Vor dieser Ausgabe trat eine andre in eben dem
Jahre 1701 zu Amsterdam bey Henrich Schelte in zween Bänden in 12 ans Licht, die mit verschiedenen neuen Stücken und mit den Stellen der
lateinischen Dichter, welche der Verfasser nachgeahmet hatte, vermehret worden war. Es war damals das erstemal, daß man bey den Gedichten
des Despreaux diese nachgeahmten Stellen sah,
die den folgenden Ausgaben beygefüget worden sind;
die Anzahl derselben hätte man aber sehr vermehren können, wie man auch in der Folge gethan hat.
Die Vermehrungen, die man hier gewahr wird,
betreffen folgende zwey Stücke:

1. Capelain decoiffé, ou Parodie de quelques
scenes du Cid sur Chapelain, Cassaigue, et la
Serre. Dieses Stück wurde 1664 bey einer
Mahlzeit gemacht, die Furetiere dem Despreaux und Racine gab, welche dazu etwas
beytrugen. Furetiere nahm den Hauptantheil
daran, und man muß ihn also als den wahren
und einzigen Verfasser desselben ansehen, wie er
es auch selbst gestand. La Monnoye hat diese Parodie in dem ersten Theil der Menagiana
S. 146 eingerücket.

2. Requete à Nosseigneurs du Mont Parnasse. Es rühret dieses Stück vom Bernier her.

Henrich Schelte besorgte im folgenden Jahre 1702 zu Amsterdam in zween kleinen Bänden
in 12 eine neue Ausgabe der Werke des Despreaux. Sie ist der parisischen von 1701 sehr gleich.
Man hat nur die Stellen der nachgeahmten Dichter und die zwo Piecen, von denen ich eben jetzt geredet habe, hinzugefüget.

Elf Jahre nachher, das ist, nach dem Tode des Despreaur, gab man zu Paris 1713 in 4 und in 12 in zween Bänden eine verbesserte und vermehrte Ausgabe seiner Werke heraus. Sie war vom Despreaur angefangen worden, und wurde von seinen Freunden, dem Herrn la Verrier und Bolvin zu Stande gebracht. Die neuen Stücke, die man hinzugefüget hat, sind:

1. Siebenzehen Epigrammata.

2. Fragment du Prologue d'un Opera sur la Chute de Phaëton. Racine hatte vom Könige zur Verfertigung dieses Stückes den Befehl bekommen, das er aber nicht völlig zu Stande brachte. Despreaur konte alles dasjenige, was er in seinen Satiren vom Herrn Quinaut gesaget hatte, nicht besser verbessern, als durch Bekanntmachung dieses Fragments, welches jeden verständigen Leser überführet, daß Quinaut, das wahre Muster in dieser Art von Poesien, ein Talent gehabt, welches Despreaur nicht erlangen können.

3. Discours sur le stile des Inscriptions. Ich habe in dem Artikel des Franz Charpentier die Gelegenheit angeführet, bey welcher diese kleine Schrift verfertiget wurde.

4. Vier Briefe.

5. Les Heros de Roman, Dialogue à la maniere de Lucien. Dieses Werk, das zu Ende des Jahres 1664 und 1665 verfertiget worden war, wurde anfänglich in dem zweiten Theil der retour des Pieces choisies gedruckt. Nachher fügte man es den Werken des Herrn von St. Evremond unter dem Titel eines Gespräches

der

der Todten bey. Es waren aber nur abge-
riſſene Stücke von dem wahren Werke des Despreaux, der den Marquis von Sevigne in
dem Verdacht hielt, daß er ſie auswendig gelernet, und ſich derſelben zu Nutze gemachet hätte.
Er entſchloß ſich in der Folge, ſelbſt an dieſes
Geſpräch Hand anzulegen, und in dieſem Zuſtande, worin er es gebracht hat, iſt es hier
nebſt einer Vorrede von ihm eingerücket worden.
Man hat Urſach gehabt, zu glauben, daß dies
vielleicht nicht die geringſte Schrift ſey, die aus
ſeiner Feder gefloſſen; denn das lächerliche der
Romanen iſt darin auf eine ſehr ſinnreiche Art
vorgeſtellet.

6. Drey neue critiſche Betrachtungen über einige Stellen des Longin, zu den neun hinzugefüget, die in einigen vorhergehenden Ausgaben ans Licht getreten waren. Die zehnte iſt eine Widerlegung der Abhandlung des Herrn le
Clerc wider Longin, und auch des Herrn
Huets, Biſchofs von Avranches, ſeiner, welcher behauptete, daß in den Worten Moſis:
GOtt ſprach, es werde Licht, und es ward
Licht, nichts erhabenes ſey.

Henrich Schelte beſorgte nach dieſer letzten
Ausgabe eine neue, die zu Amſterdam 1713 in
zween Bänden in 8 herauskam, und worin folgende Stücke hinzugefüget worden waren.

1. Die zwölfte Satire von dem Zweydeutigen. Dieſes Stück endigte ſich mit einer
ſehr beiſſenden Anzüglichkeit wider die Journaliſten von Trevoux, die ihm in ihrem Journal
vom Monat Sept 1703 ſehr übel begegnet hatten.

Bb 2　　　　2. Ein

2. Ein Epigramma auf die Verfasser eben dieses Journals.

3. Ein anderes Epigramma über den Brief von der Liebe gegen GOtt.

4. Die Grabschrift des Herrn Arnauld.

5. Eine Antwort vom Herrn von Maucroir an Hrn. Despreaux vom 23 May 1695.

6. Untersuchung der Meinung des Longin über die Stelle Mosis: GOtt sprach, es werde Licht, und es ward Licht. Vom Herrn Huet.

7. Beantwortung des Avertissements, das der neuen Ausgabe der Werke des Despreaux beygefüget worden. Dieses Avertissement, welches man hier beantwortet, ist von einer fremden Hand vor der zehnten Betrachtung über den Longin in der parisischen Ausgabe von 1713 angeführet worden, und ist wider Herrn Huet und wider Herrn le Clerc gerichtet.

8. Anmerkungen des Herrn le Clerc über die zehnte Betrachtung der neuen Ausgabe des Longin vom Herrn Despreaux. Diese zwey Stücke sind aus dem 26sten Theile der Bibliotheque choisie genommen.

Alle diese verschiedene Ausgaben, ob sie gleich größtentheils ziemlich gut gedruckt sind, sind denjenigen, die nachher mit den Commentarien des Herrn Brossette, Advocatens zu Lion, ans Licht getreten sind, weit nachzusetzen.

Er machte die erste zu Genev 1716 in zween Bänden in 4 unter diesem Titel bekannt: Oeuvres de Ms. Boileau Despreaux, avec des Eclaircissements Historiques donnez par lui meme. Diese
Er-

Erläuterungen sind zu bekannt, als daß ich hier den Werth und Nutzen derselben erheben solte. Es wird hinreichend seyn, zu sagen; daß ausser dem Commentarius, ausser den Nachahmungen der lateinischen Dichter, und ausser den Veränderungen und Verbesserungen, die Despreaux in den verschiedenen Ausgaben seiner Schriften gemacht hat, Herr Brossette zu seiner Ausgabe noch hinzugefüget hat einige Briefe vom Despreaux, seine Abhandlung über die Erzählung, die den Titel führet: Joconde, zum Besten des la Fontaine seiner, die der Verfasser in keine Ausgabe seiner Werke hatte mit einrücken lassen, die Vorreden von allen vorhergehenden Ausgaben, einen Brief vom Herrn Racine an den Verfasser der eingebildeten Ketzereyen und der Träumer, und ein Sonnet vom Herrn von Nantes, Advocaten zu Vienne, über die Satire wider das Zweydeutige.

Diese Ausgabe ist im folgenden Jahre 1717 in 12 in vier Bänden zu Rouen unter dem Titel Amsterdam sehr schlecht; in dieser letzten Stadt aber wirklich bey David Mortier 1717 in vier Bänden in 12 sehr schön nachgedruckt worden. Man hat dieser letzten, nach der Gewohnheit der Buchhändler, die niemals ohne einige Zusätze eine Ausgabe besorgen wollen, hinzugefüget, die Gegenantwort des Herrn von la Motte auf die eilfte Betrachtung über den Longin, worin er war angegriffen worden, und zwo Antworten auf den Brief des Herrn Racine wider den Verfasser der eingebildeten Ketzereyen.

Im folgenden Jahre sahe man bey eben diesem Mortier zu Amsterdam zwo prächtige und mit Kupfern gezierte Ausgaben, die vom Bernhard

Pi.

Picart geſtochen worden waren, aus Licht treten,
die eine in Fol. und die andere in 4. jede in zween
Bänden, unter denen kein anderer Unterſchied, als
in Anſehung einiger Kupfer, iſt, die wegen ihrer
Gröſſe in die Ausgabe in 4 nicht haben gebracht werden können. Die in dieſen beiden Ausgaben gemachten Zuſätze erſtrecken ſich auf einige den Werken des Despreaux nichts angehende Stücke, nemlich auf die Jocondes des Bouillon und des la Fontaine, auf zwo Piacen vom Herrn von Nantes,
und auf die Vertheidigung des groſſen Corneille
wider den Commentator des Herrn Despreaux
von den Journaliſten zu Trevoux.

Dieſe Ausgaben ſind in einer ſehr kleinen, die
im Haag 1722 mit neuen Kupfern in vier Bänden
in 12 ans Licht trat, nachgeahmet worden.

Man hat 1730 noch zwo andere in Fol. und
in 4 mit den Kupfern des Picarts zu Amſter-
Dam herausgegeben, und einige wenig beträchtliche Sachen hinzugefüget.

Zu Dresden iſt 1756 in vier Bänden eine ſehr
ſchöne und mit Kupfern gezierte Ausgabe unter dem
Titel beſorget worden: Oeuvres de *Nicolaus Boileau Despreaux* avec des eclairciſſements hiſtoriques
donnés par lui meme. Nouvelle Edition Augmen-
tée de la Vie de l'Auteur Par Mr. *Des Maizeaux*
Dresde 1756. chez George Conrad Walther.

Man findet in dem zweyten Theil der Memoires de Litterature des P. Desmolets einen Brief
an den Marquis von Termes, der vom Despreaux
ſeyn ſoll; wenige Leſer, denen die Schreibart
dieſes berühmten Dichters bekannt iſt, werden ſich
aber hievon überreden laſſen.

S.

S. Seine Lebensbeschreibung vom Herrn
Des-Maizeaux. Amsterdam 1712 in 12. Seine Lobschrift vom Herrn von Boze, Secretair der Innschriften und schönen Wissenschaften. Die Anmerkungen vom Herrn
Brossette über seine Werke.

Aegidius Boileau.

Aegidius Boileau wurde zu Paris 1631 von Aegidius
Boileau, Greffier bey der Oberkammer, und von
Anne von Nielle gebooren;

Er that sich nach dem Beyspiele seines Bruders des Nicolaus Boileau Despreaux frühzeitig in der französischen Dichtkunst hervor. Er besaß viel Verstand; die grosse Beurtheilungskraft aber, womit sein Bruder begabet war,
fehlete ihm, und er konte niemals zu dem Grade der Vol-
kommenheit gelangen, zu welchem Despreaux gelanget war.
Er hatte vielen Witz; er verließ sich aber zu sehr auf denselben, und war nicht darauf bedacht, ihn in Schranken zu
halten. Alles, was er gemacht hat, ist satirisch; und er bemühete sich sogar, sich durch seine Feder allenthalben furchtbar zu machen. Er grif Scaron, Costar und Menage an,
und dieser letzte wendete aus Rachsucht alles an, seine Aufnahme in die französische Academie zu hintertreiben; er wurde aber endlich doch im Jahr 1659 in dieselbe aufgenommen.

Er war anfänglich Zahlmeister beym Rathhause zu Paris; nachher erhielt er die Bedienung eines Controlleurs
der ausserordentlichen Ausgaben des Königes, die er aber
erst vier Monate besessen hatte, als ihn der Tod noch in
diesem Jahre 1669 in seinem 38sten Jahre überfiel.

Despreaux und er liebten sich nicht alzusehr in ihrer
Jugend; sie hatten als Autors, und noch mehr als Dichter,
beständige Händel unter sich, und es ist daher nicht zu verwundern, daß die brüderliche Zärtlichkeit darunter litte. Despreaux
änderte aber in der Folge seine Meinungen in diesem Stücke.

Verzeichniß seiner Schriften.

1. Le Tableau de Cebés, traduit du Grec, nebst
einer kleinen Piece in Prosa, die den Titel führet: La
belle Melancholie. Paris 1653 in 8.   2. La

2. La vie d'Epictete, et l'Enchiridion ou l'Abregé de ſa Philoſophie, traduit du Grec. Paris 1655 in 8:

Dieſe beyden Ueberſetzungen ſind zu Paris 1657 in 12 zuſammen wieder aufgeleget worden. Die Ueberſetzung von des Epictets ſeiner Schrift, ſaget Bayle in dem 18ten Capit. des erſten Theiles ſeiner Reponſe aux Queſtions d'un Provincial, iſt gut, und die Lebensbeſchreibung, die ſich vor derſelben befindet, iſt die weitläuftigſte und genaueſte, die ich bisher geſehen habe. Die Gelehrſamkeit und Critik ſind darin auf eine geſchickte Art ausgebreitet.

3. Avis à M. Menage ſur ſon Eglogue intitulée Chriſtine, avec un Remerciment à M. Coſtar. Paris 1656 in 4.

4. Reponſe à M. Coſtar. Paris 1659 in 4.

5. Diogene Laerce de la vie des Philoſophes traduit en Francois par M. B. Paris 1668 in 12. Zween Bände.

Dieſe Ueberſetzung iſt beynahe unbekannt geblieben. Der Ueberſetzer hätte billig gute Anmerkungen zur Erläuterung und Verbeſſerung ihres Verfaſſers hinzufügen ſollen.

6. Les Oeuvres Poſthumes de M. B. Paris 1670 in 12.

Dieſe Samlung der nachgelaſſenen Schriften unſers Boileau enthält folgende Stücke:

Le quatrieme livre de l'Eneide de Virgile traduit en vers Francois.

Dieſe Ueberſetzung hat überaus viel vorzügliches und ſchönes; es iſt nur zu bedauren, daß er ſeine Arbeit nicht eben ſo weit fortgeſetzet hat, als der Herr von Segrois.

Briefe. Seine Dankſagungsrede an die Herren der franzöſiſchen Academie, als er in dieſelbe aufgenommen wurde, iſt demſelben beygefüget.

Verſchiedene Gedichte.

7. Man findet in dem erſten Theil der Menagiana S. 120 zwey Epigrammata wider Menage, die ſeinen hinterlaſſenen Schriften nicht einverleibet worden ſind.

8. Die Samlung der Gedichte ſeiner Zeit enthalten einige Stücke von ihm.

S. Geſchichte der franzöſiſchen Academie von dem Herrn Abt von Oliver.

Ende des zwey und zwanzigſten Theils.